U0362598

国家社科基金
后期资助项目
GUOJIA SHEKE JIJIN HOUQI ZIZHU XIANGMU

中国产业结构演进中的贸易结构转换及绩效研究（1949–2013）

Research on the Transformation and Performance of Trade Structure on the Process of Evolution of Industrial Structure in China（1949-2013）

孙中叶　著

北京大学出版社
PEKING UNIVERSITY PRESS

图书在版编目（CIP）数据

中国产业结构演进中的贸易结构转换及绩效研究：1949～2013/孙中叶著.
—北京：北京大学出版社，2015.12
（国家社科基金后期资助项目）
ISBN 978－7－301－26715－8

Ⅰ.①中… Ⅱ.①孙… Ⅲ.①贸易结构－研究－中国－1949～2013
Ⅳ.①F721

中国版本图书馆 CIP 数据核字（2016）第 000333 号

书　　　名	中国产业结构演进中的贸易结构转换及绩效研究（1949—2013） ZHONGGUO CHANYE JIEGOU YANJIN ZHONG DE MAOYI JIEGOU ZHUANHUAN JI JIXIAO YANJIU（1949—2013）	
著作责任者	孙中叶　著	
责 任 编 辑	刘誉阳	
标 准 书 号	ISBN 978－7－301－26715－8	
出 版 发 行	北京大学出版社	
地　　　址	北京市海淀区成府路 205 号　100871	
网　　　址	http://www.pup.cn	
电 子 信 箱	em@pup.cn　　　QQ：552063295	
新 浪 微 博	@北京大学出版社　　@北京大学出版社经管图书	
电　　　话	邮购部 62752015　发行部 62750672　编辑部 62752926	
印 刷 者	北京宏伟双华印刷有限公司	
经 销 者	新华书店	
	730 毫米×1020 毫米　16 开本　14.25 印张　212 千字	
	2015 年 12 月第 1 版　2015 年 12 月第 1 次印刷	
定　　　价	42.00 元	

国家社科基金后期资助项目
出版说明

后期资助项目是国家社科基金设立的一类重要项目,旨在鼓励广大社科研究者潜心治学,支持基础研究多出优秀成果。它是经过严格评审,从接近完成的科研成果中遴选立项的。为扩大后期资助项目的影响,更好地推动学术发展,促进成果转化,全国哲学社会科学规划办公室按照"统一设计、统一标识、统一版式、形成系列"的总体要求,组织出版国家社科基金后期资助项目成果。

全国哲学社会科学规划办公室

摘　要

　　我国对外贸易的发展是与工业结构和产业结构的演进紧密相联的，1949年中华人民共和国成立以来，随着工业化进程的不断发展，我国的贸易结构和产业结构也随之逐步升级。然而，在我国经济处于增长速度换挡期、结构调整阵痛期的新常态下，要实现产业结构转型升级和贸易结构的"优进优出"，却遇到了不少难题。在此背景下，从结构转换演进的历史视角探讨1949年以来贸易结构与工业结构转换的互动关系，总结经验教训，在新形势下，推动工业结构与贸易结构升级，推动我国由依靠资源、投资等要素投入的粗放型发展向依靠技术、创新等要素的集约式经济发展方式转变，这具有重大的现实意义。

　　近代我国工业化进程中的贸易结构和工业结构具有较强的殖民特征，其主要任务是向发达国家提供初级产品和直接面向消费市场的一些生活资料；进口并不为产业结构的升级提供技术和原料的支撑，而是作为发达国家产品的销售市场，导致生产资料工业极不发达，整个产业结构的活动集中于输出端，中间转换能力很低，技术基础很差。在这个基础上，我国要摆脱依附于国际市场的地位、独立自主地发展经济，就必须重建产业结构关系，启动新的工业化进程，改变重、轻工业比例关系极不协调的状态。

　　1949年以后，我国基于历史、现实的客观条件，选择了重工业优先发展的内向型进口替代战略。在中苏贸易高峰期的1949—1957年，我国经济发展的重心显著向重工业倾斜，导致产业结构的工业化度和重工业化度在1957年迅速上升到56.7％和45.0％。1958年开始的以"以钢为纲"的重工业战略（"大跃进"时期）、特殊的重工业优先战略（备战时期）、洋跃进战略更使钢铁等重工业在产业发展序列中居于显要地位。在1949—1979

年三十年的工业结构演进与贸易结构转换过程中,商品出口主要服务于工业结构的升级转换,服务的途径是通过出口初级产品换回机器设备和工业原料,以促进重工业发展。在这期间虽然我国出口结构发生了显著变化,工业制成品出口所占的比重也从 1953 年的 20.6% 上升到 1979 年的 46.4%,但经济结构中重工业的迅速扩展在出口结构中的反映并不明显,出口的工业品主要是轻工业产品,重化工业产品从 1953 年的 8.3% 提高到 1977 年的 11.2%,而机械及运输设备到 1977 年才仅占出口总额的 3.9%。这一时期,整体上以初级产品为主的出口格局并没有太大改观,初级产品占出口总额的比重基本都在 50% 以上。因此,1949—1979 年重工业的发展主要是面向国内市场,以进口替代为目的,出口商品结构滞后于国内工业结构,导致了重工业的自我循环,与我国当时以重工业为主的工业结构存在明显的错位。而以资源密集型初级产品为主的出口结构并不代表我国具有这方面的比较优势,而是迫于出口换汇的压力。由于出口不是受市场需求的牵引,而是受生产能力的制约,出口结构与国内需求结构表现出很强的重叠性,出口的扩大往往是靠"挤"国内消费实现的,从而使扩大出口的潜力取决于国内最低需求的极限。由于出口中,初级产品所占比重大,其产业连锁性差,从而制约了出口带动工业发展这一功能的发挥,出口的主要功能是为进口重工业发展所必需的物资提供资金来源,出口本身对工业结构转换的牵引作用并不明显。从进口商品结构看,进口结构与产业结构的调整呈现高度的一致性,粗略表现为生活资料进口的低比重与农业、轻工业在产业结构中的低比重相一致,工业原料进口的高比重与重工业在工业结构中的高比重相一致。尽管以生产资料为主的进口商品结构促进了我国工业结构的升级,基本完成了初级进口替代,但对进口中间产品、资本品的依赖一直居高不下,表明我国重化工业的进口替代仍需继续进行,即应进行高级阶段的进口替代。

1949—1979 年的经济开放与工业结构转型过程中,由于国内外、主客观等多种因素的制约,我国经济发展走的是高度保护下、相对封闭的全面进口替代道路,其发展路径和产业顺序并不受制于当时的国际分工条件。但是,如果将我国的工业结构演进置于开放的国际分工环境中进行考察,便发现我国与世界的工业结构演进顺序有所错位,我国的工业结构演进是违反国际比较优势原则的,它虽然也能促进国内产业结构的升级转换,但并不能促进工业结构的有序发展,反而给以后的工业化和产业演进带来了无法弥补的损失。

到 20 世纪 70 年代末,随着经济对外开放和产业的转型,我国在一定程度上放弃了传统的内向型进口替代战略,但 20 世纪 80 年代到 90 年代中期,我国开放经济条件下的贸易发展战略仍具有强烈的进口替代型特征。在此战略背景下,工业结构演进与贸易结构转换的演进分为两个阶段:1980—1985 年非耐用消费品工业结构轻型化时期的贸易结构演进;1986—1993 年高档耐用消费品工业结构轻型化时期的贸易结构转换。1980—1985 年的工业结构调整是要扭转经济的重工业化倾向,从 1980 年开始实施的工业结构的轻型化和外向型进口替代战略,使重工业自我循环、自我服务的倾向得到一定程度的纠正,工业结构得到改善,轻工业以及其他配套产业相对薄弱的状况得到改变,实现了由非耐用消费品轻工业向高档耐用消费品轻工业的演进。工业结构的轻型化促进了出口商品结构的比较优势的发挥,1981 年,工业制成品第一次超过初级产品的出口比重,其所占出口比重达到 50.4%,标志着出口商品结构完成了从初级产品向工业制成品的转变,出口商品结构得到了根本转变。首先,工业制成品在出口中所占比重不断提高,出口商品结构也逐渐呈现出比较优势,1993 年工业制成品在出口总值中所占比例达到 81.8%,达到 1949 年以来的最高水平,并开始在出口商品结构中占主导地位。其次,我国劳动密集型产品出口逐步取代资源密集型产品并取得了主导地位,成为这一时期我国出口增长的主要支撑点。1991 年劳动密集型产品占出口总额的比重由 1986 年的 35% 上升到 1991 年的 43.2%,首次超过资源密集型产品并逐渐居于主导地位。从进口商品结构与产业结构看,20 世纪 80 年代中期之后,对外贸易不再仅仅是调节余缺的手段,在经济高速增长过程中,资本品的进口越来越多,这时期的进口商品结构中,约有 50%—60% 的商品是工业原材料等中间产品,如钢材、有色金属加工品、化工原料等。这也说明高档耐用消费品工业是在进口贸易的支撑下建立和发展起来的,大量投入品,如原材料、机器设备、零部件、电子元器件等对进口的依存度都很高,这也说明我国高档耐用消费品工业的进口替代仅是加工装配性质的进口替代,高档耐用消费品工业还有待继续实行进口替代,生产资料的国产化、进口替代仍是我国未来产业政策的重点课题。

工业结构的演化使外贸发展模式出现跟踪性变化,出口创汇和技术引进成为 20 世纪 80 年代中期以来对外贸易的重点,经过多年引进技术和工业化的进口替代,机械、轻纺工业等行业初步完成了进口替代,逐渐趋于成熟,国际竞争能力进一步增强,已具备了在国际市场竞争的能力,这些行业开始呈现出口导向的倾向。但是出口结构为了出口创汇的需要,忽视了国内工业和出口结构的升级。从 20 世纪 80 年代以来,我国出口的劳动密集型产品日趋增加,而资本密集型产品的比例则逐步降低。而在国内生产方面,我国制造业总产出的要素密集度却越来越朝资本密集化方向发展。

到 20 世纪 80 年代末和 90 年代初,外向型的进口替代战略和出口创汇战略成效显著,以消费品生产加工为主的轻工业发展迅速,出现了产业结构轻型化倾向,我国不得不再次通过结构调整来扭转这一倾向,通过引进资本品、先进技术和紧缺物资来促进农业、基础产业和高新技术产业的发展,同时通过对高级工业制成品和中间投入品的进口替代推动加工工业结构升级,带动机电产品和高新技术产品的出口。1994 年,我国进入了工业高加工度化时期的贸易结构转换,推动产业结构向资本、技术密集型的高加工度化的飞跃。从出口商品结构看,呈现出竞争优势渐显的出口商品结构,1995 年机电产品取代纺织品和服装成为第一大类出口商品,2013 年机械及运输设备取代了机电产品成为第一大类出口商品,出口商品结构实现了从劳动、资源密集型的低附加值向资本、技术密集型的高附加值的出口商品结构的转变。从进口商品结构看,制造业、高技术产业发展所需的装备对进口形成了刚性依赖,在工业制成品进口中,机械设备所占比重一直较高,其占进口总值的比重从 1980 年的 25.8% 上升到 36.4%,2013 年高达 44.0%,近两年虽有所下降,但在我国工业结构不断升级和优化的同时,而真正体现技术要素含量的设备及中间投入品仍大多依赖进口,在国际分工中我国工业生产并没有占据"战略性增值环节"。

从 1949 年以来的工业结构演进与贸易结构的转换历程可以看出，1979 年之前的内向型进口替代战略促进了工业结构的升级，基本完成了初级进口替代。但是，出口商品结构并未反映我国的比较优势，出口商品结构变动与工业结构不同步，内向型进口替代战略导致产业畸形发展，服务于重工业的高级进口替代并未实现。1980 年之后，产业结构与贸易结构演进的绩效分析表明：从产业间贸易看，出口商品结构逐渐优化；从产业内贸易看，以垂直产业内贸易为主要形式；从产品内贸易看，国际分工还处在价值链的低端；从技术引进的结构升级效应看，"以市场换技术"未达到预期效果。通过五十多年的产业结构演进与贸易结构转换的历史分析，可以得出如下结论和启示：贸易战略转变改变了产业结构升级的要素约束；贸易结构发生逆转，产业结构演进缓慢；出口的高新技术产品多处于劳动密集型环节，技术密集型产业仍不具有比较优势。因此，我们必须在国际分工新体系下，基于"优进优出"的贸易发展战略，从提升出口商品竞争力、优化进口商品结构、基于价值链提升目标的全产业链出口、政策协调发展等四个方面提出了将来贸易结构转换升级的对策建议。

目　　录

第一篇

产业结构与贸易结构演进分析的理论基础

第一章　相关基础理论及文献综述

近代中国具有殖民特征的贸易结构和产业结构，导致整个产业结构的活动集中于输出端，中间转换能力低，技术基础差，要改变我国重工业比较薄弱的状况，摆脱依附于国际市场的地位，独立自主地发展经济，就必须重建产业结构关系，启动新的工业化进程。在国际分工演进中，对外贸易的发展是与工业结构和产业结构的演进紧密相连的，1949 年中华人民共和国成立后，由于国内外、主客观等多种因素的制约，我国经济发展走的是高度保护下、相对封闭的全面进口替代道路，其发展路径和产业顺序并不受制于当时的国际分工条件。但是，如果将我国的工业结构演进置于开放的国际分工环境中进行考察，便发现我国与世界的工业结构演进顺序有所错位。我国的工业结构演进是违反国际比较优势原则的，它虽然也能促进国内产业结构的升级转换，但并不能促进产业结构和工业结构的有序发展。20 世纪 70 年代末，产业结构和贸易结构不得不再次进行调整，以发挥我国的比较优势。1978 年改革开放以来，对外贸易与工业结构演进的关系日趋紧密，随着工业化进程的不断发展，我国的贸易结构和产业结构也随之逐步升级，与改革开放前相比发生了逆转，产业结构也逐渐趋于合理化。然而，在我国经济处于增长速度换挡期、结构调整阵痛期的新常态下，要实现产业结构转型升级和贸易结构的"优进优出"，却遇到了不少难题。在此背景下，从结构转换演进的历史视角探讨 1949 年以来贸易结构与工业结构转换的互动关系，总结经验教训，在新形势下，推动产业结构与贸易结构升级，推动我国由依靠资源、投资等要素投入的粗放型发展向依靠技术、创新等要素推动的集约式经济发展方式转变，这具有重大的现实意义。

一、文献研究

(一) 产业结构与对外贸易结构的关系

随着全球一体化、区域经济一体化的纵深发展,利用产业转移带来的机遇,通过国际贸易促进本国产业结构转型升级,成为了众多学者关注的重点。Vernon(1966)基于产品技术创新的角度,提出工业发达国家要将产业结构的演变与贸易结构的转换结合起来,通过参与国际分工带动产业结构升级,实现产业结构由劳动力密集型向资本、技术密集型的转变。Michaely(1977)和 Balassa(1978)用生产函数模型检验了出口能提高全要素生产率的假设,认为出口可以通过对资源的优化分配、充分利用技术转移等提高全要素生产率。Kormendi and Meguire(1985)用类似 VAR 的模型检验了出口对经济增长的影响,出口能通过增加资本积累影响产出,从而影响贸易产业。Mazumda(1996)利用索洛模型与资本积累理论对贸易结构和产业结构两者的关系进行了分析,认为出口消费品、进口资本品将促进经济增长,贸易结构对产业结构升级具有推动作用。克鲁格曼(2001)通过对国际分工和贸易格局及其成因的分析,认为在不完全竞争市场和规模经济条件下,可以借助产业政策和贸易政策,提高本国战略产业的国际竞争力。Crespo-Cuaresma and Wörz(2002)采用随机模型对 45 个工业化国家和发展中国家 1981—1999 的数据进行研究,结果表明对于发展中国家高科技出口部门对非出口部门无技术外溢作用,但有正的生产效率差作用,低科技出口部门则两者皆不明显;而对于工业化国家两个作用皆不明显。关志雄(2003)认为,中国经济虽有长足发展,但是雁行形态的分工格局及中国在其中的梯次位序并未改变。理由是:第一,中国出口的多为附加价值低的劳动密集型产品;第二,中国的加工出口贸易在贸易总额中占相当大的比重,其出口制品中含有许多日本等国的零部件;第三,中国约一半的出口额,是由外资企业完成的。

国内学者也对对外贸易结构与产业结构的关系进行了相关研究。王建(1988)以"国际大循环"发展战略[①]为基础,提出以发展劳动密集型产品出口为手段,解决结构优化和建立新的良性循环关系,大体要经历三个阶段:一是集中力量发展轻纺、饮料食品、家用电器、轻工杂品等劳动密集型产品,这一阶段要以牺牲重工业为代价,大约需要5—7年;二是劳动密集型产品创汇增强,可以用以支持基础工业及基础设施发展,逐步树立资本密集型产业的优势,大约需要5—7年;三是重点支持附加值高的重加工业发展,资金、技术密集型产品开始走向国际市场,大约要到"九五"后期才能起步。洪银兴(1990)通过对出口商品结构的分析,对劳动密集型产品出口能否带动中国产业结构的升级持怀疑态度,并提出应利用战略性贸易理论提升中国的产业结构和增强供给竞争力。薛敬孝和陈岩(1999)通过对东亚各国在国际分工中的地位及对外贸易与产业结构变动的研究,提出日本、亚洲新兴工业化经济体(ANIES)、东盟(ASEAN)和中国像几个齿轮一样,彼此相互咬合在一起构成了一种互动的经济增长机制。杨全发(1999)以钱纳里的回归方程为一般模型,采用出口扩展型生产模型线性回归分析,对对外贸易结构与产业增长的关系进行了实证分析。他认为,改革开放前,农副产品出口对三次产业的增长起到推动作用,但在一定程度上延缓了我国的工业化进程,说明传统出口增长贸易战略不宜长期采用。同期的轻工业品出口成为当时各次产业的新增长点;而机械设备进口刺激了第一产业和工业的增长,生产原料的进口对三次产业增长都有促进作用,但在一定程度上阻碍了我国产业结构升级,同期的生活资料进口也不利于工业比重的上升(杨全发,1999)。张亚斌(2000)将外贸结构与产业结构视为两个不同的系统,从耦合的角度分析这两个系统在国民经济结构运动中相互联系、相互作用的方式。张蕴如(2001)认为我国高新技术产业可以通过加工贸易和产业结构升级的互动实现快速提升,从而推动我国产业结构向开放式和高端化转变。王丽萍(2000)认为决定产业结构演进的主要因素

---

① "国际大循环"发展战略,即大力发展劳动密集型产品出口,在国际市场上换回外汇,为重工业发展获取资金和技术,再用重工业发展后积累的资金返回支持农业,从而通过国际市场的转换机制,沟通农业与重工业的循环关系。王建认为,这是我国走上经济效益比较高、速度比较快、产业结构转换比较迅速的一条必经之路。详见王建:《发展外向型经济加速中国产业结构转换》,《中国轻工业经济》,1998年第4期。

有三个:需求结构、相对成本和国际贸易。前两个是在封闭条件下影响产业结构成长的本质变量,而国际贸易是在开放经济条件下来自外部的影响产业结构变动的因素。徐进亮(2000)指出,应将加工贸易与产业政策结合起来,实现中间投入产品的进口替代,逐步培育我国加工贸易的技术规模优势和创新优势。李磊(2000)通过对我国1985—1998年出口贸易结构与产业结构的分析,得出的结论是资本密集型产业占工业总产值的比重与资本密集型出口商品的比重正相关,劳动密集型产业占工业总产值的比重与劳动密集型出口商品的比重负相关。蓝庆新和田海峰(2002)通过对进出口贸易结构和产业结构数据对经济增长方式转型指标进行回归分析,指出贸易结构变化和经济增长方式转型之间存在互相促进、相互依赖的关系。高越(2003)选取1952—2001年的GDP、第一、二、三产业产值、出口额总值、进口额总值数据为样本,采用协整和格兰杰因果分析法,得出结论:进口对第二产业发展的影响最大,对第三产业的影响次之,对第一产业的影响最小。刘培青(2004)从动态比较优势理论出发,论述了日本在第二次世界大战后五十多年间,其进出口商品结构随产业结构的调整不断升级,并就日本的经验对我国贸易发展提出了建议。董华平和王瑶(2006)从日本对外贸易及产业结构的发展阶段与特点入手,运用经济计量模型对产业结构与贸易结构的关系进行了实证分析,并结合我国的实际情况,提出了我国在产业结构与对外贸易结构调整中应吸收的经验。江小涓(2006)指出对外贸易质量比贸易总量更能促进产业结构的升级和经济增长。孙伟和王艳(2006)从出口商品类型与产业结构变动的关联机制出发,根据成功进行工业现代化国家的历程及相关的经验性数据,认为开放经济系统中产业从低级向高级的演化进程与商品类型转换之间的关联性是沿着三种商品类型形成机制的线型路径而实现的。我国正处在工业化中期,现阶段的主导产业应是装备制造业和具有战略性地位的某些高新技术产业,出口商品类型应完成从产业转移式到技术跟进式的转变,产业升级与出口结构的优化也应由外生变量推动转化为由内生变量推动。姜茜和李荣林(2010)认为我国对外贸易结构与产业结构的相关性在资本密集型部门较为显著。袁欣(2010)认为,"两头在外"的加工贸易使我国对外贸易结构与产业结构出现背离,对外贸易并没有有效地带动产业结构升级。黄凯和唐根年(2012)利用贸易竞争性指数、产业比重等指标,对 2002—2008 年我国制造业的出口贸易结构和产业结构偏差进行了统计分析,发现资本技术密集型贸易结构与产业结构存在偏差,对外贸易对产业结构的升级效应不明显。孙晓华和王昀(2013)基于经济一体化和我国产业结构转型升级的背景,从结构效应看,贸易结构对产业结构升级有显著的正向传导,但作用发挥有一定的时滞。

通过对贸易结构与产业结构之间关系的文献梳理,本研究发现,国外学者对外贸易动因和效应的研究成果非常丰富,但对贸易结构与产业结构关系的实证研究较少,主要原因是发达国家的工业化程度较高,对外贸易带动产业结构升级的作用不是十分明显。国内学者对我国产业结构与贸易结构转换的关系研究主要集中在改革开放以后,1979 年之前的研究几乎没有,因此,本研究以 1949 年中华人民共和国成立为起点,从较大的历史跨度基础上对产业结构与贸易结构演进进行探讨。

(二)贸易战略及中国贸易发展战略的演进

政府通过实施调节、引导对外贸易活动的有关政策的措施,影响对外贸易规模与对外贸易结构,进而影响产业结构与经济发展模式。因此,在许多发展经济学文献中,也将对外贸易战略与工业化战略结合在一起讨论,称为贸易—工业化战略。

1. 贸易战略划分的理论方法及类型

选择何种理论对贸易战略进行归类,学术界并没有一致的看法,但有一点是相同的,那就是看贸易奖励制度是否中性。巴拉萨(1988)对"奖励"的定义是:政府为影响资源在各种经济活动之间的配置并影响资源在国内和国际市场的使用而采取的种种措施。尹翔硕(1994)认为,用贸易奖励制度是否中性来界定贸易战略的方法就是把出口导向战略与自由贸易挂钩。因为,进口替代战略可以从贸易保护理论找到理论支持,而出口导向战略很难找到满意的理论依据,如果把中性的贸易奖励制度定义为推行出口导向战略,就可以用资源配置和自由贸易等理论来解释了。

基于对贸易奖励制度是否中性的共识,1987 年,世界银行根据 1963—

1985 年 41 个国家和地区的资料,把贸易战略划分为四种类型:坚定内向型、一般内向型、坚定外向型和一般外向型。Chenery(1986)基于多国统计数据的经济计量模型的分析比较,认为准工业化国家有出口促进战略、进口替代战略和平衡战略等三种贸易战略可以选择。克鲁格(1995)基于第二次世界大战后 10 个发展中国家制造业的有效保护率的测算结果,认为发展中国家在实际中执行的贸易战略主要是出口促进战略、进口替代战略和温和的进口替代战略。

从发展中国家的实践来看,依据所替代或所出口的产品不同,进口替代还可以进一步细分为:第一,下游产业开始的进口替代。可以分为三个阶段:一是消费品替代阶段;二是中间品替代阶段;三是资本货物替代阶段。这三个阶段代表的进口替代水平由低而高,构成了由最终消费品替代开始、至资本货物替代完成这样一个完整的进口替代过程。第二,上游开始的进口替代。从工业投入品的进口替代开始,随后扩展到对进口的机器设备和最终消费品进行替代。出口导向也可以进一步细分为三个层次:第一层次,主要发展农副产品生产和矿产品生产,利用农业资源和矿产资源的优势;第二层次,主要发展初级加工产品和一般消费品生产,如服装、食品、玩具、鞋帽、木材加工制品,以及普及家用电器的装配和制造等,这些产品大多属于劳动密集型的产品;第三层次,主要发展附加值高的深度加工产品以及高档耐用消费品,如机械工具、机器设备、电子仪器、飞机制造、汽车等,这些产品大多属于资本密集型和技术密集型产品。

关于如何检验贸易奖励制度的偏向性,主要有以下几种方法。Krueger(1978)首次提出用贸易体制偏向指数(用 B 代表)来测度贸易体制偏向的方法。$B=1$ 代表贸易体制中性;$B>1$ 为内向型体制;$B<1$ 为外向型体制。Bhagwati(1996)用有效汇率(EER)来衡量贸易体制偏向,即计算各国(地区)的出口有效汇率(EER_x)和进口有效汇率(EER_m),根据计算结果得出三种情况:$EER_x<EER_m$ 即为进口替代战略,属于"反出口偏向"贸易体制;$EER_x>EER_m$ 即为极端的出口促进战略;$EER_x≈EER_m$ 即为出口促进战略,是一种中性的贸易体制。世界银行(1987)提出了多指标法测算方法,主要有有效保护率、出口奖励办法、配额和许可证限制、汇率定值程度和进口补贴等指标。Liang, et al. (1991)等以净有效补贴率来衡量贸易体制的偏离。他们认为除了传统的进口替代和促进出口战略以外，还有两类既非纯粹进口替代也非纯粹促进出口的贸易战略：一种可称为"保护性促进出口战略"，是通过进口替代来保护发展中的新的"出口部门"；另一种是"实际上的促进进口战略"，是有意无意地使出口最小化而进口最大化，从而为国内投资和消费提供所需要的刺激和源泉。以上测度贸易体制偏向的各种方法应该说分别从不同侧面对贸易开放度的度量方法进行了补充或完善，但是这些指标仍然不能完全反映对外贸易的开放程度。因此在国际上，学术界关于贸易开放程度衡量的方法和指标选择的争论从未停止过。

2. 中国贸易发展战略的演进历程

国内学者对贸易发展战略的研究起步较晚，20 世纪 70 年代末改革开放以后，关于贸易战略的研究才开始起步并逐渐深入。由于中国贸易发展过程及具体表现形式的特殊性，对于我国贸易战略演进阶段的划分，国内外研究文献并没有统一的判断和观点。在中国重要的官方文件中没有关于贸易发展战略的系统论述，在对外贸易中经常提到的以质取胜战略、市场多元化战略和科技兴贸战略，以及唯一得到政府公开认可的贸易战略——"大经贸战略"①，这些实际上是贸易策略，难以上升到具有全局意义的发展战略高度，与经济文献中所说的"贸易战略"有本质的区别。

由于缺乏足够和有效的年度数据，对我国贸易发展战略的演变无法利用单项数量指标进行精确的刻画。② 我国通常选用世界银行(1987)的多指标法对我国的贸易战略进行研究。世界银行(1994)认为，我国在改革开

---

① 1994 年 5 月 1 日，吴仪在北京举行的"九十年代中国外经贸战略国际研讨会"上所作的主题报告中首先提出了"大经贸战略"这一设想："必须实行以进出口贸易为基础，商品、资金、技术、劳务合作与交流相互渗透、协调发展，外经贸、生产、科技、金融等部门共同参加的大经贸战略，促进对外经贸事业上一个大的台阶，更好地发挥它在促进经济增长、结构调整、技术进步和效益提高等方面的战略作用。"它是对我国外贸经营体制多年来发展的系统总结，包括以质取胜、名牌战略和市场多元化战略等内容。

② 反映贸易战略的单项指标包括：扭曲指数，贸易自由化指数，交互出口条件指数，可进口品和可出口品相对加权价格之比的偏向指数，有效汇率，出口和内销的名义保护率、实际保护率和实际补贴率，截面分析的贸易导向指数等。

放以前是纯粹的进口替代型,而改革开放以来至20世纪90年代初期逐渐转向进口替代与出口鼓励并存的"有保护的出口鼓励战略"。国内学者对贸易战略理论的研究主要侧重于介绍国外的贸易战略理论,而对我国贸易发展战略及其战略形式的著述较少。我国对外贸易战略发展的研究主要集中在以下几个方面:胡东波等(1997)认为,改革开放以前我国的贸易战略是进口替代,这也是国内学术界的共识;尹翔硕(1998)认为,1978年以后我国贸易战略逐渐由进口替代向出口导向战略转变;朱文晖(1998)认为,20世纪80年代以来,如果单从高出口增长率和高出口依存度来看,我国对外贸易实行的是出口导向战略,但是考虑到人民币汇率低估和GDP统计口径过小的因素,在此期间我国经济增长主要是由内需拉动,因此,我国实行的并不是出口导向战略。盛斌(2002)将1949—1998年我国的贸易发展战略划分为进口替代战略(1980年以前)、进口替代与边际出口导向(1980—1983)、以出口促进抵消进口替代(1984—1990)、出口促进与边际贸易自由化(1991—1993)、贸易自由化(1994—1998)五个阶段。王允贵(2002)认为1996年以来我国整体贸易战略比较接近于温和的进口替代战略。王平和钱学锋(2004)将我国贸易发展战略的演化分为贸易发展战略(1979年以前)、进口替代战略(1979—1986)、政府干预下的出口导向战略(1987—1993)以及大经贸战略(1994—2001)四个阶段。曲如晓(2005)将我国的贸易战略演化分为三个阶段,即改革开放前的进口替代战略、有限开放时期的混合发展战略、全面开放时期的大经贸战略。由于贸易战略类型的分析需要用大量统计数据分析来支撑研究结论,而由于我国改革开放前和改革开放后的统计口径不同,再加上不同管理部门统计口径和统计分类办法不一样(如工业部门分类与进出口行业分类办法难以协调),所以我国贸易类型的确定比较困难。但已有研究成果的基本共识是我国贸易战略的演化是由进口替代向出口导向转变。

以上对我国对外贸易战略演变的研究中,基本上都是根据进口补贴、有效保护率、出口奖励办法、配额和许可证限制、汇率定值程度等贸易政策指标划分贸易战略,部分研究立论的视野较窄,没有把贸易战略与我国工业化进程中的工业结构演进问题联系起来。贸易战略和工业化战略之间存在着历史和逻辑的一致性,工业结构的升级基本上是围绕对外贸易战略和贸易结构的演变而展开的,这两者相互影响、相互促进,构成了我国扩大开放进程中对外贸易战略转变的一条主线。由于贸易发展战略体现了经济增长方式转变和工业结构、贸易结构转变绩效的基本原因,其实质是以国际经济环境为背景的产业发展战略,它包括四大要素:战略目标、战略重点、战略任务和战略对策。本书从这四个要素构成来研究我国产业结构演进中的贸易战略,结合国家的政策文件和战略实施的过程与效果,将我国自1949年以来的贸易战略划分为服务于重工业优先战略的内向型进口替代战略(1949—1979),服务于非耐用消费品产业结构轻型化的外向型进口替代战略(1980—1985),服务于耐用消费品产业结构轻型化的受保护的出口导向战略(1986—1993),以及服务于产业高加工度化的高级进口替代与出口导向战略(1994—2013)。

二、产业结构与贸易结构转换的理论基础及互动机理

(一)理论基础

1. 对外贸易结构理论

贸易发展的基础在于贸易竞争力,贸易竞争力是指由进出口商品结构反映出的国际竞争力。从竞争优势的来源看,它由价格竞争力和非价格竞争力构成,并通过对外贸易结构表现出来。一国的贸易结构反映了其资源禀赋和工业结构状况,那么一个国家要有怎样的贸易结构才能促进本国工业结构升级和经济发展呢? 亚当·斯密(Adam Smith)、大卫·李嘉图(David Ricardo)、赫克歇尔(Eli F. Heckscher)、俄林(Bertil Ohlin)等学者分别从不同角度为不同国家的不同贸易结构提供了理论解释。

1776年,亚当·斯密在其出版的《国民财富的性质和原因的研究》一书中,提出了绝对优势理论,他认为在国际贸易和国际分工方面,应实行自由贸易,各国应该按照绝对优势原理进行分工和交换,即一个国家出口的商品一定是生产上具有绝对优势、生产成本绝对低于他国的商品。

大卫·李嘉图在其1817年的著作《政治经济学及赋税原理》一书中继承和发展了亚当·斯密的绝对优势理论,建立了以自由贸易为前提的比较优势理论。他认为,决定国际分工与贸易的基础不是绝对优势而是比较优势,即使一国在各个生产领域的生产率都比较低,仍可通过生产和出口那些自己具有相对优势的产品,以换取自己具有相对劣势的产品。各国在进行国际分工与国际贸易时,按照"两利相权取其重,两劣相权取其轻"的原则,可以通过自身经济的比较优势,获得由此带来的比较利益。

20世纪30年代,瑞典经济学家赫克歇尔和俄林在比较优势理论的基础上提出了要素禀赋论。他们认为,一国应当出口本国相对丰裕和便宜的要素密集型的产品,进口本国相对稀缺和昂贵的要素密集型的产品。在所有造成国家之间相对价格差异和比较优势的原因当中,他们认为一个国家或地区的要素禀赋是国际贸易中各国形成比较优势的基本原因和决定因素。据此理论,动态比较优势可以促进发展中国家的工业化和贸易结构转换,进而促进工业结构的演进。

以上理论都是从产业间的角度来探讨一国该进(出)口什么商品。20世纪60年代以来,P. J. Vordoorn、Béla Balassa、M. Michaely和K. Kojima对产业内贸易做了大量的经验性研究。在上述经验检验的基础上,20世纪70年代中期,以Herbert G. Grubel、P. J. Loyld、H. Peter Gray、D. Devies、P. R. Krugman和K. J. Lancaster等人为代表的一大批经济学家对产业内贸易现象做了开创性、系统性的研究,使产业内贸易理论发展从经验性研究进入到理论性研究阶段。在产业内贸易分析的框架下,Krugman等人虽然强调规模经济的关键性作用,但它并没有否定比较优势理论,而是根据市场结构的差异对贸易功能进行重新定位,他们认为规模经济、自然要素禀赋差异都是引发国际分工和贸易结构的经济变量。随着国际分工形式的变化,同基于要素禀赋的传统国际分工与国际贸易理论相比,产业内贸易理论更适合于发展中国家的产业升级与国际竞争力的提高。这是因为,要素禀赋所决定的比较利益会把许多发展中国家锁定在世界产业链的低端,而处在产业链低端所能获取的比较优势得益十分有限且增长空间将越来越小,产业内贸易理论则基于规模经济、产品差异化、生产技术高级化,使发展中国家能更好地参与到世界产业的水平分工体系中,促进产业升级。

　　20 世纪 60 年代后期,在国际贸易中出现了一个新动向,就是发展中国家制成品出口有较大幅度的上升。Helleiner(1973)通过观察这种现象敏锐地发现,发展中国家的制成品出口主要与纵向一体化国际分工中的劳动密集型专门环节相联系,这一现象实际上是产品内分工的早期形式和表现。Dixit and Grossman (1982)、Jones and Kierzkowski(1990)、Arndt(1997)等分别从多区段生产系统如何在不同国家分配工序区段、零散化生产、全球外包和转包等产品内分工现象进行了理论探讨。到目前为止,产品内分工的研究仍散见于各种文献,在国际贸易理论体系中还没有形成一个系统、成熟的理论。

　　长期以来,国际贸易理论主要解释国际贸易形成的原因及形式,随着投资贸易一体化的发展,一家企业在国内就会面临国际竞争的挑战。长期以来,一直没有一个统一的理论来解释国际贸易与国内贸易的关系,在新的国际分工背景下,一些学者开始注意国内贸易对企业国际竞争力的影响,在 20 世纪八九十年代初,迈克尔·波特(Michael Porter)先后出版了《竞争战略》《竞争优势》《国家竞争优势》三部著作,分别从微观、中观、宏观三个层面论述了"竞争力"的问题。他认为具有比较优势的国家未必具有竞争优势,一国的竞争力高低取决于其产业发展和创新能力的高低,产业的竞争优势来源于企业的竞争力。一国在某一行业的竞争优势关键取决于需求情况、生产要素、相关及支撑产业以及企业的战略、结构与竞争等四个基本要素以及机遇、政府等两个附加要素。

　　第二次世界大战以后,"里昂惕夫之谜"的产生,产业内贸易、产品内贸易的不断涌现,促使学界对传统贸易理论进行反思,由此也产生了很多繁杂的、并不系统的新贸易理论。20 世纪 80 年代,以 P. R. Krugman、E. Helpman 等为代表的学者开始对各种新的贸易理论进行综合,以此为基础,Gene M. Grosman、B. J. Spencer、J. A. Brander 和 A. Dixit 等人以规模经济、不完全竞争为假设前提,以产业组织理论、市场结构理论为研究工具,提出了战略性贸易政策理论。他们认为一国政府在不完全竞争市场条件下,通过生产补贴、出口补贴和关税保护等政策和贸易救济措施对本国特定产业进行扶持,以增强其在国际市场上的竞争能力,从而获取规模经济等额外受益,实现本国社会福利的最大化(见图 1-1)。

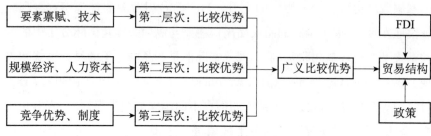

图 1-1   贸易结构演进及转换影响因素

2. 产业结构演进理论

日本经济学家赤松要在对日本明治初年以后产业发展的实证研究基础上,1935 年在他的论文《我国羊毛工业品的贸易趋势》中提出了产业结构演进的"雁行形态理论",即发展中国家的某一产业发展通常依次经过进口、生产和出口等各阶段,它是后发工业国为了弥补与发达工业国家在产业结构上的差异,而采取的通过参与国际分工实现产业结构高度化的发展模式。筱原三代平(1957)提出"动态比较成本说"(这一理论也被称为"产业—贸易结构论")。他从动态、长期的发展视角,把生产要素的供求变化、政策措施、可利用资源的引进、对外开放等因素综合到贸易理论中,从而将传统、静态的比较优势理论动态化。他认为,每个国家的工业发展过程都是一个动态过程,在这一过程中,生产要素禀赋等各种经济因素都会发生变化,而生产要素的变化程度和速度在不同国家、地区之间会有很大差异,由此引起一国经济在国际分工中的相对地位发生变化。对后发工业国家来说,如果某些行业的产品由于生产要素禀赋的变化而导致其由比较劣势转化为比较优势,将极大地改变一个国家或地区在国际分工中的地位,从而获得动态的比较优势。因此,筱原三代平强调一个国家或地区应借助各种各样的手段,实现工业结构升级和比较优势的转换。小岛清(2000)提出雁行形态中各国梯次分工的动态演化,就是异质化→同质化→异质化不断反复的过程,而区域经济雁行发展的前提则是各国经济结构的异质化。该模型对发展中国家追赶型产业的各个发展阶段的演替与转换,从其外在表现到内在机制进行了深入的分析,为发展中国家的政府进行积极政策干预,以动态比较优势为目标,推动工业结构及比较优势结构的转换,提供了理论依据。

Chenery(1986)根据世界银行提供的 1965 年被考察国家和地区的一系列有关工业、贸易的数据,根据结构性指数(包括贸易导向指数和生产导向指数),辅之以人口、收入等条件,建立了发展中国家和地区的贸易与生产专业化的标准化模型,把发展中国家分为四组:初级专业化国家、进口替代国家、平衡发展国家和工业专业化国家。

(二)产业结构与贸易结构相互影响的机理分析

在贸易结构转换与产业结构演进的历程中,两者相互作用、相辅相成。第一,一国产业结构通过贸易结构获取比较利益。一国的产业通过国际交换,在国际分工中形成符合本国比较利益的对外贸易结构,更重要的是通过国际分工和国际交换,可以发挥国内经济的比较优势,尽可能生产并出口劳动生产率相对较高、具有价格优势的产品,以获得最大收益。上述过程促进了产业结构和工业结构的升级。第二,一国产业结构通过对外贸易结构反映竞争能力。发达国家的工业发展经验表明,产业竞争能力的提高是与其产业结构高度化趋势相一致的,一个国家或地区的产业竞争力越强,其出口结构的比例就越高,说明本国的该产业要素转换效率越高;而产业竞争力越弱,其进口结构的比例就越高,说明本国产业要素转换效率相对较低。

长期来说,产业结构与贸易结构的发展趋势是一致的。产业结构决定了对外贸易结构的形成与发展,产业结构水平越高,出口贸易结构也会随之向高端化转移,随着技术进步和生产要素的积累,产业结构和贸易结构也会由静态比较优势向动态比较优势和竞争优势演化。同时,产业结构的优化与升级反过来也需要贸易结构的带动。但是在短期内,一国或地区的产业结构与贸易结构也可能发生错位,表现为贸易结构超前或滞后于产业结构的发展。

1. 基于完全竞争市场的产业间分工:产业结构与贸易结构的关系

第二次世界大战以前,国际分工和贸易盛行的主要是"南北贸易"模式,即建立在比较优势基础上的产业间贸易。古典国际贸易理论揭示了不同经济发展水平国家之间的产业间贸易模式。在完全竞争市场、生产要素无法在国际间正常流动的假设条件下,一国的资源禀赋结构和经济发展战略决定了该国的产业结构,一国的工业结构决定了其产品结构,而产品结构与国内需求结构之间的差距需要通过对外贸易进行弥补,由此决定了该国的对外贸易结构。例如,改革开放之前,我国的资源禀赋特点是资本和外汇稀缺、价格高昂,经济剩余少且分散,筹资能力弱,适宜先发展劳动密集型的轻工业。然而,我国实行赶超战略,需要从国外进口成套设备和技术以满足重工业优先发展战略的需要,这一战略使重工业自我循环,轻工业的比较优势也无法发挥,三次产业结构严重失衡,形成短缺经济,还需要进口粮食以及其他日用品在内的多种商品。

传统的产业间国际分工模式,较好地解释了产业结构与贸易结构的关系。在生产或要素供给决定流通的前提下,两者的关系是通过产品的流通和循环来实现的,产业结构是对外贸易结构的基础,贸易结构仅是产业结构的镜像反映而已。按照产品生命周期理论和产业转移的雁型模式,发达国家的产业和贸易路径是"生产——出口——进口",发展中国家的产业和贸易路径是"进口——进口替代——出口",不同国家之间通过产品循环构成一个相对完整的国际产业转移模式,出现由产品结构推动产业结构由此带动贸易结构的演化,再由贸易结构带动产业结构向高度化逐渐演进(见图1-2)。

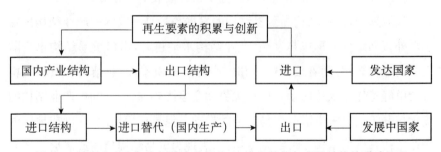

图1-2　基于完全竞争市场的产业间分工:产业结构与贸易结构的联动机理

2. 基于不完全竞争市场的产业内分工:产业结构与贸易结构的关系

第二次世界大战之后尤其是20世纪60年代以后,发生在具有相同生产要素的发达国家的"北北贸易"越来越多,基于完全竞争市场、同质产品和规模经济不变假设的古典贸易理论无法说明这一现象,建立在规模经济基础上的产业内贸易,逐步占据了主导地位。

以克鲁格曼为代表的垄断竞争模型和以赫尔普曼外部规模经济为基础的贸易理论,在传统比较优势理论基础上,从产品差异、规模经济等视角来分析比较优势,提出对外贸易结构从要素供给弹性、产品需求弹性两方面影响着产业结构的演变与升级转换。由于各个产业对要素贸易的依赖程度不同,通过进口技术和稀缺要素,可以克服自身技术落后和要素短缺的状况,进而不同程度地改变各个产业的要素供给弹性,使受制于国内要素禀赋稀缺的产业得到长足发展,使产业和工业结构向合理化、高度化的方向发展。同样,由于各个产业对商品的贸易依赖度不同,进而不同程度地改变了各个产业的产品需求弹性,从而使受制于国内市场容量的产业的规模经济效益得到充分发挥。出口对产业结构的拉动作用体现在后向关联和前向关联效果上,通过产业联系效应和波及效应来带动整个经济的发展,带动产业结构的升级。

建立在产品差异和规模经济等基础上的产业内贸易理论较好地解释了第二次世界大战后出现的产业内贸易现象,把规模经济和产品异质性作为一国或地区后天获得的比较优势,后天获得的再生性要素的差异使得各国在不同产业上具有不同的优势,因此国家之间产生了比较优势的结构性差异。生产的比较优势结构具有形成和强化现存的对外贸易结构的功能,比较优势对产业结构会产生升级和固化这两种截然不同的影响,关键是看比较优势为外生的静态比较优势还是内在的动态比较优势,外生的静态比较优势具有强化和凝固现有产业结构的倾向。在国际竞争日益激烈,人力资本、资金和技术等再生性要素在世界经济中发挥重要作用的今天,遵循静态比较优势发展经济和贸易,会使产业结构固化在较低级的位置上,进而导致贸易产品、方向和格局的静态化。内生的动态比较优势是以不完全市场竞争条件下的规模专业化分工为基础的,在知识经济和信息化时代,国际分工的演进和深化构成了知识积累和生产率内生发展的动力,使得原有比较优势出现逆转,从而产生新的、更高层次的比较优势结构,产业结构和贸易结构得以进一步升级(见图 1-3)。

3. 基于价值链视角的产品内分工:产业结构与贸易结构的关系

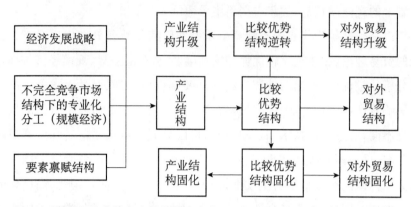

图1-3　基于不完全竞争市场的产业内分工:产业结构与贸易结构的联动机理

从20世纪80年代后期开始,虽然南北贸易在整个国际贸易中所占的比重逐渐增加,但是,南北贸易模式的中间品贸易比重不断增加,不再是过去产业间贸易模式的简单重复。由于进口的中间品要进入各个国家的工业生产流程,因此,一国参与国际生产链以及中间品的贸易程度与该国生产过程中使用进口中间品的比例成正相关。在当今新的国际分工和贸易格局下,产业的转移演变成生产环节的转移。对于发达国家来说,最先转移出去的通常是劳动力密集型的生产组装环节,其次是非核心零部件生产环节,最后才是技术、资本密集型的核心中间品的生产环节。

纵观20世纪80年代以来的国际分工格局和国际贸易趋势,我们发现,经济全球化加速是这种生产和贸易格局变化的主要原因,商品价格由国际市场决定的趋势越来越明显。为了能在激烈的国际竞争中生存,企业要在全世界范围中寻找最便宜、最有效率的资源和要素,由此产生了"跨国外包""垂直专业化分工"的新型国际分工生产和贸易模式。在产品内分工的模式下,只要同一产品上、下游生产环节分布在不同的国家和地区,必定会引发中间品贸易的大幅度增加。发达国家通常承担资本与技术密集型、信息与管理密集型的生产环节,发展中国家承担劳动或资源密集型的生产环节,发展中国家的制成品、中间品出口也会随之快速增加,从而导致产品的生命周期模式也发生了变化。

新的产品内分工模式使得一国的竞争优势体现在该国在全球化产业价值链中所占据的环节上,而不再体现在最终产品和某个特定产业上,产业竞争优势以模块化的形式表现出来。产品被分割成由不同模块组成的既相互独立又相互联系的产业链条,在产业链条上,劳动密集型的组装环节是附加值最低的,以组装环节为底线分别向上、下游延伸,附加值依次提高,形成了产业价值链的微笑曲线(见图1-4)。

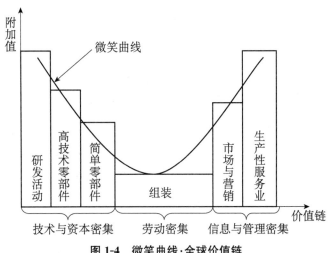

图 1-4　微笑曲线:全球价值链

20世纪80年代以来,随着国际分工的不断深化,生产和贸易越来越多在全球价值链上以产品内分工模式出现,主要表现为将研发、生产、销售等价值链的各个环节在全球进行配置,追求利润最大化、成本最小化的新分工形式,也就是产业价值链的产品内分工。因此,传统理论难以解释产品内分工形式下的产业结构与贸易结构的关系和联动机理,在全球价值链的新国际分工模式下,产业结构和工业结构不再是贸易结构的决定因素,仅仅是贸易结构的基础,而贸易结构则是产业结构和工业结构的国际竞争力的体现。产业结构与贸易结构的关系呈现出纵横交错、网状、立体的耦合关系,不再是单向、线性的关系。两者的联动关系主要表现为:贸易结构作用于产业结构的主要途径是通过提升要素禀赋以及国际产业的关联效应,使过去受制于国内要素禀赋的产业向高端化发展,实现比较优势结构逆转,形成产业结构与贸易结构互动发展的良好局面(见图1-5)。

(三)贸易政策影响结构优化升级的国际经验

在世界经济的发展历史上,美国、日本和韩国三个经济强国都是在贸

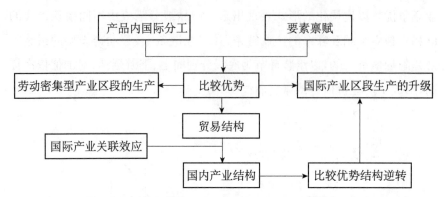

图 1-5 基于价值链视角的产品内分工:产业结构与贸易结构的联动机理

易保护政策下开始他们的工业化进程的。美国、德国在 19 世纪对进口的制造业产品征收较高的关税,对本国的制造业实行保护;而日本在 20 世纪70 年代仍然保持着很大范围的进口控制。贸易保护促进了美国、德国和日本制造业的成长,并使之在 20 世纪纷纷成为经济强国。

1. 美国工业化中期结构调整的贸易政策

19 世纪 60 年代,美国人均 GDP 接近 700 美元(1970 年美元)[1],基本结束了工业化的初期阶段,但农业仍居国民经济的主导地位。当时工业化面临两大转变:一是将工业由北部推进到南部和西部,实现由农业国向工业国的转变;二是工业内部结构升级,实现由资源密集型向资本、技术密集型的转变。为了促使产业结构升级,在美国工业化史上,出现了一个长达52 年的高关税保护时期。南北战争以后至第一次世界大战爆发之前,美国的平均关税大体维持在 40% 以上,特别是在哈里森总统和麦金利总统的任期内关税更是居高不下。

正是由于同时享受自由贸易和保护关税,才促成了美国史无前例的发展与惊人的繁荣。[2] 从 19 世纪 80 年代开始,在美国的工业化进程中,工业产品逐渐实现了由资源密集型向资本、技术密集型的转化,钢铁和机器制造业迅速发展,并出现了电气、汽车、化学等新兴产业部门,逐步取代了资源型部门在经济中的重要地位,出口商品结构也随之发生了转变。

---

① 详细计算见麦迪森著:《世界经济二百年回顾》,改革出版社,1997 年,第 4 页。
② 福克斯:《美国经济史》(下),商务印书馆,1989 年,第 46 页。

2. 日本工业化中期结构调整的贸易政策

1956 年,日本经济企划厅的《经济白皮书》提出为了适应技术革新和由技术革新带来的国内外有效需求的变化,需要对本国经济结构进行转换,主要包括:以技术进步带动生产方式的高度化;原材料和最终制成品之间的投入产出关系的变更;新产品向服务业及耐用消费品过渡;与国内产业结构高度化相联系的贸易结构变化。① 为了加快发展重化工业,促进产业结构高级化,一方面日本通过国内各项政策挑选产业优胜者,对其实施扶持政策,同时也通过谈判对国内产业采取分期和分行业实施自由化的方式对重化工业进行有选择性的保护。措施得当的贸易保护与政策扶持使日本的经济增长在产业和贸易结构转换中获得了巨大的推动力,产业结构与出口商品结构出现了明显的高级化,1950 年,重化工业在全部制造业附加值中的比重达到 46.6%,到 1970 年上升为 62%。1955 年日本出口产品的主要组成是轻纺产品,纺织和食品占出口额的 44.1%,机电产品仅占12.3%,而到 1970 年纺织和食品下降到 15.8%,机电却上升到 46.3%,汽车工业是在保护下被扶持成长起来的、多技术密集型产业的典型。

3. 韩国工业化中期结构调整的贸易政策

20 世纪 70 年代初,随着发达国家的经济衰退和石油危机的蔓延,世界各国纷纷加强贸易保护,韩国的劳动密集型轻纺产品出口难度增加,同时工资成本上升也进一步削弱了出口的成本优势。20 世纪 70 年代,韩国的"三五"计划(1972—1976)和"四五"计划(1977—1981)明确地把建设重化工业定为发展主题。随后,包括重化工业在内的诸多产业被关税和非关税壁垒结合的形式保护着,特别是在以出口目标和退税的办法保证出口商和可交易的生产投入采用的是国际价格的同时,也对国内市场上的产品销售进行了大量的保护。适当的贸易保护和产业干预,以及积极的出口促进,导致韩国仅仅用了 30 年就从一个落后的农业国迅速跃进中等发达国家的行列。

---

① 饭田经夫等:《现代日本经济史:战后三十年历程》,中国展望出版社,1987 年,第 220—221 页。

三、结构安排及研究的范围和方法

(一) 结构安排

正文共八章。第一章为相关基础理论及文献综述。第二章为重工业优先发展战略形成时期的贸易结构(1949—1957)。这一时期,我国对外贸易促进了产业结构升级,但过分强调以重工业为中心,对农业和轻工业重视不够,生产要素积累无法适应这一发展模式,必须通过进口来解决,出口商品结构滞后于国内产业结构,导致重工业的自我循环。第三章为畸形的产业结构重型化时期的贸易结构(1958—1972)。这一时期分为三个阶段:第一阶段是"以钢为纲"大跃进时期的贸易结构(1958—1960),工业发展对进出口贸易的依赖性减轻;第二阶段是工业调整时期的产业结构与贸易结构转折(1961—1965),优先发展农业、轻工业和支农工业,"挤出"出口政策下,轻工业产品出口增加,生活资料的进口比重提高,成为粮食净进口国;第三阶段是特殊的重工业优先战略——备战时期的贸易结构(1966—1972),进口商品结构与同期产业结构调整呈同步态势,出口结构与国内需求结构表现出很强的重叠性,进出口关系进一步密切。第四章为极端的重工业优先发展时期的贸易结构(1973—1979)。高封闭、保护性的贸易政策仍在延续,这一时期分为两个阶段:第一阶段是1973—1976年技术引进高潮的形成时期,这一时期,在换汇压力之下,出口能力不足的问题更加凸显,大型成套设备的进口增加;第二阶段是1977—1979年洋跃进战略时期的技术引进高潮,这一时期,工业产品出口比重增加,引进项目向重工业倾斜,内向型进口替代战略仍未改变,注重成套设备的引进,对引进"软技术"的重视不够,出口生产独立于国内生产。第五章为产业结构轻型化时期的贸易结构(1980—1993)。这一时期分为两个阶段:第一阶段是非耐用消费品产业结构轻型化时期的贸易结构(1980—1985)。开放型发展战略促进了我国工业结构的优化,工业结构的轻型化使出口商品结构的比较优势得到发挥,工业结构调整与劳动密集型产品出口呈现出互动态势,生产资料的国产化、进口替代仍是我国未来产业政策的重点课题。第二阶段是耐用消费品产业结构轻型化时期的贸易结构(1986—1993)。进出口商品结构优化反映了我国产业升级的重大进展,但强制性出口忽视了工业生产和出口结构的升级,轻纺行业呈现出口导向的倾向,进口结构偏向生产性物品,仍具有进口替代的进口结构特点。第六章为产业结构向高加工度化时期转变时期的贸易结构(1994—2013)。出口产业正处在由比较优势向竞争优势转化的临界点,出口产业结构升级在很大程度上是由引进资源和引进技术带动的,资本品的进口对工业结构的升级起到促进作用,产业结构升级对出口商品结构的优化作用明显。第七章为中国产业结构与贸易结构升级转换的绩效分析。贸易战略转变改变了产业结构升级的要素约束;贸易结构发生逆转,产业结构演进缓慢;出口的高新技术产品多处于劳动密集型环节,技术密集型产业仍不具有比较优势。第八章为历史回顾基础上的启示及对策建议。对中华人民共和国成立五十多年来的工业结构演进与贸易结构转换的历史演进进行分析,总结经验教训,在国际分工新体系下,基于"优进优出"发展战略,从提升出口商品竞争力、优化进口商品结构、基于价值链提升目标的全产业链出口、产业结构升级等四个方面提出了将来我国工业结构和贸易结构升级的对策建议。

(二)研究的范围(时间)

关于这一部分的文献描述主要涉及我国学者从事的研究。大体上看,我国学者对国内经济阶段的划分主要是从产业政策、贸易政策变动和工业化进程的演化路径来讨论的,而关于政策变动对国内经济阶段划分的影响则主要是从经济体制改革政策、贸易政策、产业政策、外资政策等方面来展开的。从经济体制改革政策的变化趋势上看,黄建忠等(2007)把我国的经济发展阶段主要分为五大时期:国民经济恢复与重建时期(1950—1957)、"大跃进"与"文革"时期(1958—1977)、改革开放时期(1978—1988)、外贸体制改革时期(1989—1995)、1995年以后。从产业政策的变化历程来看,陶良虎和周军(2004)把我国经济发展分为农业经济向工业经济的过渡时期(1949—1978)和工业化时期(1979—2002)两个大的阶段。苏少之和任志江(2006)根据我国所出现的具有长远性、全局性和根本性的经济发展规划及其在经济实践中对结构转换所产生的重大影响,把1949—1978年我国经济发展战略划分为四个阶段,即:"一五"计划时期的均衡重工业优先战略("一五"战略)、"大跃进"时期的畸形重工业优先战略("大跃进"战略)、备战时期的特殊重工业优先战略(备战战略以及"文革"以后)、极端重工业优先战略(洋跃进战略)。[①]

以上学者对我国经济发展阶段进行研究的文献主要是围绕如何划分经济阶段及描述经济阶段来展开的,研究成果虽各有其参照价值,但我国工业化进程中的对外贸易与产业结构变动,随着经济体制、国际环境的变动,不同时期对外贸易的规模、进出口商品结构对产业演进所产生的影响变化很大。因此,本研究将贸易政策和产业政策等各自的阶段性变化进行协调,归纳成政策体系来分阶段实证性地分析结构变动与对外贸易之间的关系。由于1949年以来我国产业结构的整个演进过程非常复杂,受时间、数据、统计口径、资料以及个人研究能力的限制,研究重点放在工业结构演进中的贸易结构转换上,借鉴赵德馨教授提出的"沉淀论"与"跟随论"[②],在时间段的划分上尽量以对外贸易与产业结构的显著变化为标志,划分为1949—1957年、1958—1972年、1973—1979年、1980—1985年、1986—1993年、1994—2013年六个阶段。

(三)研究方法和数据

研究方法的基本思路是:在档案史志资料分析、前人研究成果和实地调研的基础上,综合运用历史学、经济学等多个学科的方法和知识,尝试对五十多年来工业化进程中的工业结构演进与贸易结构转换进行专题性研究。

在具体的研究方法上,特别注重经济学基本理论和历史学方法相结合的综合分析方法,这也是理论经济学上进行经济史研究的基本方法。在经济学理论方面,本研究尝试运用国际贸易的相关理论对我国工业化进程中的工业结构演进与贸易结构转换的绩效进行研究和阐释,另外,运用计量经济学对改革开放以后的工业结构演进与贸易结构转换进行

[①] 改革开放前的产业结构演进与贸易结构转换的阶段划分采用了这一研究成果。见苏少之、任志江:《1949—1978年中国经济发展战略研究》,《中南财经政法大学学报》,2006年第1期。

[②] 赵德馨:《中华人民共和国经济史1985—1991》,河南人民出版社,1999年,第2—10页。

了实证分析。在采用历史学方法方面,本研究用史学方法挖掘、考证工业结构演进、贸易结构转换不同时期的对外贸易战略演变的史料,并按其历史发展逻辑分析工业结构与贸易结构发展演变的轨迹。同时,在研究过程中采用动态的或进化的研究方法,把贸易战略演变放在我国工业结构演进的进程中来观察和把握。采用比较研究方法,通过对不同时期工业结构演进与贸易结构转换的贸易战略演变进行比较,分析不同贸易战略时期的经济绩效。

本研究中所使用的数据主要有如下几个来源:

由于本人对近代史没有深入的研究,对相关问题和数据不是十分了解,所以近代中国产业结构与贸易结构的部分资料数据转引自王玉茹的《世界市场价格变动与近代中国产业结构模式研究》和刘明强的《中国对外贸易结构变动趋势研究(1870—1931)》。改革开放前的中国产业结构与贸易结构的部分资料数据转引自江小涓的《中国工业发展与对外经济贸易关系的研究》。由于历史跨度比较长,涉及了产业结构、贸易结构以及贸易战略三方面的相关内容,再加上改革开放前后的统计标准不一样和部分统计数据缺失,为了保持研究结构的一致性和逻辑性,本研究的产业结构分析以工业结构为主;由于统计口径的不同,绩效分析分为改革开放之前和改革开放之后两部分。

本研究采用的数据主要来自公开发行的年鉴、统计报告等。1949 年之后的数据主要来自官方和权威机构提供的《中国统计年鉴》《中国对外经济贸易年鉴》和《中国海关统计年鉴》,新华在线数据库提供的国家统计局报告的数据资料等。1979 年之前贸易数据来自外贸业务统计数据,1980 年之后为海关统计数据。按照联合国 SITC 的 0—8 类的分类标准,一般将按要素密集型划分的进出口商品产品分为三类,即 0—4 类代表资源密集型产品,5 类和 7 类代表资本密集型产品,6 类和 8 类代表劳动密集型产品。

（四）创新与不足之处

本研究立足于统计资料和现实问题进行分析,主要的创新点有以下三点:第一,本研究将贸易政策和产业政策等各自的阶段性变化进行协调,归纳成政策体系来分阶段实证性地分析工业增长、结构变动与对外贸易之间的关系。借鉴赵德馨教授提出的"沉淀论"与"跟随论"①,对中国对外贸易战略演进在时间段的划分上尽量以对外贸易与产业结构的显著变化为标志,分为 1949—1957 年、1958—1972 年、1973—1979 年、1980—1985 年、1986—1993 年、1994—2013 年六个阶段。第二,到 2005 年,中国出口商品结构随着产业结构的升级而不断优化,但高级进口替代并未完成,制造业和高技术产业发展所需装备对进口形成刚性依赖,不是大多数研究文献中所说的出口导向,而是进口替代与出口导向在产业间并存。第三,通过对中国过去五十多年的产业结构演进与贸易结构转换的总结,基于"优进优出"发展战略,从提升出口商品竞争力、优化进口商品结构、基于价值链提升目标的全产业链出口、产业结构升级等四个方面提出将来中国产业结构和贸易结构升级的对策建议。

但仅从中国工业化演进的角度探讨对外贸易与工业结构转换问题,难免遗漏一些从一般角度研究这些问题时不应遗漏的重要内容。再者,在大跨度的历史演进中,贸易结构变动对工业结构变动的影响还有待做更深入的比较研究,以便更加确切地了解我国哪些出口商品已经产生"恶性经济增长效应",哪些进出口产品最有可能刺激中国的技术进步,从而实现工业结构的转型升级、提升增效,实现传统工业向工业 4.0 的转换。同时,由于改革开放之前与改革开放之后的对外贸易统计的商品分类标准不一样,论文只能分两个阶段进行绩效实证分析,但这并不影响分析结果;由于国家统计局从 1997 年起仅公布服务贸易相关的 13 个项目的资料,所以对服务贸易发展的行业分析仅能够从 1997 年开始。因此,本研究只对货物贸易进行分析,未能对服务贸易进行分析。

---

① 赵德馨:《中华人民共和国经济史 1985—1991》,河南人民出版社,1999 年,第 2—10 页。

第二篇

中国产业结构演进中的贸易结构转换

第二章 重工业优先发展战略形成时期的
贸易结构(1949—1957)

由于对外贸易、工业结构的演进与历史发展过程中长期经济变动的各项因素密切相关,正如道格拉斯·诺斯所强调:路径依然起着作用。你过去是怎样走过来的,你的过渡是怎么进行的。我们必须非常了解这一切。这样才能很清楚未来面对的制约因素,选择我们有哪些机会。[①] 近代中国对外贸易与产业发展不仅发展环境特殊,而且其历程也极为艰难,甚至今天所发生的某些制度供给与变迁都因此打上了历史的烙印,中华人民共和国成立后的以产业结构演进为核心的工业化发展道路和对外贸易战略的选择都是在此基础上进行的。1949 年以前的工业结构体现出明显的殖民地经济形态特征,外国资本垄断了中国的经济资源和工业发展主权,中国的工业体系成为发达国家工业体系的延伸。在对中国工业结构和贸易结构演进情况进行分析之前,有必要对近代中国工业结构与贸易结构做简单了解。

一、近代中国贸易结构与产业结构回顾

从 1840 年的鸦片战争开始,外国侵略者通过战争和不平等条约对中国进行野蛮掠夺,使中国在经济上和政治上处于半殖民地的地位。随着外国资本的涌入,中国传统的自给自足的封建经济受到了严重的冲击,进而逐步瓦解,促使中国产生了资本主义的萌芽,成为半殖民地半封建社会。由于外国政治势力与资本的渗入,使得自给自足的中国逐步成为资本主义工业生产的原料地与产品销售市场。正如毛泽东所指出的那样:"帝国主

---

① 道格拉斯·诺斯:《经济学与中国经济改革》,上海人民出版社,1995 年,第 8 页。

义列强根据不平等条约,控制了中国一切重要的通商口岸,并把许多通商口岸划出一部分土地作为它们直接管理的世界。它们控制了中国海关和对外贸易,控制了中国的交通事业(海上的、陆上的)。因此它们能够大量地推销它们的商品,把中国变成它们的工业品市场,同时使中国的农业生产服从于帝国主义的需要。"[1]

(一)具有殖民地特征的贸易结构

1. 出口由制成品和半制成品为主向以资源密集型为主转变

19世纪末到20世纪初,中国的出口商品结构呈现消费资料出口的比重不断下降的趋势,而生产资料出口所占份额呈现不断增加的趋势,与此同时,劳动密集型产品的比重出现了下降,自然资源密集型产品的比重则逐渐上升,这一变动趋势说明中国在国际分工中正在不断丧失自己的比较优势。从表2-1可以看出,1873年手工生产的半制成品、制成品合计占总出口的比重高达95.7%,但随后呈现逐年下降的趋势,1903年降至50.1%;机器半制成品和制成品占总出口的比重一直较低,由1873年的1.7%增至1893年的2.6%,20年仅增加了0.9%,到20世纪初期,也仅占到中国总出口的20%左右。而在总出口中,机器制成品出口最高也只达到8.3%。在生产资料出口中,主要以农、林、渔、牧等农产品出口为主,由1873年占总出口的2.6%增至1893年的15.6%,1930年高达45.1%。[2]

表2-1　1873—1930年中国出口货物分类统计(出口合计为100)　　单位:%

年份	生产资料			半制成品		制成品	
	农产品	手工开采	机器开采	手工	机器	手工	机器
1873	2.6	—	*	37.4	—	58.3	1.7
1893	15.6	—	—	28.4	0.1	53.4	2.5
1903	26.8	0.2	0.2	17.2	14.7	32.9	8.0
1910	39.1	0.2	0.5	13.1	11.9	28.3	6.8
1920	36.4	0.9	2.8	8.2	12.3	31.2	8.3
1930	45.1	1.2	3.4	3.5	12.2	27.1	7.4

注:*不及0.05。

资料来源:严中平,《中国近代经济史统计资料选辑》,科学出版社,1955年,第72—73页。[3]

---

[1]　毛泽东:《毛泽东选集》(第二卷),人民出版社,1991年。

[2]　转引自刘明强:《中国对外贸易结构变动趋势研究(1870—1931)》,广西师范大学硕士学位论文,2007年,第30页,有删改。

[3]　同上。

2. 不为产业升级提供技术和原料支撑，以消费资料为主的进口结构

消费资料的进口在进口总额中占绝对优势。分析进口商品结构特别是"消费财与资本财的比例"，是评价一国进口商品结构是否合理和"贸易逆差利弊"的重要方法。[①] 因为消费财完全用于个人的享受，是纯粹的消费行为；而资本财可用于再生产过程，它能够带来资本增值，是一种投资行为，资本财的进口尤其是先进机器设备的进口，无疑会提高一国总体的技术装备水平，从而对一国产业结构的改善起到至关重要的作用。中国在这一时期的进口商品结构如表 2-2 所示，生产资料类进口的比重极低，在进口货物总值中占绝对优势地位的是消费资料类。生产资料的进口在 19 世纪后期占 8%左右，到 20 世纪 30 年代也不足 30%。消费资料的进口在 19 世纪后期占 91%以上，随后虽有所下降，到 20 世纪 20 年代仍在 71%以上；而消费资料的进口主要以直接消费资料为主，到 19 世纪后期，直接消费资料占进口货物总值的 80%左右，而消费品原料占进口货物总值的比重在 1893 年仅为 13%，20 世纪初期也经常保持在 20%以下。[②]

表 2-2　1873—1930 年中国进口货物分类统计(进口货物总值为 100) 单位:%

年份	生产资料				消费资料		
	合计	机器及大工具	原料	建筑用品、设备(包括车辆船艇)、小工具、器材、半制成品、材料、燃料等	合计	消费品原料	直接消费资料
1873	8.10	—	—	8.10	91.90	8.50	83.40
1893	8.40	0.60	—	7.80	91.60	13.00	78.60
1903	15.00	0.70	—	14.30	85.00	22.30	62.70
1910	17.60	1.50	0.10	16.00	82.40	17.00	65.40
1920	28.50	3.20	0.20	25.10	71.50	16.90	54.60
1930	26.90	3.70	1.90	21.30	73.10	17.30	55.80

资料来源：严中平，《中国近代经济史统计资料选辑》，科学出版社，1955 年，第72—73 页。[③]

生产资料进口中，初级产品和轻工业品逐渐增加，资本品较少。从进

---

① 高希均、林祖嘉：《经济学中的世界》(上册)，生活·读书·新知三联书店，1999 年。

② 刘明强：《中国对外贸易结构变动趋势研究(1870—1931)》，广西师范大学硕士学位论文，2007 年，第 36 页。

③ 转引自刘明强：《中国对外贸易结构变动趋势研究(1870—1931)》，广西师范大学硕士学位论文，2007 年，第 36 页，有删改。

口货物的性质看(见表 2-2),20 世纪初期与 19 世纪后期相比,生产资料进口的增长速度出现了加快趋势。1873—1893 年,生产资料的进口由占进口货物总值的 8.10% 提高到 8.40%,而 1903—1930 年,则由 15.00% 提高到 26.90%,其中 1920 年达到了 28.50%,这些数据的变化反映了这一时期国内工业结构的变化和工业化的发展程度,而这些变化又是与外国资本的输入相关联的。但是,代表资本品的机器及大工具的进口所占份额极少,到 1930 年其进口也只占 3.70%。

从表 2-3 可以看出,进口商品主要以初级产品和轻工业品为主,而资本品的进口到 20 世纪 30 年代也不到 30%。

表 2-3　1926—1932 年中国进口商品构成的变化

单位:百万美元;括号内为%

年份	初级产品	重化学工业品				轻工业品					不分类	总计
		合计	机械	金属	化学	合计	纤维	食品	瓷器	杂货		
1926	306.7 (35.9)	161.4 (18.89)	29.0	57.0	75.3	372.5 (43.6)	212.9	117.1	8.4	34.1	14.1 (1.65)	854.4 (100)
1932	163.2 (45.78)	95.4 (26.76)	17.8	32.4	45.2	93.6 (26.31)	43.4	38.2	4.8	7.4	4.1 (1.16)	356.5 (100)

资料来源:中村哲,《近代史理论的再探讨》,商务印书馆,2002 年,第 60 页。①

如果将进口和出口的情况一并考察,在进口和出口的商品中,原料类商品与制成品(包括半制成品)的比值,也许可以给我们一些启示。经计算得知,在进口商品中,原料和制成品(包括半制成品)的比值在 1913 年和 1936 年分别是 12.7 和 5.0;在出口商品中,同一比值在 1913 年和 1936 年分别是 1.7 和 1.1。可以看到,进口中制成品(包括半制成品口)比重下降的幅度远远大于出口中制成品(半制成品)比重下降的幅度。这在某种程度上支持了关于中国近代工业在第一次世界大战以后有所发展的观点。②

(二)重工业比较薄弱的工业结构

鸦片战争以后,尤其是 19 世纪 70 年代以后,中国启动了经济近代化的进程,逐步被纳入世界市场体系中。中国经济由传统向近代的转化,与

---

① 转引自刘明强:《中国对外贸易结构变动趋势研究(1870—1931)》,广西师范大学硕士学位论文,2007 年,第 37 页。
② 王玉茹:《世界市场价格变动与近代中国产业结构模式研究》,人民出版社,2007 年,第 192—194 页。

大多数后发展国家一样,不是自发地在本国传统经济基础上发展起来的,而是在外来因素的作用下被动地进行演进和转换。由此建立起来的中国近代经济体系,首先是服从于发达国家和世界市场体系的需要,也就是服从在世界市场上居主导地位的发达国家的国民经济体系运行和发展的需要。在此条件下,不仅引起了中国近代商品结构、投资结构等方面的调整与变动,也最终使中国近代产业结构发生了变化。

从表2-4中可以看出,19世纪80年代至20世纪30年代,50年间工业和服务业在国民收入中的比重由30.38%上升为35.50%,仅上升了约5个百分点。工业和服务业的就业人口在全部就业人口中的比重则由20.00%上升为24.48%,上升了约5个百分点。农业在国民收入中的比重和农村就业人口在全部就业人口中的比重则分别由69.62%和80.00%下降为64.50%和75.52%。[①]

表 2-4　1887—1936 年近代中国的产业结构　　　　　　单位:%

	国民收入		就业人口	
	1887 年	1936 年	1887 年	1936 年
农业	69.62	64.50	80.00	75.52
工业、服务业	30.38	35.50	20.00	24.48

资料来源:农业收入见《中国近代发展史》第一编第一章表1-2;1887年数据转引自张仲礼,《19世纪年代中国国民生产总值的粗略估计》;1936年数据转引自巫宝三:《中国国民所得》及《中国国民所得(修正)》。[②]

从生产的角度看轻、重工业的比重,1936年的大宗制造业商品中,轻工业部门主要包括面粉业、棉纱业、皮棉等行业,从产值上来看轻工业的比重为82.93%,而重工业部门仅煤和电力两项,其产值在总的制造业产值中仅占17.07%。这不仅反映了当时中国民族工业的落后,更说明了中国重工业的落后。[③]

---

① 王玉茹:《世界市场价格变动与近代中国产业结构模式研究》,人民出版社,2007年,第192—194页。

② 转引自王玉茹:《世界市场价格变动与近代中国产业结构模式研究》,人民出版社,2007年,第192—194页。

③ 王玉茹:《世界市场价格变动与近代中国产业结构模式研究》,人民出版社,2007年,第196—198页。

1920—1936 年,国内轻工业部门中近代工业产品的商品值比重上升了近一倍,而手工制造业商品值的比重则有所下降,轻工业商品值的比重上升了 1.1%,而矿冶业商品值的比重基本没有什么变化。由此可以看出民国时期中国重工业发展的落后,当然,可能存在一些统计上的误差,但有一点可以肯定,当时中国民族工业中的重工业与轻工业的比例是相当悬殊的。[①]

通过以上分析可以看出,中国民族资本在重工业方面比较薄弱,所以若只从民族资本的角度考虑,中国工业内部的比例是畸形的,但如果将外国资本和国家资本合并起来加以考察,结果就会发生变化(见表 2-5)。

表 2-5　1921—1936 年中国轻工业与重工业部门的相对比重　　单位:%

类别	比重		年均增长率
	1921 年	1936 年	
轻工业	44.1	30.7	5.46
重工业	54.6	62.9	9.94

资料来源:章长基,《共产党中国以前的工业发展》,爱丁堡大学出版社,1969 年,第76—79 页资料推算整理,重工业不包括水泥和原油数量,因此比重相加不等于 100。[②]

从表 2-5 可以看出,加入外国资本和国家资本之后中国重工业比重的增长速度快于轻工业,重工业的比重由 54.6% 上升为 62.9%,轻工业的比重则由 44.1% 下降为 30.7%。可见,这一时期中国的工业基本上是向前发展的。

(三)殖民地特征的贸易结构制约了工业结构的升级

1949 年以前,中国的工业发展处于极低水平,工业长期为国外垄断资本所控制,产业技术水平和管理水平极端落后,国家经济的维持和增长主要依靠农业。1864—1894 年民族工业的发展模式是:以生丝、茶叶等初级产品的出口来支持轻工业,特别是纺织工业的进口替代,从当时经济水平最高的 1936 年的情况来看,无论是工业结构还是进出口商品结构都未能达到日本基本完成纺织工业的进口替代时(1887—1896)的水平。也就是

[①]　王玉茹:《世界市场价格变动与近代中国产业结构模式研究》,人民出版社,2007 年,第196—198 页。

[②]　转引自王玉茹:《世界市场价格变动与近代中国产业结构模式研究》,人民出版社,2007 年,第192—194 页。

说,在 1949 年以前,人们花了大半个世纪的时间,结果连纺织品的进口替代都没有达到。

关于出口商品结构,在 1870—1931 年,从产业间贸易来看,由于中国进口替代产业的国际竞争力弱,出口商品主要以附加值低的初级产品为主,而机器制品的出口增长比较缓慢;从要素密集型来看,初级产品出口中,自然资源密集型产品出口增长较快,而劳动密集型产品虽然占优势但其比例却日趋下降。由此说明 19 世纪 70 年代后,西方资本主义国家对中国农产品和工业原料的掠夺,无论是攫取范围还是领域,都已经开始进入一个新的阶段。[①] 出口商品结构的殖民特征不断深化,中国由出口制成品和半制成品为主的格局逐渐转向原料品,从而限制了中国劳动力比较优势的有效发挥。

关于进口商品结构,消费资料的进口数额远远大于生产资料的进口数额,同时在消费资料内部,消费品原料的进口比例逐渐提高,但是直接消费资料的进口数额仍然高于消费品原料的进口数额。另外,占总进口份额较少的生产资料中机器和大工具等资本品的进口不仅所占比重极低,而且其增长速度也极为缓慢。据统计,1873—1947 年,中国的进口商品中,用于发展中国工业的机器设备从来没有超过进口总额的 10%。在这种情况下,中国民族工业的发展自然是步履艰难,这种贸易结构演进格局显然是由世界列强对华商品输出和资本输出所造成的,进口并没有为产业结构的升级提供技术和原料的支撑,而是呈现出殖民地的特征。近代中国贸易结构发展的趋势并不符合贸易利益最大化原则,更不利于中国产业结构合理、健康地发展。

由于民间主导型进口替代工业的发展,中国的贸易地位和贸易结构还是有所改善的。1913 年中国进出口占世界贸易总额的比重为 1.88%,居世界第 13 位;而到 1926 年中国进出口占世界贸易总额的比重为 2.44%,居世界第 10 位。[②] 与此同时,虽然中国继续向国际市场出售原料,但品种

---

① 汪敬虞:《十九世纪西方资本主义对中国的经济侵略》,人民出版社,1983 年,第 106 页。
② 杨端六、侯厚培:《六十五年来中国国际贸易统计》,国立中央研究院社会科学研究所,1931 年。

更加多样化了,在某些场合下,加工产品的出口已经替代了原料出口,从而"意味着殖民地商品经济的特征正在减弱"①,轻工业国产品逐渐替代了进口品,这在一定程度上减少了对国外产品的依赖。

通过以上分析可以看出,1949 年以前中国的经济基础就是这样,农业不发达,工业更落后,处于从属地位,其主要任务是向国际市场上的发达国家提供初级产品(主要是作为原料的采掘产品)和直接面向市场消费的一些生活资料。由于生产资料工业极不发达,整个产业结构的活动集中于输出端,中间转换能力很低,技术基础很差。在这个基础上,中国要摆脱依附于国际市场的地位,独立自主地发展经济,就必须重建产业结构关系,启动新的工业化进程,改变轻、重工业比例关系极不协调的状态。

二、内向型进口替代战略下的统制外贸体制

中国共产党在民主革命时期就开始考虑中国的工业化到底怎么走的重要问题。1945 年 4 月,在延安召开的中共"七大"会议上,毛泽东提出了中国必须尽快实现工业化的重要性和迫切性,并指出,没有工业,便没有巩固的国防,便没有人民的福利,便没有国家的富强。② 1949 年 6 月,刘少奇在论述财政经济政策时指出:"中国要工业化,路只有两条:一是帝国主义;一是社会主义。历史证明,很多工业化的国家走上帝国主义的路。如果在没有工业化的时候,专门想工业化,而不往以后想,那是很危险的,过去日本和德国就是个例子。"③从以上论述中可以看出,在中华人民共和国成立之前,中国共产党主要考虑的问题是如何为中国的工业化扫清道路。在中华人民共和国成立之初,由于缺乏宏观经济管理经验,再加上国民经济正处于恢复阶段,中国共产党对工业化模式仍处于摸索之中,对经济发展战略尚未形成明确一致的看法,在强调优先发展重工业的重要性的同时,也强调优先发展农业和轻工业的重要性。1949 年 9 月,中国人民政治协商会议通过的《中国人民政治协商会议共

---

① 白吉尔:《中国资产阶级的黄金时代》,上海人民出版社,1994 年,第 91 页。
② 毛泽东:《论联合政府》,《毛泽东选集》(第三卷),人民出版社,1991 年。
③ 《刘少奇论新中国经济建设》,中央文献出版社,1993 年,第 145 页。

同纲领》指出："应以有计划有步骤地恢复和发展重工业为重点,例如矿业、钢铁业、动力工业、机器制造业、电器工业和主要化学工业等,以创立国家工业化的基础,以供应人民日常消费的需要。"①同年10月,中央人民政府政务院财政经济委员会和相关工业管理部门也随之成立,标志着全国性的工业恢复和发展工作的正式启动。1950年,刘少奇在一份手稿中也专门谈了中国的工业化问题,他认为"在完成国民经济恢复的任务以后,第一步,要以主要的力量来发展农业和轻工业,同时,建立一些必要的国防工业;第二步,要以更大的力量来建立重工业;最后,就要在已经建立和发展起来的重工业的基础之上,大力发展轻工业"。② 并论述了中国应该采取这种工业化道路的理由。与此同时,在朝鲜战争爆发前,南汉宸等人也认为由于中国经济落后和资金缺乏,工业化应该优先发展投资少、见效快的轻工业,从而为建设周期长、投资大的重工业提供必要的发展资金。但是,中国的工业化必须坚持独立自主,走社会主义道路。

朝鲜战争爆发后,随着中国国际环境的恶化,国防建设问题被提到了社会主义事业建设非常重要的位置上,而要在短时间内快速建立起强大的国防工业,就必须优先发展重工业。中华人民共和国成立后,经过三年的努力,国民经济得到恢复和初步发展,工业总产值迅速提高,工业门类逐步齐全,工业布局趋向合理,工业结构得以平衡,为全面展开社会主义工业化建设奠定了基础,积累了宝贵的经验。随着包括工业在内的整个国民经济的迅速恢复,从1952年下半年起,以毛泽东为首的中共中央决策层开始酝酿新民主主义向社会主义过渡和国家大规模工业化建设工作。

1952年8月,中央财政经济委员会在提交的"一五"计划的轮廓草案中提出:"一五"时期建设的重点是重工业,在不妨碍重工业优先发展的条件下发展国民经济的其他部门。优先发展重工业的思想被正式提出。

---

① 丛树海:《新中国经济发展史(1949—1998)》,上海财经大学出版社,1999年,第315页。

② 《刘少奇论新中国经济建设》,中央文献出版社,1993年,第173页。

1952 年 12 月 22 日,《中共中央关于编制一九五三年计划及五年建设计划纲要的指示》指出,"工业化的速度首先决定于重工业的发展,因此,我们必须以发展重工业为大规模建设的重点"[1],优先发展重工业的思想得到中央正式认可。经过历时一年多的研究、讨论和修改,至 1953 年 12 月形成了党在过渡时期的总路线和总任务:"从中华人民共和国成立,到社会主义改造基本完成,这是一个过渡时期。党在这个过渡时期的总路线和总任务,是要在一个相当长的时期内,逐步实现国家的社会主义工业化,并逐步实现国家对农业、对手工业和对资本主义工商业的社会主义改造。"[2]围绕过渡时期的总路线所提出的实现国家工业化的任务,形成了工业发展战略(赶超战略)。在中国经济建设中,赶超战略就成为工业化和工业发展战略的主体,即在优先发展重工业的基础上,兼顾农业和轻工业的发展;调整工业布局,加快内地工业发展。抗美援朝战争也在 1953 年取得了胜利,这一切都为中国进行大规模经济建设创造了条件。

1954 年年底,以中共中央宣传部编写的《为动员一切力量把我国建设成为伟大的社会主义国家而斗争——关于党在过渡时期总路线的学习和宣传提纲》为标志,在全党形成了统一明确的认识,即:中国必须走以优先发展重工业为特征的社会主义工业化道路。1955 年 7 月 30 日,第一届全国人民代表大会第二次会议通过《中华人民共和国发展国民经济的第一个五年计划(一九五三——一九五七)》,其中明确提出:"采取积极的工业化的政策,即优先发展重工业的政策……把重工业的基本建设作为制定发展国民经济第一个五年计划的重点"。[3] 至此,重工业优先发展战略正式形成。

在市场经济条件下,资源会自发配置到主要使用相对价格较低的生产要素、从而投资回报率较高的产业,即一国在资源禀赋上具有比较优势的产业。中华人民共和国成立之初,资源比较优势在丰富的劳动力上,但重工业优先发展战略却违背了这一比较优势。中国的工业化将优先发展资

---

① 　中共中央文献研究室编:《建国以来重要文献选编》(第三册),中央文献出版社,1993 年,第 449 页。

② 　同上,第 451 页。

③ 　同上,第 407 页。

本和技术密集型的重工业,于是,为保证重工业优先发展战略的实施,通过"一化三改"和人民公社化运动,逐渐形成了扭曲的宏观环境、资源计划配置制度和缺乏自主权的微观经营机制三位一体的计划经济体制。[①] 20 世纪 50 年代末,中国开始全面实施重工业优先发展战略。围绕此目标,国家投入大量资源用于发展重工业,不惜牺牲国民经济其他领域的发展和以居民生活水平的长期停滞为代价。[②] 可见,重工业优先发展战略实际上是一种片面的经济发展战略,在对外关系上,过于强调自力更生,忽视了通过发挥比较优势,参与国际分工,利用世界资源发展本国经济的重要性。因此,重工业优先发展战略是一种封闭型的经济发展战略。

要想在薄弱的经济基础上发展重工业,尽快实现工业化,除了依靠自己的力量,必须要有别国的援助,这一点中国共产党早已有认识。如 1944年毛泽东在延安和美军观察组成员谢韦思谈话时就指出"未来中国工业化必须有自由企业和外国资本帮助,中国可以为美国提供'投资场所'和重工业产品的'出口市场',并以工业原料和农产品作为美国投资和贸易的'补偿'"。[③] 但是,抗日战争结束以后,解放战争又爆发了,美国支持国民党政权的态度使中国放弃了从美国获得重工业产品和进行工业化所需投资的设想。1949 年以后,特别是在朝鲜战争爆发以后,中美贸易中断,很多其他西方国家也追随美国对中国实行了经济封锁和各种歧视政策。因此,中国的经济开放与产业转型一开始就面临着某些相对不利的国际政治和经济环境的制约。

面对帝国主义的军事包围、政治孤立和经济封锁,中国同西方国家的贸易、新技术的引进都受到了极大的限制,更没有可能从西方取得进行建设的资金。在这种情况下,中国 20 世纪 50 年代的经济开放与产业转型是在"一边倒"的情况下进行的。中国与苏联、东欧等社会主义国家签订了政

---

① 林毅夫、蔡昉、李周:《中国的奇迹:发展战略与经济改革》,上海三联书店、上海人民出版社,1999 年。

② 1978 年全国全民所有制单位的职工平均工资水平只比 1957 年增加 7 元。1978 年居民平均消费水平为 175 元,只比 1957 年增加 44%(按可比价格计算),其中农民增加 34.5%,非农业居民增加 68.6%。见马洪主编:《现代中国经济事典》,中国社会科学出版社,1982 年,第 571 页。

③ 董志凯等:《延安时期毛泽东的经济思想》,陕西人民教育出版社,1993 年,第 114—115 页。

府间的经济技术合作协定,积极从苏联、东欧进口技术和设备,围绕156项重点工程,以交钥匙工程为主引进各类成套项目450多项,实施以进口替代为主的产业转型战略。中国在外交上倒向与其有着共同意识形态和政治经济互利关系的苏联,进行工业化建设只能寻求以苏联为首的社会主义国家的援助和经贸往来,通过引进苏联及东欧的资本和技术设备尽快奠定工业化的物质基础。

(一) 逐步形成高度集中的对外贸易体制

重工业优先发展的模式所要求的资金密集度与机器设备的成套化水平以及总体技术水平,较轻工业优先发展的常规模式高,因而中国工业化的启动存在着资金积累与技术设备的双重约束。因此,中国工业化起步的资金与技术设备等基本要素很大程度上都需要从国外引入。但是,当时的国内外条件不许我们利用国际资源和市场来发展我国的经济,与其他发达国家实行"贸易自由化"。一方面,以美国为首的西方国家对中国实行经济上的封锁、政治上的敌视政策;另一方面,中国必须在半殖民地的废墟上迅速建立自己的民族工业,发展国民经济。因此,无论是从已实现工业化的后起国家的实践经验上,还是从中国自身特殊的历史背景上,中国作为一个处于工业化进程中的后起国家,在工业化的初级阶段只能选择高封闭、高保护的内向型进口替代战略。为了保护国内正在发展的民族工业,中国执行的是国家管理的内向型的保护贸易政策,不参与世界性的经济、贸易组织,不与发达国家搞政府间双边贸易,以高关税作为保护手段。

从经济发展水平来看,当时中国的能源、交通、钢铁、机器制造等反映国家工业化水平的基础性产业相当落后,这种投资大、起点高的产业,在当时人民普遍贫穷、资金匮乏的情况下,靠私人投资形成规模效益最终达到国际先进水平,必然要经过一个漫长的积累过程,而依靠政府的动员能力则可较快地实现。而中华人民共和国成立初期,中国恰恰面临轻、重工业发展失衡,基础工业成为制约工业化的瓶颈产业,在缺乏国际资本大量流入的情况下,只有政府来承担迅速解决问题的责任,即利用关税垄断和统制外贸来保护自己和提高在国际市场上的竞争能力,改善贸易条件。1950

年年底,西方对中国实行封锁禁运后,政府和国营外贸公司在对外贸易中的地位和作用日益加强,进一步反映出了这一客观要求。[①]

1949年9月,政协会议共同纲领规定,我国的对外贸易政策要"实行对外贸易的管制,并采用保护贸易政策"[②],在这一思想的指导下,自力更生和自给自足成为中国发展经济的指导方针。在社会主义计划经济体制下,中国选择了在资金短缺的情况下优先发展重工业的工业化战略,使对外贸易仅仅是为了调剂余缺,基本上忽略了对外贸易的效率原则,对外贸易政策的目标就是换取进口机器设备所需要的外汇。在此期间,中国执行的是与内向型进口替代战略相适应的高封闭、高保护的贸易政策。中国进口替代型贸易战略是多维的,是经济、政治和军事等多种目标的混合物。周恩来曾经为中国对外贸易提出了三项基本任务:"对外贸易必须更好地为外交政策服务,为社会主义革命和社会主义建设服务,为备战服务。"[③]按照美国学者 Mah(1971),的研究,中国进口替代型贸易战略的目标主要有四点:第一,巩固国家的经济独立和主权,保护国内工业和农业免受帝国主义的侵害;第二,为中国的工业发展尤其是重工业的发展服务;第三,实现经济自立;第四,作为国际政治斗争的武器。

1949年以前,各大解放区已经先后建立了外贸管理机构,根据因地制宜的原则,中共中央对各解放区采取统一领导、分散经营的方针,由各解放区颁布了区域性的对外贸易管理法规,并成立了相应的管理机构。中央人民政府成立以后,立即建立了全国性的政府对外贸易管理机构,并着手调整、建立中央与地方、外贸管理机构与其他机构的关系,逐步形成了一套外贸管理机构体系。

对外贸易作为计划经济体制的组成部分,"它的一切活动必须在国家统一的方针政策指导下,根据国家的统一计划来进行"。[④] 在中华人民共和国成立前夕,毛泽东就明确指出:"人民共和国的国民经济的恢复和发

---

① 武力:《中华人民共和国经济史》(上册),中国经济出版社,1999年,第79页。
② 同上,第80页。
③ 陈及时等:《中国对外贸易经济概论》,中国财政经济出版社,1980年,第22页。
④ 同上,第10页。

展,没有对外贸易的统制政策是不可能的。"①在上述指导思想下,中华人民共和国成立之初,国家就迅速实行对外贸易的统制体制。"党和国家设置了领导和管理对外贸易的各级机构以及经营对外贸易的部门,对出口货源组织、进出口计划、经营分工、价格掌握、外汇管理及使用、对外贸易运输、商品检验、海关监管,以及对外联系等方面,都有明确规定,从而保证了对外贸易的统一性和计划性。"②此外,整个 20 世纪 50 年代,苏联和东欧各国是中国主要的经济技术贸易伙伴,这些国家实行对外贸易国家统制体制,与中国之间的进出口贸易和经济技术援助,都采取国家对国家的形式,如果中国不采取相应形式,就失去了与这些国家进行经济合作的体制基础。

1949 年以后,中国在近三十年里,贯彻的是"独立自主、自力更生"的经济发展方针,在这样一种总的经济发展方针下,对外贸易总的原则是"互通有无,调剂余缺"。同时,由于中国的经济是在集权的指令性计划体制下运作的,对外贸易方面也没有真正利用关税、税率以及配额等国际通用的政策手段,而只是根据指令性计划安排进口和出口,价格因素从来都不是对外贸易考虑的主要因素,因此,从资源配置的角度看,价格信号是极其扭曲的。从这个意义上说,认为这一时期中国推行了内向的进口替代型贸易战略是没有问题的。这一贸易战略的基本特征是:排斥对外贸易对经济发展的促进作用,经济发展主要依赖本国的资源和资本储蓄,国家统制对外贸易,对商品、资本的流动实行计划管理,背离国际比较优势原则,以国内生产来替代进口,向重工业发展倾斜。中国的进口替代型贸易战略发轫于中华人民共和国成立之初,以后随着国内外条件的变化,日渐强化,最终成为高度内向型贸易战略,有的学者甚至称之为"极端的进口替代的典型"。③

(二)高封闭、高保护的贸易政策

1. 较高的关税税率

1949 年的中国是一个在半封建半殖民地的废墟上建立起来的发展中

---

① 毛泽东:《毛泽东选集》(合订本),人民出版社,1964 年,第 1434 页。

② 陈及时等:《中国对外贸易经济概论》,中国财政经济出版社,1980 年,第 10 页。

③ Nicholas R. Lardy,*Foreign Trade and Economics Reform in* 1978—1990,Cambridge University Press,1992. p. 16.

国家,百废待兴,几乎没有任何工业,其面临的最紧迫的问题就是重建海关和恢复征收关税以保护落后的民族工业。1950 年 1 月 27 日通过的《中央人民政府政务院关于关税政策与海关工作的决定》指出:"在国内生产能大量生产的或暂时还不能大量生产但将来有发展可能的工业品及半成品,在进口同样的这些商品时,海关关税应规定高于该项商品的成本与我国同样货品的成本间的差额,以保护国家民族生产。"①1950 年中国制定的第一部《中华人民共和国海关进出口税则》充分体现了这一原则。该税则规定,对需要保护的商品,如果属于需用品和必需品,实行的税率是保证国内外差额等于或高于国内价格;对需要保护的工业品和半成品,税率高于国内产品批发价与外贸进口到岸价格之间的差额,一般高出 20％—30％。根据第一部关税税则,中国的算术平均关税水平为 52.9％(见表 2-6),其中,农产品的算术平均关税水平为 92.3％,工业品的算术平均关税水平为 47.7％。在进口替代型贸易战略时期,每次调整都充分考虑了贸易保护的原则,都没有降低关税的整体水平和保护程度。这一时期中国的进出口数额靠指令性计划控制,关税变动对进出口贸易的影响很小。

表 2-6　中国 1950—1980 年的加权平均关税水平

年份	进口关税总额(亿元)	进口商品总值(亿元)	实际加权平均关税水平(％)	算术平均关税水平(％)
1950—1952	10.45	94.10	11.10	52.9
1953—1957	23.11	254.90	9.06	—
1958—1962	28.07	274.80	10.21	—
1963—1965	13.55	133.10	10.18	—
1966—1970	28.39	268.70	10.57	—
1971—1975	44.83	520.20	8.62	—
1976—1980	126.02	991.20	12.71	—

资料来源:进口商品总值来源于历年《海关统计年鉴》,进口关税总额来源于历年《中国经济年鉴》。

2. 全面实行进出口许可证制

1949 年以后,中央贸易部在各解放区试行许可证制的基础上,统一和

---

① 陈及时等:《中国对外贸易经济概论》,中国财政经济出版社,1980 年,第 10 页。

逐步完善了进出口许可证制。1950年12月,政务院颁布了中华人民共和国第一部进出口管理条例《对外贸易管理暂行条例》,中央贸易部根据此条例制定了《对外贸易管理暂行条例实施细则》,这个条例和细则明确规定了国家对所有进出口商品全面实行许可证制度,将进出口商品分为四类管理:第一类是各类外贸企业均可经营的准许进出口类,但须申领进出口许可证;第二类是由国家外贸公司专营的统购统销类;第三类是禁止进出口类,此类商品的进出口需要经过中央财政经济委员会的批准才能进行;第四类是特许进出口商品,此类商品的进出口需要经过中央贸易部特别许可才可以进出口。为了实施这一管理条例,国家在各主要口岸设立了对外贸易管理局,负责审核、签发进出口许可证,审核进出口商品价格,管理各地外贸企业的进出口业务。1953年,中央人民政府决定将海关与对外贸易部合并,部分进出口管理职能交给了海关。同时,对外贸易部在东北、华北、西南、中南、山东等地设立了特派员办事处,对该地区的进出口贸易实行行政管理。1953年,对外贸易部在颁布《进出口贸易许可证制度实施办法》的同时,还设立了出口局和进口局,对全国外贸业务进行统一的管理和指导。进口局和出口局负责执行进出口贸易许可证制度和签发进出口许可证。通过实行对进出口商品的分类管理和全面许可证制度,取消了私营外贸企业对一些关系国计民生的大宗商品的进出口经营权,确立了国营外贸企业在对外贸易中的主导地位,保证了国家对外贸的统制,使中国对外贸易走上为国家工业化建设服务的道路。

3. 汇率高估,实行结汇制

加强国家对外汇的管理,是保证统制外贸政策得以实现的又一重要手段。这一时期对外贸易的目的主要是创汇,为满足必需的进口对外汇的需求,政府采取了人民币币值高估以及外汇管制的汇率政策(见表2-7和表2-8)。为了节省外汇,降低工业化必需品的进口成本,实行汇率高估政策,导致出口商品以外币计算的价格提高,增加了出口障碍。不可否认,在进口替代型贸易战略时期,为了缓解外汇短缺的困难,中国也采取了某些鼓励出口的措施,但这些措施的效果不大,远远无法抵消整个贸易战略对出口的歧视效应。

表 2-7　进口替代战略时期中国的汇率高估情况(以出口换汇成本来衡量)

年份	出口换汇成本(元/美元)	汇率(元/美元)	高估程度
1952	3.08	2.26	0.82
1962	6.65	2.46	4.19
1963	>5	2.46	>2.54
1971	5	2.46	2.54
1975	3	1.85	1.15
1978	2.5	1.68	0.82
1979	2.4	1.55	0.85

资料来源: Nicholas R. Lardy, *Foreign Trade and Economic Reform in* 1978—1990, Cambridge University Press, 1992.

表 2-8　1950—1980 年中国的实际汇率变动　　单位:元/美元

年份	汇率	年份	汇率
1950	3.58	1966	2.75
1952	3.33	1968	2.68
1954	3.47	1970	2.46
1956	3.39	1972	2.33
1958	3.33	1974	2.01
1960	3.37	1976	1.97
1962	3.04	1978	1.72
1964	2.82	1980	1.49

资料来源: James T. H. Tsao, *China's Development Strategies and Foreign Trade*, Lexington Books, 1987.

　　这一时期中国的外汇管制方针是"集中管理、统一经营"。集中管理是指由国家统一授权制定外汇收支计划,并统一掌握和调度国家的外汇资金等。统一经营是指由国家指定专业银行负责办理所有的外汇业务。此外,国家还通过建立直属外贸生产企业和出口商品生产基地,使对外贸易成为国家计划经济体制下的一个特殊行业。

　　4. 背离比较优势的产业政策

　　1949 年以后,虽然中国政府在经济计划和经济政策中没有明确地使用"产业政策"这一概念,但经济计划中提出优先发展某些产业,经济政策中提出发展"五小工业","三五"和"四五"时期重点搞"三线"建设等,实际上都是政府的产业政策。[①]

中华人民共和国成立初期,中国的要素禀赋是劳动力丰裕而资本匮乏,按照比较优势原则,应该从劳动密集型的工业着手。但是,由于国际、国内环境的影响,中国的工业化只能从资本密集型的重工业开始,甚至把发展工业等同于发展重工业,以致演绎为极端的"以钢为纲"的工业化发展战略。

1949—1952年实行的是国民经济恢复时期的产业政策。在1949年中华人民共和国成立前夕,国民党统治地区的经济已处于一种严重崩溃状态,具体表现为工农业生产遭到严重破坏。中华人民共和国成立后的第一件事情就是必须迅速恢复国民经济正常运行,所以这段时期的各种经济政策都是围绕这一总的经济任务而制定的,涉及产业的政策大致有以下两项内容:一是重视技术和推动技术进步;二是促进农业发展。

1953—1978年,中国政府一直实行优先发展重工业的产业政策,1958年提出"以钢为纲"之后,政府把尽可能多的稀缺要素——资本投入重工业领域,导致重工业超速扩张,这种产业政策是导致重工业主导型产业结构形成的主要因素和直接原因。

三、国民经济恢复时期的贸易结构(1950—1952)

旧中国留给我们的是一个带有明显的半封建半殖民地特征的支离破碎的产业结构,整个产业结构劳动密集度很高,结构技术水平毫无先进之处。从总量看,1949年中国人均国民收入仅66元,社会总产值为557亿元,人均不到100元;工农业总产值为466亿元,人均仅80多元。当时的产业结构有如下的特点:第一,现代化工业基础薄弱,产业结构的工业化程度极低。包括手工业在内的工业产值,仅占工农业总产值的30%左右,生产资料工业仅占工业总产值的26.4%。第二,工业结构残缺,带有严重的半封建半殖民地性质。纺织业和食品业等轻工业畸形发展,在工业结构中

---

① 杨沐等人也认为,产业政策实际上存在于社会主义计划经济中。见杨沐等:《需求管理应与供给管理相结合》,《经济研究》,1986年第3期。

其产值占 60.5%；重工业发展需要的原材料、机器设备基本都靠进口，投入产出关系很大程度上受国际市场制约，国内的机械制造业(如汽车、农机、重型机器)等重工业部门缺乏，重要原材料工业中的有机合成化学、高级合金钢、稀有金属冶炼等，以及飞机制造、无线电工业也是一片空白。

因此，在 1949—1952 年三年恢复时期内，中国在进行工商业调整、理顺生产关系的同时，大力发展工业，尤其是重工业，农业、轻工业和重工业的增长速度比为 1:2.1:3.5，1952 年工业在工农业总产值中的比重已从 30%上升到 43.1%；轻工业和重工业之比从 73.6:26.4 变为 64.5:35.5，轻工业所占比重下降，重工业所占比重迅速上升，结构变化值达 9.1%，工业结构关系得到很大改善。

在国民经济恢复时期，发展对外经济贸易关系(特别是苏联和东欧人民民主国家)对提供恢复和发展工业的生产要素(包括资金、设备、技术力量和管理)具有非常重要的作用。通过出口农副产品及其加工品，从国外换回(主要是苏联和东欧人民民主国家)大量生产资料，极大地促进了中国工业的恢复和发展。中国的进出口总额从 1950 年的 11.35 亿美元，增长到 1952 年的 19.41 亿美元，增长了 71%，年平均增长速度为 30.8%，其中进口额从 5.8 亿美元增长到 11.18 亿美元，增长了 92.7%。

(一)出口规模较小，以初级产品为主

在国民经济恢复时期，从贸易结构上看，中国的出口产品主要集中在初级产品和轻纺工业品。这个时期，中国的国民经济尚未得到恢复，因此出口能力相对较小，主要出口传统的农副产品、一些矿产品以及丝绸等，具体有大豆、茶叶、桐油、肠衣、猪鬃、蛋品、生丝、水银、钨砂、绸缎等(见表 2-9)。据统计，1953 年，在中国出口商品中，初级产品所占份额高达 79.4%，其中，非食用原料、食品及主要供食用的活动物的出口最为重要，分别占 41.9%和 39%。工业制成品比重很低，只占总出口额的 20.6%[1]，其中，加工工艺简单、劳动密集的轻纺产品占 60%。导致当时中国出口贸易结构低下的原因主要是，整体社会经济尚处于恢复阶段，产业结构层次低，技

---

[1]　《中国对外贸易统计年鉴》，中国对外贸易出版社，1989 年。

术落后。

表 2-9　1950—1952 年中国出口商品构成

年份	出口总额(万美元)	粮食食品		纺织品		土产、畜产		工艺品	
		金额(万美元)	比重(%)	金额(万美元)	比重(%)	金额(万美元)	比重(%)	金额(万美元)	比重(%)
1950	55 236	27 857	50.4	3 280	5.9	18 094	32.8	—	—
1951	75 692	32 834	43.4	4 523	6.0	17 906	23.6	—	—
1952	88 294	38 903	47.3	5 393	6.5	21 268	25.8	—	—

年份	轻工		工艺		纺织品		粮油食品土产、畜产		其他	
	金额(万美元)	比重(%)	金额(万美元)	比重(%)	金额(万美元)	比重(%)	金额(万美元)	比重(%)	金额(万美元)	比重(%)
1951	571	1.0	4 403	8.0	964	1.8	63	0.1	4	—
1952	385	0.5	8 832	11.7	10 269	13.6	778	1.0	165	0.2
1953	238	0.3	11 168	13.6	2 642	3.2	2 456	3.0	226	0.3

资料来源:转引自上海财经大学课题组:《中国经济发展史(1949—2005)》(上),上海财经大学出版社,2007 年,第 649 页。

在出口货物中,虽然主要的仍然是农副产品,但已不同于 1949 年以前,它不再是为适应发达工业化国家的需要而出口,而是为了促进中国农业的发展和换回外汇以及所必要的进口物资而出口。

(二)占有绝对地位的生产资料进口

在进口方面,为了尽快恢复经济建设和稳定人民生活,中华人民共和国成立之初,生产资料的进口在整体进口贸易中占有绝对重要的地位。中国进口了大量恢复和发展国民经济所需要的重要物资、器材、设备和原料,如钢铁、有色金属、化工原料、橡胶、机床、拖拉机、汽车、化肥、农药、铁路车辆、船舶、飞机、石油等产品,同时也进口了与人民日常生活密切相关的一些原料与产品,如棉花、化纤、砂糖、动植物油、纸张、手表等。由于这个时期中国正在进行抗美援朝战争,所消耗的相当一部分军火、弹药、军事装备是从苏联购买的,因此,这个时期的进口额中包含着朝鲜战场上的物资消耗(见表 2-10)。

表 2-10　1950—1952 年中国进口商品构成

年份	进口总额(万美元)	成套设备和技术		机械仪器		五金矿产		化工	
		金额(万美元)	比重(%)	金额(万美元)	比重(%)	金额(万美元)	比重(%)	金额(万美元)	比重(%)
1950	58 278	40	0.1	6 759	11.6	8 030	13.8	14 031	24.1
1951	119 841	13 295	11.1	17 222	14.4	18 231	15.2	22 835	19.1
1952	111 825	29 408	26.3	15 547	13.9	11 531	10.3	10 255	9.2

续表

年份	轻工		工艺		纺织品		粮油食品 土产、畜产		其他	
	金额 (万美元)	比重 (%)	金额 (万美元)	比重 (%)	金额 (万美元)	比重 (%)	金额 (万美元)	比重 (%)	金额 (万美元)	比重 (%)
1950	—	—	—	—	—	—	—	—	29 418	50.4
1951	—	—	—	—	—	—	—	—	48 276	40.2
1952	—	—	—	—	—	—	—	—	45 084	40.3

资料来源:转引自上海财经大学课题组:《中国经济发展史(1949—2005)》(上),上海财经大学出版社,2007年,第650页。

1950—1953年,生产资料进口在整体进口贸易额中所占份额平均高达91.5%,其中进口机械设备(包括机电仪器和成套设备)占55.8%,生产原料占44.2%。这一进口贸易格局充分体现了中国当时力图通过引进国外的技术和设备,以迅速恢复和发展国民经济、提高经济实力、尽快实现国家工业化的思想。受当时国际政治环境的制约,中国进口贸易的地理分布主要集中于苏联和东欧等国家。从1950年开始,苏联承担了援建中国50项大型工业企业的工作。1951年和1952年两年苏联向中国提供了价值约7 500万美元的大型成套设备(如一举填补中国亚麻纺织业空白的哈尔滨亚麻纺织厂)。[①] 至1952年年底,已经有400多名苏联技术专家来华帮助工作,将一些先进的产品和工艺技术引入中国,并迅速实现国产化。在机械行业中,部分企业采用苏联高速切割法,创造和推行了多刀多刃切削法,并按图纸上的工艺设计组织起有节奏的生产。在新产品方面,开始试制苏式中型车床和万能铣床、3 000千瓦水力发电机、1 000千瓦电动机、44 000伏安变压器、300马力空气压缩机、5吨蒸汽锤、1 000米钻探机和铁路机车等大量具有先进水平的产品。[②]

中国在国民经济恢复时期较好地坚持了新民主主义的经济纲领,在恢复和发展工业生产,改变畸形产业结构,提高工业经济效益等方面,都取得了重大成就。

---

① 丛树海:《新中国工业发展史》,上海财经大学出版社,1999年,第322页。
② 上海财经大学课题组:《中国经济发展史(1949—2005)》(上),上海财经大学出版社,2007年,第278页。

四、均衡的重工业优先发展时期的贸易结构(1953—1957)

1952 年 8 月,中央财政经济委员会发布《中国经济状况和五年建设的任务及附表》,提出"一五"计划的方针是:"工业建设以重工业为主,轻工业为辅,其他经济部门在不妨碍重工业发展的情况下按实际需要的人力、物力的可能来发展。重工业首先是钢铁、煤、电力、石油、机械制造、军事工业、有色金属及基本化学工业;轻工业建设的重点是纺织、造纸和制药工业。"[①]在这一时期,"在战略目标上,强调实现工业化;在战略重点上,模仿苏联优先发展重工业的做法,比较注重重工业内部的均衡、协调;在资源特色上,这一战略得到了苏联给予的技术、资金援助,这种援助起到了奠定我国工业化初步基础的重大作用。"[②]

(一)"挤出"出口政策下的初级产品出口

中国人口多,底子薄,人均产值低,因此在进行社会主义经济建设时,面临着既要满足人民生活的基本需要,又要保证一定的经济发展速度问题,也就是说要尽可能地多出口、多进口,以支持国内的经济建设。1953 年 10 月,中共中央提出了出口商品应尽可能遵循的原则,即与国计民生关系重大的商品(如粮食、大豆、植物油等),在保证国内供应的同时,还要想尽一切办法挤出来,以供出口;与国计民生关系较小的商品(如水果、茶叶和各种小土产),应尽量先出口,多余的再供国内市场销售;有些商品(如肉类、花生)可适当压缩国内市场的销售,保证出口。只有这样,才能保证必要的出口,以换回国家建设所需的工业设备。中央上述指示的基本精神,就是在保证全国人民基本生活需要的同时,尽可能多地出口一些产品,以加快经济建设步伐,也就是兼顾人民生活和国家建设,把人民的眼前利益和长远利益恰当地结合起来。

1. 以农副产品为主的出口结构

中华人民共和国成立初期,由于我国工业化刚刚起步,产业结构层次低,技术经济水平落后,决定了参与国际交换的贸易商品主要是技术要求

---

① 《中华人民共和国国民经济和社会发展计划大事辑要》,红旗出版社,1987 年,第 29 页。
② 薄一波:《若干重大决策与事件回顾(上卷)》,中央文献出版社,1993 年,第 306 页。

不高的加工产品。1953 年农副产品份额占总出口额的 55.7％,而且以食品及非食用原料等某几项初级产品为主,这与当时的经济发展水平是相适应的(见表 2-11 和表 2-12)。

表 2-11　1953—1957 年中国出口总额及结构

年份	出口总额(亿元)	农副产品		轻工业产品		重工业产品	
		金额(亿元)	比重(％)	金额(亿元)	比重(％)	金额(亿元)	比重(％)
1953	34.8	19.4	55.7	9.4	27.0	6.0	17.3
1954	40.0	19.3	48.3	12.9	32.2	7.8	19.5
1955	48.7	22.5	46.1	15.2	31.2	11.1	22.7
1956	55.7	23.7	42.6	19.7	35.3	12.3	22.1
1957	54.5	21.9	40.1	19.4	33.6	13.3	24.3
平均			46.6		32.2		21.4

资料来源:《中国对外经济贸易年鉴》,中国展望出版社,1986 年,第 957 页(按当年汇率折算成人民币);《中国统计年鉴》,中国统计出版社,1984 年,第 23 页。

表 2-12　1953—1957 年中国出口工业品占工业产值比重

年份	出口工业品总额		出口轻工业产品		出口重工业产品	
	金额(亿元)	占工业产值比重(％)	金额(亿元)	占轻工业产值比重(％)	金额(亿元)	占重工业产值比重(％)
1953	15.4	3.4	9.4	3.3	6.0	3.5
1954	20.7	4.0	12.9	4.1	7.8	3.9
1955	26.3	4.9	15.2	4.8	11.1	5.1
1956	32.0	5.0	19.7	5.3	12.3	4.5
1957	32.4	4.6	19.4	5.0	13.2	4.2
平均		4.4		4.5		4.2

资料来源:《中国对外经济贸易年鉴》,中国展望出版社,1986 年,第 957 页(按当年汇率折算成人民币);《中国统计年鉴》,中国统计出版社,1984 年,第 23 页。

从表 2-11 和表 2-12 可以看出,"一五"期间中国出口工业品占出口产品总额的比重,以及占工业产值的比重,均略有上升,特别是出口工业品增长快于工业产值的增长,这似乎表明出口超前增长在某种程度上拉动了生产增长,但是,这种判断并不可取。一方面,出口占工业产值的比重甚小,一个百分点的上升几乎没有什么意义;另一方面,这一时期出口增长是迫于进口支付的压力,倘若没有这种压力,国内市场有足够的容量支持这部分生产能力的增长。因此,这一时期工业品出口对工业发展所发挥的主要功能,并不是提供必要的市场,而是提供必要的进口能力。

2. 出口的增加是迫于进口的压力,从供应紧张的国内市场上挤出来的

"一五"期间,各项建设已经大规模地展开。中国的农副产品和大多数工矿产品的国内市场供应状况已经比较紧张,绝大部分出口货物是从国内市场上"挤"出来的。中国1952年就出现了食用油供应紧张的状况,但内销和外销需要量仍在增加,1952年中国出口食用油29万吨,1953年增至33.7万吨,已占到当年收购量的34%,而且苏联等国的需求还在增加。从1954年起,中国对城镇居民实行计划定量供应,其他一些基本生活用品的情况也与此类似。1953年年底,中国开始实行粮食的统购统销,1954年9月开始实行棉布计划收购和计划供应,在其后几年中,由于供应紧张,列入计划收购和供应的农副产品品种逐年增加。至1957年8月政务院通过《关于国家计划收购和统一收购的农产品和其他物资不准进入自由市场的规定》时,陆续规定的计划收购的商品物资已有:粮、油、棉、棉布、烤烟、黄麻、苎麻、大麻、甘蔗、蚕茧、茶叶、生猪、牛皮、羊毛、桐油、重要木材、楠竹、棕片、生漆、核桃仁、杏仁、瓜子、栗子、某些水果和渔产等,这些商品中的绝大部分因出口需求量大,只能以国家统购统销的形式减少国内市场供应量,保证出口需要。因此,中央政府对外贸实行下达出口任务和国内市场货物源收购任务的指令性计划。

3. 粮食出口不断增加

20世纪50年代,国家以初级农产品的出口换取宝贵的外汇,以支持工业化所需要资金、技术、设备的引进与稀缺工业原料(如橡胶)等的进口,因此,粮食出口不断增加,尤其是南方大米出口,基本呈稳步上升的势头。1950年,陈云在中共七届三中全会的《关于财政经济工作报告》中,提出要放宽出口尺度,凡是能够出口的都可以出口,要节省外汇来购买机器搞工业建设。[①] 1953年,他又在全国粮食会议上指出,解决粮食供应紧张的根本办法就是实行统购统销。但为了换汇换机器,仍然要想办法出口一部分粮食,1953年160万吨出口粮食中,大部分是用来跟苏联等国家换机器

---

① 赵德馨:《中华人民共和国经济专题大事记 1949—1966》,河南人民出版社,1989年,第39页。

的,一部分是用来跟锡兰(现为斯里兰卡)换橡胶的。

(二)以工业设备、原材料为主的进口商品结构

这一时期中国的进口受调剂余缺对外贸易指导思想的影响,制定的进口战略是:凡是国内有生产,并在数量和质量上能够得到满足的,应坚持不进口;凡是国内有条件生产,暂时需要进口的,应积极采取措施促进国内发展生产,生产发展起来后应逐步减少进口,把有限的外汇用在最急需的方面,使进口商品的结构更加合理。[①]"一五"时期中国之所以能够在薄弱的国力和工业物质基础上从事大规模的工业建设,对外经济贸易、尤其是引进先进技术设备发挥了关键作用。

1. 成套设备、原料进口增长较快

"一五"期间对外贸易以年均 10.7％的较高速度增长,与工业年均15.4％的增长速度相比,对外贸易的增长明显慢于工业的增长速度。[②] 由于对外贸易的增长速度低于工业,如果单从这一点判断,似乎对外贸易不足以成为工业高速增长的主要原因。然而从结构上看,工业生产资料的进口却对中国工业化的发展起了关键性的作用。在"一五"时期,生产资料在进口总额中所占比重高达 92.4％,占我国重工业产值的比重为 21％。1954 年,中国进口工业成套设备就比 1953 年增加了一倍以上;1955 年,进口工业成套设备仍然是进口额中增长最快的。1957 年,进口商品中的机器和各种设备占 60％[③],是 1949 年以来比重最高的时期。这一时期中国引进的工业项目大部分是工业发展的重要基础工业项目。据统计,"一五"时期引进技术项目的构成为:原材料工业(包括冶金、化学和建筑)占31.1％,能源工业(包括煤炭、石油和电力)占 36.8％,民用机械占11.3％,军事工业占 11.8％。[④] 在这些基础工业建设的基础上,才有可能大规模发展各类加工行业及国民经济其他部门。表 2-13 是这一时期的进口商品

———————

①　张培基:《中国对外贸易的发展》,《1981 年中国经济年鉴》,经济管理杂志社,1981 年,第IV 卷第 129 页。

②　江小涓:《中国工业发展与对外经济贸易关系的研究》,经济管理出版社,1993 年,第 21—22 页。

③　赵德馨:《中华人民共和国经济专题大事记 1949—1966》,河南人民出版社,1989 年,第52、60、799 页。

④　汪海波:《新中国工业发展史》,经济管理出版社,1986 年,第 100 页。

结构。

表 2-13　1953—1957 年中国进口商品结构

年份	进口总额(亿元)	生产资料										生活资料		进口生产资料占重工业产值比重(%)
		总额(亿元)	比重(%)	工业生产资料						农用物资				
				金额(亿元)	比重(%)	机器设备		工业原料		金额(亿元)	比重(%)	金额(亿元)	比重(%)	
						金额(亿元)	比重(%)	金额(亿元)	比重(%)					
1953	46.1	42.5	92.1	41.6	90.3	26.1	56.5	15.5	33.7	0.8	1.8	3.6	7.9	25.3
1954	44.7	41.3	92.3	39.8	89.2	24.2	54.2	15.6	35.0	1.4	3.1	3.4	7.7	20.9
1955	61.6	57.8	93.8	55.8	90.6	38.7	62.8	17.1	27.8	2.0	3.2	3.8	6.2	26.5
1956	53.0	48.5	91.6	45.6	85.9	28.4	53.5	17.2	32.4	3.0	5.6	4.5	8.4	17.8
1957	50.0	46.0	92.0	43.6	87.1	26.3	52.5	17.3	34.6	2.5	4.9	4.0	8.0	14.5
平均			92.4		88.6		55.9		32.7		3.7		7.6	21.0

资料来源:《中国对外经济贸易年鉴》,中国展望出版社,1986 年,第 958 页(按当年汇率折算成人民币);《中国统计年鉴》,中国统计出版社,1984 年,第 23 页。

这一时期,进口生产原料占进口总额的比重为 44.2%,其中工业用原料进口约占全部生产原料进口的 90.1%。这一格局表明中国当时的进口方针是以支持迅速恢复和发展国民经济,提高经济实力,尽快实现国家工业化为宗旨的。鉴于当时的国际经济形势,中国进口主要集中于苏联、东欧等国家,在进口贸易总额中约占 78%。如从苏联引进的 156 项工程,涉及冶金、机械、汽车、煤炭、石油、电力、电信和化学工业等部门,经过多年建设,逐步形成国民经济的骨干企业。1949—1958 年,中国外贸进口总额增长了 2.6 倍,年增长率为 15.4%,超过同期国民生产总值增长速度三个百分点。这反映了发展中国家进口增长快于国内生产增长的一般规律,也是符合当时经济发展水平的。中国在进口成套设备的同时,也进口了手表、食糖、木材、医药等商品用以解决人民的消费需要。进口贸易对恢复国民经济,促进工农业发展,特别是形成自己的工业基础起到了无法替代的作用。

2. 引进技术设备与使用外资相结合

引进技术设备与使用外资相结合,是 20 世纪 50 年代技术引进工作的一个特点。这一期间虽然成套设备的引进是重点,占用了 90% 的外汇,但是,当时中国在引进成套设备的同时,也比较重视配套技术的引进。20 世纪 50 年代,中国从苏联、东欧各国引进技术和生产经验等方面的资料达到 5 000 多项①,还聘请苏联、东欧的专家来华工作,并派遣中国技术人员到苏联、东欧实习,以掌握引进设备的生产和管理技术。这种多层次的引进方式,使得中国重工业的技术研究、生产设计、生产工艺和设备制造与扩散等环节上的技术水平整体得到提高,因而比较快地提高了对引进技术设备的使用能力、消化能力和创新能力。②

　　20 世纪 50 年代,在引进技术设备的同时,中国也利用了外资,主要是苏联提供的贷款。50 年代中国引进技术设备所用外汇达到 27 亿美元,由于引进的时间集中在"一五"和"二五"的前两年,平均每年引进技术设备所用外汇将近 4 亿美元。"一五"期间,中国每年的出口换汇总额仅 13.66 亿美元,这笔有限的外汇还需要进口大量钢材、化肥和汽车等急需产品,仅以中国当时的出口创汇能力,是无法支付巨额的技术设备进口贷款的。因此,从苏联引进的技术设备,有一部分是使用贷款支付和记账外汇的。整个 50 年代,中国使用苏联的贷款共计 78 亿旧卢布(当时折合 19 亿美元)③,这样才有可能大规模地引进成套设备。

　　但是,"一五"时期在引进方面也存在一些缺陷。由于当时美国等西方国家对中国实行封锁禁运政策,再加上中国实行"一边倒"的外交政策,技术设备引进主要局限于苏联和东欧国家。在学习苏联经验方面存在教条主义,特别是照搬了苏联高度集中的经济管理体制。尽管这种高度集中的经济管理体制对"一五"时期的工业发展发挥了重要作用,但在以后相当长时间内成为中国经济发展的桎梏。

五、小结

(一)对外贸易促进了重工业化度的提升

　　在中华人民共和国成立之初,中国照搬苏联的计划经济模式,在对外

---

① 《辉煌的十年》(下册),人民日报出版社,1959 年,第 422 页。
② 苏少之:《中国经济通史》(第十卷),湖南人民出版社,2002 年,第 737 页。
③ 《辉煌的成就》(上册),人民出版社,1984 年,第 91 页。

贸易方面实行国家统制,通过贸易管制和保护,为国内工业实行进口替代服务,为我国的国际政治服务。20 世纪 50 年代,为了满足向重工业化倾斜发展和增强自力更生能力的需要,尽管中国强调以自力更生为主,但对外贸易的作用还是得到了重视,尤其是重视技术、设备的进口对重工业发展的支持作用。但是,由于"一边倒"的外交政策以及同西方发达国家在军事和政治领域的对抗,中国与西方发达国家的贸易联系几乎中断,通过对外贸易促进工业化发展的努力受到了较大的限制,中国只有同社会主义阵营的国家和一些发展中国家开展对外贸易与合作,依赖从社会主义国家尤其是苏联进口技术和设备来发展国内的工业化。根据统计,1952—1957年中国共引进技术和成套设备 706 项,主要来自苏联和其他社会主义国家①,其中就有苏联援助的著名的 156 项重点工程。总的来说,20 世纪 50年代,中国的进口替代型贸易战略基本形成,国家统制和垄断的对外贸易统制也完全建立起来,但对外贸易的作用并没有像以后那样几乎完全被抑制。这一时期中国的对外贸易得到了一定的发展,对于国内以重工业为核心的工业体系的建立起到了重要作用。

1952—1957 年,生产资料的进口使三年恢复时期的工业化和重工业化趋势基本得到了延伸,工业化度②迅速上升到 56.7%,重工业化度③也上升到 45%。这一时期中国产业结构的变化可以归结为:第一,工业结构的完整性提高了。针对 1949 年以前工业结构残缺不全、畸形的情况,"一五"时期集中力量进行了以 156 个项目为中心,694 个限额以上项目组成的工业建设,总投资额达 250.3 亿元,其中重工业投资占 85%,轻工业投资占 15%。一批国家工业化非常必需而过去极其薄弱的工业部门建立起来,如机械工业中的飞机制造、载重汽车、客货轮船、成套火力和水力发电设备、高炉冶炼设备等,机械设备的自给率到 1957 年已达 60%以上;高级合金钢、特殊钢、矽钢片等重要钢铁原材料工业也发展起来,可以说,到1957 年重工业极端落后的状态已开始改变,工业结构的完整性已基本实

---

① 王林生等:《中国的对外经济关系》,人民出版社,1982 年,第 7 页。
② 指工业占工农业总产值比重。
③ 指重工业占工业总产值比重。

现,中国不仅建立起门类齐全的工业结构,而且各部门的内部结构也得到很大改善。第二,建立了自主型的内需型结构关系。由于产业结构的完整性提高了,中国产业间投入产出关系的自主性大大提高,尤其重要的是生产资料供给不再过分依赖国外进口,在国内市场上建立了比较完善的投入产出关系。第三,工业化和重工业化趋势初见端倪。"一五"时期工业以年均18%的速度增长,其中重工业的平均增长速度达25.4%,轻工业为12.9%,可见这一时期的工业化增长主要是由重工业化启动的,重工业的这一高速增长趋势一直持续到1960年,基本实现了"一五"期间工业建设以重工业为主、轻工业为辅的目标。

综上所述,"一五"时期的均衡重工业优先战略取得了较好的实施效果(见表2-14),开创了的工业化重新起步的良好开端。1953—1957年大体保持了重工业内部的平衡和协调,重工业内部的采掘工业年均增长21.5%,原材料工业23.4%,制造工业28.6%。[1] 同时,这一时期,尽管农业、轻工业的增长速度大大低于重工业,但各次产业结构间尚未出现全局性的失衡,其中,农业总产值年均增长4.5%,工业为18%,轻工业为12.9%,重工业为25.4%。[2]

表 2-14　"一五"期间中国的产业结构变化情况　　　　单位:%

年份	占工农业总产值比重				占工业总产值比重	
	农业	工业	轻工业	重工业	轻工业	重工业
1949	70.0	30.0	22.1	7.9	73.6	26.4
1952	56.9	43.1	27.8	15.3	64.5	35.5
1956	48.7	51.3	29.6	21.7	57.6	42.4

资料来源:转引自赵德馨,《中华人民共和国经济史纲要》,湖北人民出版社,1988年,第147页。

（二）对农业和轻工业重视不够

"一五"期间,在原有产业结构畸形的情况下,农业和轻工业难以对整个产业体系形成有效的传导,带动产业体系向高端发展,同时再考虑当时的国内外形势,以工业化和重工业化的启动来推动中国产业结构的发展,应该说

---

① 国家统计局:《中国工业的发展(1949—1984)》,中国统计出版社,1985年,第66页。

② 同上,第19页。

是一个正确的选择。但是,计划经济体制下高封闭、高保护的进口替代战略,使得价格并不反映供求关系,资金和生产要素无法合理流动,重工业的发展无法带动轻工业和农业等其他产业一同发展,产业结构无法适应消费结构。农业生产落后于同期的工业建设和人民生活需要,1955 年若干省份就出现了许多农民要求供应粮食的现象。在 1956 年中国共产党第八次全国代表大会发言中,众多省份再次反映农业负担过重。如杨尚奎反映江西公粮负担过重,"以致引起了某些群众的不满,并影响到了他们生产积极性的发挥。"①与此同时,由于农业歉收,轻工业也因不能供应充足的原料而造成企业开工不足,影响了正常生产和人民群众生活。

(三)出口商品结构滞后于产业结构

20 世纪五六十年代,无论是在中苏贸易的高峰与低谷时期,即使中国出口结构在这一期间发生了显著变化,中国出口基本上都属于创汇型出口。期间,为了换取工业化所需物资,中国努力压缩国内需求,力争扩大出口规模。由于出口不是受市场需求的牵引,而是受生产能力的制约,出口的主要功能是为进口工业化必需的物资提供外汇资金来源,出口本身对工业化的牵引作用不明显。而且由于出口中,初级产品所占比重大,其产业连锁性差,从而制约了出口带动工业发展这一功能的发挥。另外,国内工业化的推进使工业品生产及出口能力增强,工业品出口规模逐步放大,所占比重呈上升趋势。但经济结构中重工业的迅速扩展在出口结构中反映不明显,出口的工业品主要是轻工业产品。出口商品结构滞后于工业结构的发展,主要是由于重工业的发展是面向国内市场,以进口替代为目标,而中国实行进口替代型贸易战略的基本目的之一就是企图通过国家保护和扶持,实现工业结构的跨越式发展。但是,由于背离比较优势原则,重工业的倾斜发展并没有取得工业化的成功,反而给以后的工业化和产业演进带来了无法弥补的损失。首先,造成重工业自我循环,产业畸形发展。由于重工业的增长不是农业、轻工业和第三产业需求拉动的结果,同时重工业对稀缺资源尤其是资本的"独占",严重抑制了农业、轻工业和第三产业的发展,导致这些产业对

---

① 《中国共产党第八次全国代表大会文献》,人民出版社,1957 年,第 668—741 页。

重工业的产品无法产生较大需求,最终形成其他产业发展严重滞后,重工业自我封闭、自我服务、自我发展、"自我陶醉"的局面。[①] 其次,导致重工业未老先衰。封闭性的贸易战略使企业很难得到国外的先进技术和制度,无法分享国际技术进步的好处,而国家的扶持和保护使企业避免了国际竞争的冲击,失去了进行技术进步和提高国际竞争力的动力。同时,由于重工业是资本密集型产业,资本形成的门槛很高,又需要极强的资本推动,需要源源不断地追加投资,因而加剧了中国资本的稀缺状况,使得重工业无法得到及时的技术改造和技术更新,导致重工业未老先衰。

[①]　下面这一段对话以生动、朴实的语言为我们描绘了当时中国产业畸形发展的状况:"我们的生活水平为什么提高的不快?""因为我们首先要大炼钢铁""炼这么多钢铁干什么?""修铁路、造机车、建电站……""又为什么?""炼更多的钢铁。"转引自刘世锦等:《后来居上——中国工业发展新时期展望》,中信出版社,1991年,第5页。

第三章　畸形的产业结构重型化时期的贸易结构(1958—1972)

　　1956 年社会主义经济制度的建立和 1957 年第一个五年计划的胜利实现,使中国面临着一个全新的课题:如何建设和发展社会主义经济? 就当时来讲,中国共产党人和全国人民都缺乏这样的思想准备和理论准备。中华人民共和国成立之初,模仿苏联模式是历史的必要,也取得了一定的成效。但是,当时,斯大林在领导苏联社会主义建设中也出现了严重的错误,即使是成功的经验也未必适合中国的情况。正是在这样的背景下,中国共产党人开始了社会主义建设道路的第一次探索。

　　毛泽东在《论十大关系》中提出的"十大关系"之一就是重工业和轻工业、农业的关系。毛泽东指出:"重工业是我国建设的重点。必须优先发展生产资料的生产,这是已经定了的。但是决不可因此忽视生活资料尤其是粮食的生产。如果没有足够的粮食和其他生活必需品,首先就不能养活工人,还谈发展什么重工业? 所以,重工业和轻工业、农业的关系,必须处理好。……我们现在发展重工业可以有两种办法,一种是少发展一些农业、轻工业,一种是多发展一些农业、轻工业。从长远观点来看,前一种办法会使重工业发展得少些和慢些,至少基础不那么稳固,几十年后算总账是划不来的。后一种办法会使重工业发展得多些和快些,而且由于保障了人民生活的需要,会使它发展的基础更加稳固。"①此后,中国共产党人开始对中国社会主义经济建设的道路问题做进一步的探索,也形成了一些设想,

---

　　① 《论十大关系》是中共中央政治局找了 34 位经济部门的同志汇报和讨论,为中国共产党第八次全国代表大会的召开作准备,毛泽东在这些汇报、讨论的基础上提出的。这是毛泽东在 1956 年 4 月 25—28 日在中共中央政治局扩大会议上的讲话。

如果按照当时的这些方针和设想进行社会主义经济建设的话,中国的经济建设将会取得重大的进展。但是,1958年5月的"八大"二次会议后出现的"大跃进""人民公社化"运动,使得中国1958—1972年的经济发展进入了问题较多、波动较大的一段时期,先是三年的"大跃进",随后是五年的调整和恢复时期,紧接着是延续多年的"文化大革命"时期。在这十五年中,经济发展的指导方针多次变化,指标时高时低,速度忽快忽慢,重点建设行业和建设地区不断变换。在这样的环境中,对外贸易在工业发展中的地位和作用受到许多正常和非正常因素的影响。对外贸易对中国工业发展速度和产业结构变动的影响逐期递减,在20世纪60年代末期到了1949年以来的最低点。

一、产业结构重型化背景下的对外贸易政策

1958年开始"二五"计划的制订和实施,由于出现了"超英赶美"的求急思路和与苏联意识形态的公开分歧,经济开放与产业转型遭遇了一些挫折。首先"二五"计划将重要工业品、农业、科技发展的相关指标定得过高;"大跃进"计划使资源过度倾斜于钢铁等重工业,轻工业、农业的生产受到严重影响甚至呈下降趋势,产业转型产生了结构扭曲的问题。其次是60年代初,苏联中止了对华经济援助的600个合同,撤走了专家,带走了技术资料,使许多在建项目被迫停建和缓建,工业生产和技术进步受到严重冲击;许多过去已经签订的贸易合同被撕毁,当时大多数东欧社会主义国家也效法苏联的做法,停止了与中国的贸易往来,使中国的对外贸易降到了极其有限的程度。同时,中国在很长一段时间里面临着战争威胁,例如,朝鲜战争、台湾海峡地区的紧张局势、越南战争、中苏边界的冲突等,都影响了中国与其他国家的正常贸易关系,使经济开放与产业转型开始面临持续进行的障碍,并于1961年进入了一个"调整、巩固、充实、提高"的时期:一方面调整经济开放的方向;另一方面,也调整产业结构演进的步伐。

然而,1965年开始的"三五"时期,一方面受国际形势的影响,另一方面,更主要的是受到"左倾"思想的支配,中国经济开放与产业转型偏离了正常的轨道。1964年8月,毛泽东提出要准备帝国主义可能发动战争,要

抢时间"备战备荒",集中力量建设内地,新建的项目都要放在内地,沿海能搬的项目都要搬迁。这样,中国经济开放与产业转型转入了经济相对与外界隔绝开来、产业分布趋于分散、产业组织化程度下降的时期。1970年开始的"四五"计划,更是在"三五"计划的基础上,大力推行"五小"工业的发展,致使区域产业结构趋同、产业规模经济递减等潜在问题突出起来。

中国经济发展进入20世纪60年代以后,由于国际环境和国内条件的变化,不仅产业转型延滞,同时进口替代型贸易战略越来越趋于封闭和保护。而且,在这一时期,50年代后期"大跃进"带来的恶果也全面表现出来,加上严重的自然灾害,中国的国民经济空前困难。在这种背景下,中国领导人更加强调自力更生,加强对对外贸易的管制,通过进口贸易保护和必需品的进口来满足向重工业更加倾斜的工业化需要。而对出口采取鼓励政策,千方百计并且往往不计成本地出口,以解决越来越困难的外汇短缺问题。1966年,"文化大革命"开始后,中国把进口替代型贸易战略推向了极致。首先是将自力更生神圣化,将对外贸易活动政治化,把对外贸易和自力更生完全对立起来。"他们(指林彪、江青等。——引者注)肆意歪曲自力更生为主的方针,攻击当时出口初级产品是'出卖资源''爬行主义',甚至叫嚷要把毛泽东主席批准的安装在大庆的化肥设备拆掉……他们鼓吹'以我为主'、强加于人的大国沙文主义,把出口商品适应国外需要、按国际市场价格水平作价、采用通用的国际贸易方式等等,统统称为'右倾迁就''丧权辱国''叫洋人牵着鼻子走',根本反对平等互利的原则。他们集中攻击对外贸易部是'卖国部'……"[①],在上述思想指导下,中国进口替代型贸易战略的封闭性越来越强,对比较优势原则的背离越来越严重,甚至发展到经济运行皆围绕"备战、备荒"的程度。

1958—1972年,对外贸易政策仍延续中华人民共和国成立初期的保护性关税和汇率高估、许可证管理等措施,其实20世纪70年代末以前,中国的进出口数额靠指令性计划控制,因此关税变动对进出口贸易的影响很小。这一时期,中国的出口商品及贸易收汇主要依赖初级产品,出口的目

---

①　编辑委员会:《当代中国对外贸易》,当代出版社,1992年,第33页。

的主要是为了支付进口所需要的外汇,而进口的目的则主要是为了建立独立自主的工业基础。

二、"以钢为纲""大跃进"时期的贸易结构(1958—1960)

(一)"以钢为纲"的重工业发展战略

"大跃进"的先声始见于 1957 年 11 月 13 日的《人民日报》社论。社论中指出:"有些人害了右倾保守的毛病,像蜗牛一样爬行得很慢,他们不了解在农业合作化以后,我们就有条件也有必要在生产战线上来一个大的跃进。"1958 年 2 月 2 日《人民日报》社论中正式宣称:"我们国家现在正面临着一个全国大跃进的新形势,工业建设和工业生产要大跃进,农业生产要大跃进,文教卫生事业也要大跃进。"1958 年 8 月,中共中央政治局扩大会议指出:"工业的生产和建设必须首先保证重点。工业的中心问题是钢铁的生产和机械的生产,而机械生产的发展又决定于钢铁生产的发展……全党人民为生产 1 070 万吨钢而奋斗。"①1958 年 8 月 28 日,中共中央政治局扩大会议批准了国家计委提交的《关于第二个五年计划的意见》。该计划提出:"要重点抓好粮食、钢铁、机械、电力和交通的生产建设。重工业以 1962 年生产钢 8 000 万吨为纲进行安排。到 1962 年,全国在钢铁和其他若干重要工业产品的产量方面接近美国。"②从此以后,各行各业都有各自奋斗的高标准,都要实现大跃进,但这是以钢铁产量翻番为中心的,"以钢为纲",全面跃进。当时的报刊也竭力为此宣传,《人民日报》1958 年 9 月 1 日的社论《立即行动起来,完成钢铁产量翻一番的伟大任务》中要求:"各省、市、自治区党委的第一书记必须把领导钢铁生产当作首要任务,每个星期检查一次生产的进度,采取最有效的办法,调动各方面的力量,组织各方面的协作,解决生产中的一切困难。"1958 年 9 月 5 日的《人民日报》社论《全力保证钢铁生产》中则强调:"当钢铁工业的发展与其他工业的发展,在设备、材料、动力、人力等方面发生矛盾的时候,其他工业应该主动放弃或降低自己的要求,让路给钢铁工业先行。"正是在这样的要求和号召下,一个以群众大搞"小土群"的

---

① 《中华人民共和国国民经济和社会发展计划大事辑要》,红旗出版社,1987 年,第 122 页。
② 同上,第 133 页。

全民大炼钢铁为中心的大跃进高潮迅速全面开展。据有关资料,在大炼钢铁方面,1958年1—8月,全国共建成小高炉、土高炉24万多座,参加人数几百万人。到9月,全国参加大炼钢铁的人数达到5 000多万人,"建成的小高炉和土高炉激增到60万座。"[1]10月以后,投入到大炼钢铁中的人更多了。1959年4月21日,李富春在第二届全国人民代表大会第一次会议上作的《关于1959年国民经济计划草案的报告》中提出:"工业生产贯彻优先发展重工业,首先是发展原材料工业和以钢为纲、全面跃进的方针。"[2]到1960年上半年,中国又开始了新的"跃进",要求在1960年全国所有有煤铁资源的县、市至少要搞起一个以煤铁为中心的"小土群""小洋群"基点,有条件的人民公社也要尽可能举办"小土群"的采煤、采矿、煤铁企业。

"大跃进"使工业结构的重型化趋势进一步增强,虽然重工业的孤立增长换来了表面的经济持续增长,却导致了工业内部结构和产业结构进一步失衡,并将结构失衡的因素由表层逐渐推向深入,为以后重复出现的低效增量—存量周期性调整埋下了伏笔。

(二)工业发展对进出口贸易的依赖性减轻

和"一五"时期相比,1958—1960年工业的平均增长速度远远快于对外贸易的增长速度,进出口贸易总额占三次产业总值的比重由"一五"时期的8.7%下降为7.1%,这表明中国工业发展对进出口贸易的依赖性明显减轻(见表3-1)。造成这一现象的原因主要有以下几点:第一,经过"一五"时期的经济建设,中国已形成了一定的工业基础,提供工业生产建设所需物资、设备的能力明显增强。第二,中国"大跃进"时期的工业部门,特别是增长最快的钢铁等重工业部门,增长量的相当一部分是在"全民大炼钢铁运动"中,依靠设备简陋的小高炉、小煤窑等"土法上马"的生产能力来实现的。第三,这一时期采取了各种措施,扩大国内工业基本建设资金来源,压缩钢铁等少数重工业部门。在这些措施的支持下,钢铁等重工业产品生产能力和产量的增长,并不要求相同比例地增加进口生产资料,甚至基本上

---

[1] 柳随年、吴群敢:《大跃进和调整时期的国民经济》,黑龙江人民出版社,1984年,第31页。
[2] 《中华人民共和国国民经济和社会发展计划大事辑要》,红旗出版社,1987年,第232—233页。

不依靠进口的支持。

表 3-1　1958—1960 年中国进出口贸易总额

年份	进出口总额			出口总额			进口总额			进出口总额占工农业总产值比重(%)
	金额(亿美元)	金额(亿人民币)	比上年增长(%)	金额(亿美元)	金额(亿人民币)	比上年增长(%)	金额(亿美元)	金额(亿人民币)	比上年增长(%)	
1953—1957(平均)			10.7			14.7			8.1	8.7
1958	38.71	128.8	23.6	19.81	67.1	23.1	18.90	61.7	23.4	7.8
1959	43.81	149.3	16.3	22.61	78.1	16.4	21.20	71.2	15.4	7.5
1960	38.09	128.5	—14.0	18.56	63.3	—19.0	19.53	65.2	—8.4	6.1
1958—1960(平均)			8.6			6.8			10.1	7.1

资料来源:《中国对外经济贸易年鉴》,中国展望出版社,1989 年,第 299 页(人民币金额按当年汇率计算,计算增长率以人民币为准);《中国统计年鉴》,中国统计出版社,1984 年,第 23 页。

1. 出口商品增长缓慢,出口商品结构明显改变

从表 3-2 可以看出,1958—1960 年中国出口商品增长缓慢,出口商品结构明显改变。一是农副产品比重明显下降。中国主要的 27 类出口农副产品及其加工产品,1960 年有 20 类的出口量较 1958 年有所下降[①],农副产品的出口额从 1958 年的 23.9 亿元下降为 1960 年的 14.6 亿元。这一时期农副产品占出口额的平均比重由"一五"时期的 46.6% 下降为34.7%。二是纺织品的出口量大幅度增加。中国工业产品的出口数量较"一五"时期有较大幅度的增加,在出口总额中所占比重由 53.4% 上升为65.3%,工业品增加的出口额主要是纺织品。纺织品的出口额由 1958 年的 12 亿元增至 1960 年的 18.4 亿元,在出口总额中所占比重由 17.8% 上升为 29.1%。[②] 但是在同一时期,国内棉花、棉纱和棉布产量却有较大幅度的下降,国内棉花、棉布的供应已经非常紧张。1960 年 5 月,中国两次决定减少居民用布供应量,仅仅保证最基本的消费需要,在这种情况下,纺织品出口量较大幅度增长完全是迫于换汇的压力。

①　《中国统计年鉴》,中国统计出版社,1984 年,第 397—401 页。
②　《中国对外经济贸易年鉴》,中国展望出版社,1986 年,第 955 页。

表 3-2　1958—1960 年中国出口商品总额及结构

年份	农副产品		工业品			轻工业产品			重工业产品		
	金额(亿元)	占出口总额比重(%)	金额(亿元)	占出口总额比重(%)	占工业总产值比重(%)	金额(亿元)	占出口总额比重(%)	占工业总产值比重(%)	金额(亿元)	占出口总额比重(%)	占工业总产值比重(%)
1953—1957(平均)		46.6		53.4	4.4		32.2	4.5		21.1	4.2
1958	23.9	35.5	43.3	64.5	4.0	28.0	41.7	5.6	15.3	22.8	2.6
1959	28.9	37.6	48.7	62.4	3.2	32.7	41.9	5.3	16.0	20.5	2.4
1960	14.6	31.0	43.7	69.0	2.7	29.4	46.2	5.4	14.4	22.8	1.3
1958—1960(平均)		34.7		65.3	3.3		43.3	5.4		22.0	2.1

注:表中的金额数据是由美元对人民币的当期汇率转换而来的,故表中数据之间的对应关系存在误差。

资料来源:《中国对外经济贸易年鉴》,中国展望出版社,1989 年,第 309 页(按当年汇率折算成人民币,以计算占重工业总产值比重);《中国统计年鉴》,中国统计出版社,1989 年,第 51 页。

这一时期中国出口能力增长缓慢的原因,主要是"大跃进"导致国内农业和轻工业生产受到严重损害,农副产品和轻工产品国内市场供应紧张,尽管采取了措施优先保证出口,但这些关系人民生活基本需求的商品,国内本来就已经低水准限量供应,压缩消费量的潜力是有限的。例如,中国从 1959 年 5 月开始,停止了对农村食用油的供应,城镇居民用食用油和工业用油已经无法再压缩,增加初级产品食用油的出口很困难。因此,工业品出口的增长主要是为了弥补农副产品出口量的下降,并不表示中国工业品的出口动力和竞争力有了实质的增长。相反,绝大部分产品是从国内市场挤出来出口的。这种情况表明,和"一五"时期一样,中国工业品出口基本上没有发挥扩大需求带动工业发展的功能,而是换汇性出口,其出口规模在当时不受需求制约,而受供给量不足的制约。

2. 生产资料进口中,机器设备比重下降,工业原料比重上升

这一时期进口的工业生产资料中,机器设备进口所占比重下降,而工业原料所占比重则上升了,这一现象可能和"一五"期间机械工业超前发展、机

械产品自给率上升较快有关。与此同时,除钢铁外本来就薄弱的工业原材料生产,如铜、铝、石油、橡胶、木材等,生产增长相对较慢,短缺现象更加严重,只能增加进口加以弥补。这一时期的进口商品结构如表3-3所示。

表3-3　1958—1960年中国进口商品结构

年份	进口总额(亿元)	生产资料									生活资料		进口生产资料占重工业产值比重(%)
		总额(亿元)	比重(%)	工业生产资料						农用物资			
				金额(亿元)	比重(%)	机器设备		工业原料		金额(亿元)	比重(%)	金额(亿元)	比重(%)
						金额(亿元)	比重(%)	金额(亿元)	比重(%)				
1958	61.7	57.4	93.1	53.4	86.6	27.9	45.0	25.7	41.6	4.0	6.5	4.3	6.9	9.9
1959	71.2	68.1	95.7	64.8	91.0	37.6	52.8	27.2	38.2	3.3	4.7	3.1	4.3	7.9
1960	65.2	62.2	95.4	59.5	91.3	32.4	49.7	27.1	41.6	2.7	4.1	3.0	4.6	5.7
1958—1960(平均)			94.7		89.6		49.2		40.5		5.1		5.3	7.8

注:表中的金额数据是由美元对人民币的当期汇率转换而来的,故表中数据之间的对应关系存在误差。

资料来源:《中国对外经济贸易年鉴》,中国展望出版社,1986年,第958页(按当年汇率折算成人民币);《中国统计年鉴》,中国统计出版社,1984年,第23页。

三、工业调整时期的产业结构与贸易结构转折(1961—1965)

1961年6月,在布勒斯特举行的社会主义国家共产党和工人党会议上,苏共领导人对中国共产党发动突然袭击,致使两党和两国关系恶化。苏联政府背信弃义,撤走了在华工作的专家,废除了科学技术合作项目,在对外贸易中对中国实行限制和歧视政策,不再向中国供给钴、镍等矿产品和一些急需的钢材品种,停止提供新技术,于是两国贸易额出现大幅度下降。1966年,中苏贸易额降至8.4亿元(约合3.05亿美元),仅为1959年的14.5%。中国与波兰、捷克、斯洛伐克、匈牙利、斯洛文尼亚等东欧五国的经济贸易关系也大受影响,1966年中国与这五国的贸易额为5.4亿元(约合1.97亿美元),仅相当于1959年的30.5%。[①]

---

① 根据《中国对外经济贸易年鉴》(中国对外经济贸易出版社,1984年)有关国别贸易有关数据计算。

中苏两国关系交恶,使中国的经济建设遭到巨大损害。首先,严重扰乱了中国正在进行的经济建设工作和工业化发展。当时,由苏联援助的项目有 201 项正在建设中,而苏联专家撤离时,带走了图纸和技术资料;苏联方面还停止供应关键技术设备,致使大多数项目只得停工下马,为这些项目进行的国内配套生产,也因此中途废止,造成了人力物力的巨大浪费。其次,在中国以往的出口贸易中,苏联和东欧五国所占比重达 70%。中国出口商品的生产、收购、包装、花色、品种都是按这些国家的要求进行的,他们突然中止正在进行的合同,减少对中国产品的进口,使中国的出口贸易陷入了极为被动的局面。最后,1960 年是中国经济最困难的一年,苏联政府在此时一方面逼中国还债,另一方面又大量减少对中国轻纺工业品的订货。中国为偿还苏联欠款,不得不将中国市场紧缺的水果、猪肉及其他农副产品挤出相当部分对苏联出口,使供应本已很紧张的国内市场供应更紧张,大大加重了中国的经济困难。①

由于"大跃进"、自然灾害和苏联政府背信弃义地撕毁合同,中国国民经济在 1959—1961 年发生严重困难,国家和人民遭到重大损失。② 经济的严重困难还表现在工农业比例失调,重工业畸形发展;在工业内部,钢铁生产和其他部门的生产之间的比例也不协调。

(一)优先发展农业、轻工业和支农工业

国民经济发展的严重挫折,使得中国在探索适合中国国情的社会主义建设道路过程中,在国家的经济建设方针上做出了重要的转变。1960 年冬,党中央和毛泽东开始对经济工作中的"左倾"错误进行纠正,并且决定对国民经济运行实行"调整、巩固、充实、提高"的方针,随即在刘少奇、周恩来、陈云、邓小平等同志的主持下,制定和执行了一系列正确的政策以及果断的措施,这一时期是这个历史阶段中的重要转变。③ 于是在 1961 年年初,党的八届九中全会正式确立了"调整、巩固、充实、提高"的八字方针④,以此方针为指导

---

① 苏少之:《中国经济通史》(第十卷),湖南人民出版社,2002 年,第 713 页。
② 《中国共产党中央委员会关于建国以来的若干历史问题的决议》,人民出版社,1981 年,第 19 页。
③ 同上。
④ 同上。

思想,在大规模压缩基本建设投资、降低工业生产指标的同时,对工业内部结构进行调整,并进一步充实和加强工业发展的薄弱环节。在工业方面,要优先安排轻工业和农业生产资料的生产;在重工业内部,加强采掘工业的生产。当时重点确保的基建项目有煤矿、铁矿、油田、化工原料厂矿等,加强的行业有农机、化肥、农药等支农工业、日用工业品和轻工业原料等。在本次调整中,尤为重要的是触动了存量结构,农业生产得到了较大恢复,工业结构有所调整。经过1961—1962年的努力,尽管工业生产有较大下降,退到了谷低,但工业内部结构失调的状况却得到了初步改善。从1963年开始,工业生产进入了恢复和发展阶段,1963年9月召开的中央政治局工作会议确定,再用三年时间,继续贯彻"调整、巩固、充实、提高"的方针,进一步改善工业部门之间和各部门内部的结构状况。1963—1964年工业生产建设在上述方针指导下稳步回升,1965年开始较大幅度增长,工业总产值比1962年增长了52.4%,其中轻工业增长速度更高,轻工业产值占工业总产值的比重自1958年以来第一次超过重工业,达到历史最高水平。[1]

这一时期,中国的产业结构高级化进程又一次重新启动,也是中国工业产业结构先进性提高的阶段,自1963年起,农、轻、重逐步进入同步增长时期。1960—1965年,工业与农业的产值比例由1960年的4:1调整为1965年的2:1;工业内部轻、重工业的产值比例由1960年的33:67提高到1965年的51:49;农业生产有较大发展,粮食产量由1960年的2 870亿斤提高到1965年的3 890亿斤。[2]

总之,"调整国民经济的任务已经基本完成,工农业生产已经全面高涨,整个国民经济已经全面好转,并且将要进入新的发展时期。"[3]但僵化的行政管理以及利益诱导机制的缺乏,使此次存量结构调整未能消除造成原有结构失衡的根本性问题。

(二)"挤出"出口政策下的轻工业产品出口

为了换取发展重工业所需的足量外汇,同时受调剂余缺的绝对成本贸

---

[1] 江小涓:《中国工业发展与对外经济贸易关系的研究》,经济管理出版社,1993年,第41—42页。
[2] 柳随年、吴群敢:《大跃进和调整时期的国民经济》,黑龙江人民出版社,1984年,第139—142页。
[3] 周恩来:《政府工作报告》,1964年12月三届一次人大会议。

易理论的驱使,中国采取了挤出商品出口的贸易政策,即各产业只要有相对过剩的产品都应出口,但出口重点应放在具有较高附加值的产品上。20世纪60年代,国家提出:出口原料性商品与出口半成品、制成品同时并举;出口大宗商品和出口新、小商品同时并举;出口农副产品和出口矿产品同时并举;重点是增加加工产品和制成品出口,大力发展劳动密集型轻纺产品出口,并开始建设出口商品基地。

1961—1965年,中国出口商品总额经历了从剧减到回升两个阶段,出口商品结构发生了明显变化,工业产品占出口总额的比重有较大幅度上升,如表3-4所示。

表3-4 1961—1965年中国出口商品结构

年份	农副产品		工业品			轻工业产品			重工业产品		
	金额(亿元)	占出口总额比重(%)	金额(亿元)	占出口总额比重(%)	占工业总产值比重(%)	金额(亿元)	占出口总额比重(%)	占工业总产值比重(%)	金额(亿元)	占出口总额比重(%)	占工业总产值比重(%)
1958—1960(平均)		34.7		65.3	3.3		43.3	5.4		22.0	2.1
1961	9.9	20.7	37.9	79.3	3.6	25.4	53.1	5.6	12.5	26.2	2.0
1962	9.1	19.4	38.0	80.6	4.1	25.1	53.3	5.8	12.9	27.3	2.7
1961—1962(平均)		20.0		80.0	3.9		53.2	5.4		26.8	2.4
1963	12.1	24.2	37.9	75.8	3.8	25.7	51.4	5.8	12.2	24.4	2.2
1964	15.5	28.0	39.9	72.0	3.4	26.4	47.6	5.1	13.3	24.4	2.1
1965	20.9	33.1	42.2	66.9	3.0	27.4	43.5	3.8	14.8	23.4	2.2
1963—1965(平均)		29.4		71.6	3.4		47.5	4.9		24.1	2.2

注:表中的金额数据是由美元对人民币的当期汇率转换而来的,故表中数据之间的对应关系存在误差。

资料来源:《中国对外经济贸易年鉴》,中国展望出版社,1989年,第309页(按当年汇率折算成人民币,以计算占重工业产值比重);《中国统计年鉴》,中国统计出版社,1989年,第51页。

轻工业产品在出口总额中所占比重有较大幅度上升。当时,虽然大部分轻工业产品国内市场货源十分紧缺,但为了维持一定的出口换汇能力以进口粮食等更为急需的农副产品和偿还苏联等国的贷款,不得不挤出一部分出口。例如,纺织品、搪瓷制品、自行车、缝纫机等轻工业产品,国内市场都很紧缺,但是就是在出口总额剧减的 1961 年和 1962 年,这些商品的出口数量仍然维持不变或有所增加,如表 3-5 所示。

表 3-5　1961 和 1962 年几类轻工业产品出口情况

年份	棉纱		棉布		缝纫机		自行车	
	数量(吨)	占总产量比重(%)	数量(亿米)	占总产量比重(%)	数量(万架)	占总产量比重(%)	数量(万辆)	占总产量比重(%)
1960	23 406	2.1	5.91	10.8	7.91	9.0	2.67	1.5
1961	19 178	2.9	5.90	19.0	14.27	23.4	5.64	7.6
1962	21 827	3.9	5.49	21.7	14.92	19.2	2.30	1.6

资料来源:《中国统计年鉴》,中国统计出版社,1984 年,第 220、221、401、405 页。

与轻工业产品和农副产品国内货源供给紧张的情况相比,国内重工业特别是 20 世纪 50 年代发展较快的几种工业产品,因国内工业生产和基本建设规模大幅度压缩,造成部分工业产品的产能相对过剩,出口货源相对充裕,并且有了以出口扩大销路的内在压力。当时国内投资周期较长的产业有:钢铁冶炼、水泥加工和机械工业中的重型设备、电站设备、汽车等 17 类,其中钢材、水泥、机床、工具等产品的出口额增长较多,例如,钢材出口量由 1960 年占国内产量不足 1%,上升到 1962 年的 7.1%。但由于原来基数甚小,即使出口增加幅度较大,仍不足以缓解国内需求骤减产生的供需矛盾。其余投资周期较长产品的出口,或因出口渠道尚未疏通,或因产品质量性能不符合国际市场需求,均增加不多,特别是大型成套设备的出口几乎为零。因此,虽然某些产品出口增长较快,但出口重工业产品占重工业产值的比重仅有小幅度上升。1963 年以后,随着国内工业生产建设的回暖,出口所占比例又相对下降。表 3-6 是几类重工业产品的出口数额以及国内产量的比例关系。

表 3-6　几类重工业产品出口量及占国内产量比重

年份	钢材		水泥		机床	
	出口量(万吨)	占国内产量比重(%)	出口量(万吨)	占国内产量比重(%)	出口量(台)	占国内产量比重(%)
1960	8.43	0.8	88.6	5.7	863	0.6
1961	18.72	3.1	98.5	15.9	930	1.6

续表

年份	钢材		水泥		机床	
	出口量(万吨)	占国内产量比重(%)	出口量(万吨)	占国内产量比重(%)	出口量(台)	占国内产量比重(%)
1962	32.50	7.1	124.9	20.8	1 864	8.3
1963	36.29	4.8	112.1	13.9	1 713	7.7
1964	39.97	4.2	99.8	8.3	1 347	4.8
1965	47.19	3.8	102.2	6.3	1 688	4.3

资料来源:《中国统计年鉴》,中国统计出版社,1984年,第225、226、228、407、408页。

(三)生活资料进口比重提高

1961—1965年,前两年进出口贸易总额持续大幅度下降,后三年开始回升,但未能达到1959年149.3亿元的水平(见表3-7)。

表3-7 1961—1965年中国进口商品结构

年份	进口总额(亿元)	生产资料										生活资料		进口生产资料占重工业产值比重(%)
		总额(亿元)	比重(%)	工业生产资料						农用物资		金额(亿元)	比重(%)	
				金额(亿元)	比重(%)	机器设备		工业原料		金额(亿元)	比重(%)			
						金额(亿元)	比重(%)	金额(亿元)	比重(%)					
1961	43.0	26.6	61.9	24.6	57.3	9.8	22.8	14.8	34.5	2.0	4.6	16.4	38.1	4.3
1962	33.8	18.7	55.2	16.8	49.7	4.9	14.6	11.9	35.1	1.9	5.5	15.1	44.8	3.8
1961—1962(平均)			58.6		53.5		18.7		34.8		5.1		41.5	4.1
1963	35.7	20.0	56.0	17.1	47.8	3.4	9.6	13.4	37.6	3.1	8.8	15.7	44.0	3.6
1964	42.1	23.4	55.5	20.7	49.1	4.9	10.9	16.1	38.2	2.7	6.4	18.7	44.5	3.6
1965	55.3	37.8	66.5	32.0	57.8	9.7	17.6	22.2	40.1	4.9	8.8	18.5	33.5	5.6
1963—1965(平均)			59.3		51.3		12.7		38.6		8.0		40.7	4.3

注:表中的金额数据是由美元对人民币的当期汇率转换而来的,故表中数据之间的对应关系存在误差。

资料来源:《中国对外经济贸易年鉴》,中国展望出版社,1986年,第958页(按当年汇率折算成人民币);《中国统计年鉴》,中国统计出版社,1984年,第23页。

1. 生活资料进口比重增加,生产资料比重下降

进口商品在数量下降的同时,结构也发生了显著变化,不再是20世纪

50年代进口生产资料占95%左右,而生活资料仅占5%左右的状况。生产资料的比重由1958—1960年的94.7%下降到不足60%,生活资料所占比重由5.3%上升到40%以上。从1963年起,随着农业生产的恢复,中国适当减少了粮食进口,增加了其他生活资料的进口。进出口总额占工农业总产值的比重和进口生产资料占重工业产值的比重都有较大幅度下降,无论从结构还是从总量上看,对外贸易在工业生产建设中的作用已经与20世纪50年代相差较远,造成这种变化的原因主要有以下几点:第一,国内农副产品、轻工业产品的供应严重不足,导致出口量锐减,无法维持过去的进口规模;第二,国内生产建设规模大幅度压缩,对进口生产资料的需求相应减少;第三,苏联大幅度削减对中国机器设备及某些工业原料的出口,而中国新的进口渠道尚未疏通;第四,国内急需进口一些基本消费品特别是大批粮食,以维持人民群众最基本的生活需要。从1963年开始,国内工业生产建设进入恢复阶段,对进口生产资料的需求开始回升。与此同时,农业仍在恢复阶段,需要补充库存,人口增长也比较快,仍需要进口较多的生活资料,因此,1963—1965年虽然进口商品数额增长较快,但生产资料与生活资料的比重基本保持不变,有明显变化的部分是为了支援农业发展,农用生产资料的进口增加了,使农用物资在进口总额中所占比重明显上升。

2. 重视引进支农项目、轻工业原料项目和国内空白的关键技术

这期间,引进的重点开始从重工业转向解决“吃、穿、用”等的工业项目上。1962年9月,中国从西方工业化国家引进技术的工作开始后,1962年和1963年,分别从日本和英国引进维尼达设备和合成氨、聚乙烯生产成套设备,标志着中国经济初步开放,开始与西方国家进行经济技术合作。事实上,1963—1966年,中国先后与日、英、法、意、德、奥、瑞、荷等国家签订了80多项技术引进项目,用汇2.8亿美元;其中,氧气顶吹转炉、合成纤维、高压聚乙烯、合成氨技术填补了国内空白,对现代工业发展和技术结构优化起到了相当的促进作用。与50年代相比,在成套项目的引进金额中,化学工业的比重由6%上升到28%,纺织工业项目的比重由1.5%上升到11%。经过这一时期的技

术引进工作,中国石油化工和其他化学工业的生产能力有了迅速的发展,冶金工业的某些关键生产技术也有了明显提高,半导体、原子能等工业也得到较快发展。

但是这次引进也存在一些问题,比如,一些比较特殊的机械的备品、配件大都仍需通过进口解决,如氮肥工业专用的进口大型压缩机和露天矿山用的进口挖掘机所需备品、配件,就需要继续进口解决。这在一定程度上反映出中国工业制造技术水平还较低,以及技术引进工作中重设备引进、忽视技术引进的弊端。

(四)1960年以后中国成了粮食的净进口国

20世纪60年代初,受50年代后期"大跃进"对农业生产力的破坏和农村人民公社化运动的影响,粮食生产效率低下,粮食产量大幅下降。1959—1961年全国粮食供求关系极度紧张,这是历史上粮食缺口较大、粮食供给最紧张的三年困难时期。因此,从1961年起,中国开始由粮食净出口国变为粮食净进口国。这一粮食进出口形势逆转形成的局面一直持续到20世纪90年代后期。

1961年和1962年出口总额的锐减,主要是因为国内市场供应极度紧张,无法再挤出更多的货源出口。1961年,全国人均消费粮食只有159公斤,食用油1.4公斤,棉布人均供给量只有8.6尺。因此,从20世纪60年代开始,对外贸易与整个国民经济同时进入调整阶段。1961年1月18日,国务院财贸办公室在向中共中央报告当年有关对外贸易工作安排意见时,提出进口商品的基本原则是"吃饭第一,建设第二"。进口物资轻重急缓的顺序与20世纪50年代以工业生产资料为主的情况截然不同,进口顺序依次是:第一为粮食,第二为化肥、农药和油脂,第三为加工后用以换汇的物资和化工原料,第四为工业原材料、尖端技术和国防所需的器材设备。于是,1961年农副产品出口下降,增加进口80亿斤粮食。1961年1月19日,陈云在中共中央工作会议上提出,要把有出口市场的农副产品集结起来,换粮食进来。5月30日,陈云在外贸专业会议上进一步指出:"稳定市场,关键是进口一些粮食。进口粮食,就要下定决心拿出东西来出口,先国外,后国内,把粮食拿进来,这是关系全局的一个重大问题。"①据此,1961 年,中国在贸易结构和国别地区方向上,进行了大幅度调整。从 20 世纪 60 年代初开始,中国已经不能再主要依靠农副产品的出口来扩大出口规模,特别是粮食这个大宗品种,尽管以后一直有一定数量的出口,但都是为了调剂品种。中国自 20 世纪 60 年代以后一直是大量粮食的净进口国。

1961 年 5 月,陈云在中央工作会议上谈到进口粮食与国家工业和经济建设的矛盾时说:"我们前些年是出口粮食,外汇主要用来进口成套设备和重要工业原料。现在,要把很大一部分外汇用在买粮食上,势必削减成套设备和重要工业原料的进口,这就要大大影响国家工业建设。"②但是为了调整国民经济和弥补国内粮食供给的不足,国家还是在外汇非常紧缺的情况下,保证了进口 500 多万吨粮食的用汇。整个 20 世纪 60 年代,中国始终保持着数量巨大的粮食净进口局面,共计进口粮食 4 400.62 万吨。

总之,在国民经济调整时期,1961—1962 年,因农业连续两年减产,主要农副产品的出口数量大大减少,因此在出口方面,中国努力扩大工矿产品的出口,特别是大幅度增加"以进养出"商品的出口。③ 鉴于中国与苏联两国关系的不断恶化,以及中国与苏联、东欧国家经济贸易关系的疏远,对外贸易的国别地区方向也进行了调整,即把进出口贸易的重点从苏联和东欧五国转向发达资本主义国家和亚非拉发展中国家。为此迅速改变出口商品的生产工艺,使商品的品质、规格、花色、品种等各个方面适应资本主义市场的需要,并决定从资本主义国家进口一部分急需的工业器材。根据上述调整安排,中国1961 年粮食出口比 1960 年减少 50.2%,活猪出口减少 51.9%;粮食进口由1960 年的 6.64 万吨增至 1961 年的 580.97 万吨。④

国民经济实行调整期间,对外贸易为国民经济的调整和全面好转做出了积极贡献。第一,通过调整,中国出口商品结构发生了积极变化。在出口商品中,工业制成品的比重有所上升,初级产品的比重有所下降。机床、自行车、缝纫机、玩具、汽车等产品的出口都有较大幅

---

① 《陈云文选(1956—1985)》,人民出版社,1986 年,第 147—148 页。
② 商业部当代中国粮食工作编辑部:《当代中国粮食工作史料》(内部发行),1989 年,第 315 页。
③ 苏少之:《中国经济通史》(第十卷),湖南人民出版社,2002 年,第 714 页。
④ 《中国对外经济贸易年鉴(1984)》,中国对外经济贸易出版社,1984 年,第Ⅳ卷第 88 页。

度增长。在化工产品和轻纺工业品中,由于积极开展"以进养出"业务,用进口原料加工的出口产品有一定程度的增长。第二,进口了大批粮食和生活资料。1961—1966 年共进口粮食 2 966 万吨,各类生活资料 29.96 亿美元,填补了全国人民在吃饭穿衣方面所存在的部分缺口,使市场供应的紧张局面得到一定程度的缓解。进口的农机、农具、化肥、农药等农用生产资料,对农业生产的恢复起了促进作用。第三,进口的机械设备、工业原材料对工业生产的调整做出了贡献,进口的一批成套设备填补了中国新兴工业中的一些空白。

四、特殊的重工业优先战略——备战时期的贸易结构(1966—1972)

自 1965 年 5 月起,中国的经济建设进入了"文化大革命"时期,"三线地区"[①]的建设是"文化大革命"时期基本建设的重点,三线地区的划分是以准备战争的需要而划分的。三线地区的建设是从 1964 年 5 月开始决策的,当时这个决策是基于对战争危险的估计过于严重的情况下做出的。1964 年 5 月 16 日至 6 月 17 日举行的中共中央工作会议根据毛泽东的提议,提出了把全国划分为一、二、三线的战略布局和下决心搞"三线"建设的方针。[②] 1964 年 8 月 2—4 日,美国在越南制造了北部湾事件,8 月 5 日,又悍然轰炸越南北方。1969 年 3 月 2 日,苏联又在中苏边境集结大量兵力,制造流血事件,挑起武装冲突,威胁中国安全。在美、苏两国加紧对中国进行军事威胁的情况下,经济工作中备战的问题被摆到国家的重要议事日程上来。

(一)备战战略时期的产业结构

1965 年 9 月,国家计委的《第三个五年国民经济计划汇报提纲》提出:"三五"计划必须立足于战争,从准备大打、早打出发,积极备战,把国防建

---

① "一线"地区是指那些地处战略前沿的地区,"三线"地区是指全国的战略大后方,"二线"地区是指那些一、三线地区之间的地区。"三线"地区,是指长城以南、京广线以西的非边疆省、自治区,包括四川、云南、贵州、陕西、甘肃、宁夏、青海七个省、自治区,以及豫西、鄂南、湘西、粤北、桂西北和山西、冀西地区,这里的"三线"按当时的说法是"大三线"地区。

② 《求是》杂志社政治理论部编:《中国共产党七十年光辉历程(1921—1991)》,中国青年出版社,1991 年。

设放在第一位,加快"三线"建设("三线"建设基本上是军事工业和重工业的建设)。"三线"建设总的目标是"在纵深地区建立起一个工农业结合的、为国防和农业服务的、比较完整的战略后方基地。"①

1970年2月,全国计划会议拟定了《第四个五年国民经济计划纲要》,提出"四五"计划的主要任务是:"狠抓备战,集中力量建设大'三线'强大的战略后方,改善布局;狠抓钢铁、军工、基础工业和交通运输的建设。"②

1966—1972年,中国进入了自我封闭状态,与世界工业技术发展的主流相隔绝,技术引进工作基本停顿。对外贸易的发展受到"文化大革命"和工业建设方针改变的明显影响,对外贸易总额从1966年以后连续三年持续下降,占工农业总产值的比重不断降低。1970年以后虽然对外贸易总额略有增长,但占工农业总产值的比重一直低于1966年的水平,是中华人民共和国成立以来各个时期中比重最低的,工业发展对对外贸易的依赖性降低。

(二)商品出口递出口商品结构变化的总趋势而动

1967—1970连续四年,中国出口商品总额持续下降,1971—1972年才开始有较大幅度增长。这一时期,出口商品结构逆中国出口商品结构变动的总趋势而动,即在出口总额中工业品所占比重下降,同时,出口工业品占工业总产值的比重缩小。出现这种特殊的结构变动的原因是:随着农业生产的恢复和发展,农副产品的出口数量基本稳定,因而在总额减少的出口商品中的比重有所上升。工业产品的出口则因国内生产建设产生的需求增加,以及"文化大革命"期间外贸生产、收购和出口工作的混乱局面,出口的数量连续五年低于1966年的水平;工业品占出口总额的比重由恢复时期前三年的71.6%降为63.3%,工业出口产品占国内工业总产值的比重也有较大幅度的下降,出口数量对国内工业发展的直接影响甚少。表3-8描述了这一时期的出口商品结构。

---

① 《中华人民共和国国民经济和社会发展计划大事辑要》,红旗出版社,1987年,第297—298页。

② 同上。

表 3-8   1966—1972 年中国出口商品结构

年份	农副产品		工业品			轻工业产品			重工业产品		
	金额 (亿元)	占出口总额比重 (%)	金额 (亿元)	占出口总额比重 (%)	占工业总产值比重 (%)	金额 (亿元)	占出口总额比重 (%)	占工业总产值比重 (%)	金额 (亿元)	占出口总额比重 (%)	占工业总产值比重 (%)
1963—1965 (平均)				71.6	3.4		47.5	4.9		24.1	2.2
1966	23.7	35.9	42.3	64.1	2.6	26.9	40.9	3.4	15.3	23.2	1.9
1967	23.1	39.3	35.7	60.7	2.6	23.3	39.7	3.2	12.3	21.0	1.9
1968	23.0	40.0	34.6	60.0	2.7	23.2	40.3	3.4	11.4	19.7	1.9
1969	22.9	37.4	36.9	62.6	2.3	24.6	41.2	2.9	12.8	21.4	1.6
1970	20.8	36.7	36.0	63.3	1.7	27.0	47.6	2.8	8.9	15.7	0.8
1971	24.8	36.2	43.7	63.8	1.8	30.9	45.0	3.0	12.9	18.7	1.0
1972	25.9	31.3	57.0	68.7	2.3	42.4	51.1	3.9	14.6	17.6	1.0
1966—1972 (平均)				63.3	2.3		43.7	3.2		19.6	1.4

注:表中的金额数据是由美元对人民币的当期汇率转换而来的,故表中数据之间的对应关系存在误差。

资料来源:《中国对外经济贸易年鉴》,中国展望出版社,1989 年,第 309 页(按当年汇率折算成人民币,以计算占重工业产值比重);《中国统计年鉴》,中国统计出版社,1989 年,第 51 页。

(三)生产资料进口中,工业原料所占比重较大

随着三年调整时期农业和轻工业生产的恢复和发展,以及"三五"时期工业大规模建设的再度兴起,这一时期进口商品结构较前五年发生明显变化,生活资料的比重大幅度下降,生产资料的比重增加很快。表 3-9 描述的是这一时期的进口商品结构。

表3-9　1966—1972年中国进口商品结构

年份	进口总额(亿元)	生产资料		工业生产资料						农用物资		生活资料		进口生产资料占重工业产值比重(%)
		总额(亿元)	比重(%)	金额(亿元)	比重(%)	机器设备		工业原料		金额(亿元)	比重(%)	金额(亿元)	比重(%)	
						金额(亿元)	比重(%)	金额(亿元)	比重(%)					
1966	61.1	44.1	72.2	38.6	63.2	13.6	22.3	25.0	40.9	5.5	9.0	17.0	27.8	5.3
1967	53.4	40.6	76.0	35.3	66.1	10.7	20.1	24.6	46.0	5.3	9.9	12.8	24.0	6.3
1968	50.9	39.3	77.2	32.7	64.4	7.9	15.6	24.8	48.8	6.5	12.8	11.6	22.8	6.6
1969	47.2	39.8	84.4	32.6	69.1	5.6	11.9	27.0	57.2	6.3	13.3	8.3	17.6	4.8
1970	56.1	46.4	82.7	41.1	73.2	8.9	15.8	32.2	57.4	5.1	9.7	9.7	17.3	4.1
1971	52.4	44.0	83.9	39.2	74.7	11.5	21.9	27.7	52.8	4.3	9.2	8.4	16.1	3.2
1972	64.0	58.0	79.4	45.2	70.6	12.5	19.5	32.7	51.1	5.6	8.8	13.2	20.6	3.5
1966—1972(平均)	20.8		79.4	68.9		18.2		50.6		10.4				4.9

　　注:表中的金额数据是由美元对人民币的当期汇率转换而来的,故表中数据之间的对应关系存在误差。

　　资料来源:《中国对外经济贸易年鉴》,中国展望出版社,1986年,第958页(按当年汇率折算成人民币);《中国统计年鉴》,中国统计出版社,1984年,第23页。

　　这一时期生产资料的进口占总额的比重较高,与20世纪50年代的情况相似,但进口的工业生产资料内部结构差异很大。工业原料占进口工业生产资料的比重大幅度增加,直接受这一时期国内"三线"建设方针的影响,但是中国基础原材料工业支持这一时期工业生产建设的能力有限。首先,无论是新建还是搬迁的"三线"建设项目,以及地方工业、社队企业的发展,都需要基础设施和厂房等土建工程,对建筑材料的需求量很大。其次,为工业建设项目制造机器设备,需要较多的钢铁和其他有色金属,以及其他原材料。最后,这一时期建成的生产能力,大部分是以国防工业、地方工业和社队工业为主的机械加工工业,加重了原材料工业的加工工业失衡问题。1965年,采掘工业、原材料工业和加工工业的比例为11.1∶39.7∶49.2,1970年变为8.5∶38∶53.5。1967年4月,国家经济委员会就提出:"国内生产的钢材、生铁和某些化工原料,不能适应生产建设的需要,为了保证内地建设和农业机械化的更好进行,需要增加一些钢材、废钢铁和化工原料的进口。这一时期,工业原材料的进口占进口总额的一半以上,其中有些品种的进口数量增加很快,铜铁、有色金属的进口分别由1965年的75.9万吨、11.5万吨增长到1972年的235.8万吨、26.6万吨,分别增长了310.7%、231.3%。"[①]

还有几类工农业用物资,由于国内的生产能力较小,或尚处在新建阶段,进口占国内产量的比重相当高,如表3-10所示。

表 3-10　几类进口原料占国内同类产品的比重　　　　　　　　单位:万吨

年份	化肥		乙烯		合成橡胶		化学纤维	
	数量	占国内产量比重(%)	数量	占国内产量比重(%)	数量	占国内产量比重(%)	数量	占国内产量比重(%)
1966	273.5	187.2	0.1	18.5	0.1	3.3	5.8	76.5
1970	641.9	421.5	3.9	258.3	2.1	82.7	4.3	42.3
1972	676.2	276.7	5.4	121.6	1.7	47.6	4.7	34.3

资料来源:《中国工业经济统计资料(1949—1965)》,中国统计出版社,1985年,第43—57页;《中国对外经济贸易年鉴》,中国对外经济贸易出版社,1984年,第Ⅳ卷第108—120页。

五、小结

(一)产业结构的升级促进了出口商品结构优化

1958—1972年工业制成品的出口比重不断提高,使初级产品出口为主的贸易结构格局开始动摇。商品结构开始优化,表明对外贸易出口的数量和质量都有较大提高。虽然工业制成品出口中以轻纺制成品为主,但其他工业制成品也在快速增长,如1965年机械及运输设备比1957年提高7.4个百分点,这充分显示了中国工业化程度逐步提高所带来的出口商品结构和工业结构改善的可喜变化。

(二)进口商品结构与同期工业结构调整呈同步态势

为了适应重工业优先发展战略,特别是"大跃进"政策下过分重视重工

[①]　江小涓:《中国工业发展与对外经济贸易关系的研究》,经济管理出版社,1993年,第55页。

业政策的推行,导致轻工业和农业发展严重滞后,加上自然灾害等因素,人民"吃、穿、用"问题突显。在进口商品结构中,一是生活资料进口比重提高,进口构成的变化说明国民经济建设同人民生活需要在当时都成为政府同时要解决的重点;二是进口生产资料的内部结构发生了变化,工业原材料取代机器设备成为进口生产资料的主要部分;三是中国对工业结构进行了调整,工业部门中的支农工业(如化肥、农药等)以及与人民生活有关和增加出口的轻工业(如人造纤维、合成脂肪酸等)受到重视。

(三)出口结构与国内需求结构表现出很强的重叠性

农副产品出口是从国内市场上"挤出"来的。出口的扩大往往是靠"挤"国内消费实现的,从而使扩大出口的潜力取决于国内的最低需求极限。随着中国工业化的演进,国内食品供应紧张,"挤"出来出口的余地越来越小,在三年自然灾害中,食品更是严重匮乏。此外,纺织原材料与其他半制成品出口的绝对值及相对值的下降也反映了中国人口增长的压力,国内消费需求与出口的资源争夺趋于加剧。

(四)进出口关系进一步密切

由于中苏关系恶化,20世纪60年代中国贸易伙伴转向西方市场经济国家,要直接接受市场竞争的考验,出口生产开始采用进口技术设备及原材料,进出口关系更加密切,也在一定程度上改变了出口为创汇、进口为替代的单向循环关系。

20世纪50年代引进的重工业项目较多,而20世纪60年代的技术引进较重视支农项目与轻工业原料项目。20世纪60年代以后,中国进口虽继续保持以生产资料为主的结构,但进口生产资料的内部结构发生了极大变化,工业原材料占进口生产资料的比重大幅度上升,取代机器设备构成进口生产资料的主要部分。到20世纪60年代末,工业原材料进口已占总进口的一半以上,占进口生产资料的2/3左右。因此,20世纪60年代除了从西方引进机器设备外,中国从西方国家进口的工业原材料大幅度上升。其中,化肥、乙烯、合成橡胶、化学纤维等重要原材料的进口量都大大超过国产产量,对维持和扩大相关产业的生产规模起了重要的支撑作用。

总之,20世纪60年代中国贸易伙伴转向西方国家,出口目标市场的变化以及进口来源和构成的相应改变使中国的对外贸易与生产之间的关系发生了一系列变化。第一,虽然中国的出口仍属于创汇型出口,但由于出口市场从主要面向计划经济国家转向主要面向市场经济国家,要直接受市场竞争的考验,对产品的品种花色、质量的要求更高。这种来自出口市场的竞争压力,对处于卖方市场条件下的国内生产企业是极为有益的挑战,促使企业按照国际市场的要求组织生产,对提高产品的质量、丰富花色品种起了积极的作用。第二,出口市场转向西方市场经济国家,促使中国开始酝酿建立农副产品及工业品的出口生产基地,对于形成出口生产与面向国内市场生产的相对隔裂现象,以及形成出口结构与国内生产结构的错位等现象都有不可低估的影响。第三,20世纪60年代开始从西方国家进口粮食等消费品,引进技术设备及工业原材料,对于填补中苏贸易急剧萎缩造成的要素供应缺口、调整国内生产结构,维持经济运行起到显著作用,同时为下一个阶段大规模引进西方技术,加速工业化进程做了铺垫。

第四章　极端的重工业优先发展时期的贸易结构(1973—1979)

经过 1961—1965 年的经济调整时期,按当时情况看,比例关系大体上协调,可以兼顾国家建设和人民生活,基本适应客观需要。可是,1966 年 5 月开始的"文化大革命"使国内经济遭到严重破坏,1967—1968 年工农业总产值连续三年下降,1969 年国民经济虽经恢复整顿有所好转,但该年 3 月中苏边境发生争端后,产业结构又重新步入"重型化"轨道。"四五"时期,这种状况有增无减,1976 年 10 月"文化大革命"的结束,在政治、经济形势稍有好转的情况下,又提出了以重化工业为中心的新的"跃进"计划。因此,1970 年制订的《第四个五年计划纲要草案》又开始突出强调要"以备战为纲",国内又出现大力进行国防工业与相应的重工业建设的冒进现象,形成了以高指标为特征的第四个五年计划,要求工业增长速度平均每年递增 12.8%,1975 年钢产量达到 3 500 万—4 500 万吨(1970 年才 1 600 万—1 700 万吨),比 1970 年增长 106%—135%。[①] 到 1975 年年底,轻、重工业总产值之比变为 44:56;农、轻、重三者的比例关系又变为 30.1:30.8:39.1。同 1965 年相比,轻工业总产值下降了 1.5 个百分点,重工业总产值提高了 18.7 个百分点。1978 年,重工业投资规模的急剧扩大,更加剧了轻、重工业产值比例失调的状况。这一年,在基本建设投资总额中,用于重工业的投资占了 48.7%,用于轻工业的投资只占 5.8%,轻、重工业总产值之比为 43.1:56.9。与这一时期工业结构调整相适应的对外贸易也随之发生了变化,中国又开始较大规模地从西方国家引进先进技术和成套设备,促使国

---

① 上海财经大学课题组:《中国经济发展史》,上海财经大学出版社,2007 年,第 316 页。

内急需的工业产品产量快速增长,以及某些工业的技术结构迈向较先进的水平。

一、国内外形势的变化与引进高潮的形成

到 20 世纪 70 年代,中国的工业基础仍然主要是在 50 年代打下的,虽经过 60 年代的填平补齐,但同期世界技术水平的迅猛发展,致使中国技术水平到 70 年代与国际水平的差距已越来越大,一些重要原材料工业的需求缺口也越来越大。由于中国与其他国家特别是西方发达国家的技术交流长期隔绝,没有条件发挥"后发优势",而仅仅靠国内自己的力量实现技术的升级换代及新建、扩建新兴产业存在很大的困难,急需从发达国家直接引进成熟的技术。从 20 世纪 70 年代初开始,国际形势发生了于中国有利的变化,使中国从西方国家大规模引进技术成为可能。1971 年,中国恢复了联合国合法席位,随后的中美关系改善和中日邦交正常化,结束了中国与西方国家长期隔绝的状态。并且,西方国家不许向中国出口高技术的禁令和各种歧视性贸易政策已逐步松动,为中国恢复和发展与西方发达国家的经济技术交流提供了有利的国际环境。

1972 年以后,国内形势也发生了有利的变化,以国防工业建设为中心的错误指导方针得到了纠正,投资方向得到了调整,加强了对支农产业、轻工原料产业和基础原材料产业的投资,同时对一些十分薄弱的工业行业和某些关键行业的技术设备水平的提高给予了相当高的重视。在这种背景下,以周恩来、邓小平为代表的一些领导人开始对过去封闭的贸易战略进行一定程度的纠正,在继续强调自力更生的同时,更加重视发挥对外贸易对工业结构调整的促进作用,使这一时期的对外贸易得到了较快发展。

国内外形势的变化,为中国迅速发展与工业化发达国家之间的经济贸易关系提供了有利的国际政治环境。于是,20 世纪 70 年代初期,中国开始部署从西方工业化国家引进先进成套技术设备的工作。以 1972 年 8 月国务院批准从日本、联邦德国引进一米七轧机为开端,在 1973—1976 年形成了中国引进先进技术和大型成套设备的一个高峰。1973 年

1月,在国家计委向国务院提交的《关于增加进口设备、扩大经济交流》报告中,提出从国外进口43亿美元的成套设备和关键技术方案,即"四三"方案,该方案的项目有一部分在此之前就已确定进口,在方案确定之后,又陆续追加了许多项目,总金额达51.4亿美元。引进的项目包括43套综合采煤机组、3座大电站、13套大型化肥生产成套设备、4套大型化纤生产设备、3套大型石油化工设备、一米七轧机等,这些引进项目几乎全部是中国工业生产中急需并且具有原料基础的薄弱环节。引进的绝大多数为基础工业项目,技术水平也都是当时国际上较为先进的,但这些项目并未全部实现。

二、技术引进高潮形成时期的对外贸易(1973—1976)

要较快地实现以上经济建设目标,在当时主要依靠国内的科研能力和设计制造能力是难以实现的,因此,只有从西方发达国家引进有关技术设备,才能使中国经济建设目标从必要性转化为可能性。由于大规模集中引进成套设备的影响,从1973年起,中国的进出口贸易总额有较大幅度的增长,1973—1976年年均增长18.2%。[①]

（一）换汇压力之下,出口能力不足的问题更加凸显

1973—1976年,机械设备以及工业原材料的进口大幅度增长,且设备进口主要采用现汇支付方式,一小部分利用了国外的短期融资,使中国外汇供应十分紧张,外汇收支平衡受到严重威胁,这就使出口面临极大的压力。为了增加出口创汇,国家采取了一系列促进出口的措施。五届人大政府工作报告提出了中国出口商品的战略目标,即出口贸易要注意大宗商品与小宗商品兼顾,在增加农副产品出口的同时,努力提高工矿产品在出口贸易中的比重。经过努力,这一时期出口总额的年均增长率达到14.2%。这样大幅度的增长,不是仅仅靠某类产品的出口增长能够支持的。因此,虽然各类产品的出口数额在出口总额中所占比重有升有降,但绝对数都有较大幅度的增长。表4-1是这一时期出口商品结构及其变化情况。

---

① 江小涓:《中国工业发展与对外经济贸易关系的研究》,经济管理出版社,1993年,第64页。

表 4-1　1973—1976 年中国出口商品结构

年份	农副产品		工业品			轻工业产品			重工业产品		
	金额 (亿元)	占出口 总额 比重 (%)	金额 (亿元)	占出口 总额 比重 (%)	占工业 总产值 比重 (%)	金额 (亿元)	占出口 总额 比重 (%)	占工业 总产值 比重 (%)	金额 (亿元)	占出口 总额 比重 (%)	占工业 总产值 比重 (%)
1966— 1972 (平均)		36.7		63.3	2.3		43.7	3.2		19.6	1.4
1973	41.6	35.8	75.0	64.2	2.7	56.8	48.6	4.8	18.2	15.6	1.2
1974	50.6	36.4	88.6	63.6	3.3	56.0	40.2	4.6	32.6	23.4	2.2
1975	43.0	29.6	102.1	71.4	3.3	59.8	41.8	4.3	40.9	28.6	2.3
1976	38.9	28.4	96.5	71.6	3.1	59.9	44.4	4.3	36.7	27.2	2.1
1973— 1976 (平均)		32.5		67.5	3.1		43.8	4.5		23.7	1.9

注:表中的金额数据是由美元对人民币的当期汇率转换而来的,故表中数据之间的对应关系存在误差。

资料来源:《中国对外经济贸易年鉴》,中国展望出版社,1986 年,第 955 页(按当年汇率折算成人民币);《中国统计年鉴》,中国统计出版社,1984 年,第 23 页。

1. 农副产品和工业制成品并举

在此期间,国内的农副产品需求被进一步压缩,以期挤出更多出口货源,1972 年粮食收购和销售出现亏空,库存剧减,肉、蛋、糖等多种副食品定额供应量进一步减少,有些则几乎停止正常供应。而且,农副产品的供求弹性都较低,在短期内不可能大幅度增加出口,因此,农副产品出口的增长明显慢于出口总额的增长,所占比重由上一时期的 36.7%降为 32.5%。在这种情况下,主要还得靠扩大工业品出口创汇。

2. 兴办出口商品的生产基地和生产厂

20 世纪 60 年代初期,当时的外贸部根据中央关于建立出口商品生产基地的指示,提出了具体的方针和安排意见,但是并未很好地贯彻落实。1973 年初期,这一设想再次得到重视,选择了部分企业、县社,试办出口农副土特产品生产基地和出口工业品专厂、专车间。具体做法是:按国外特殊规格要求生产的产品,除供应特需外,全部出口;凡使用外汇贷款进口原料进行加工的产品,必须全部出口;国内外都适销的产品,按外贸收购计划确定出口数量,不能出口的转内销,内销不出去的加工改制,其费用和损失由外贸部承担等。在办这些专业出口车间和出口厂时,生产经营上的困难可由外贸部给予扶持帮助,在当时的条件下,这些出口车间和出口厂保证了出口货源的稳定。

3. 发挥传统技艺精湛的优势,扩大工艺美术品的出口

发挥中国传统技艺精湛的优势,挖掘潜力,扩大工艺美术品的出口,是扩大出口创汇的另一可行的渠道。1973年3月,国务院批转外贸部和轻工部《关于发展工艺美术品生产问题的报告》,要求1975年工艺美术品出口创汇力争达到8亿美元。在这一计划的实施过程中,工艺美术品生产所需的主要原材料要纳入国家计划,保证专料专用,最大限度地满足出口生产所需;工艺美术品的创造设计人员、艺人要归队,一些工艺美术院校和科研机构也要逐渐恢复。

4. 利用世界石油价格上涨,增加原油和成品油出口

1973年石油危机爆发,世界市场上的石油价格大幅度上升,因而石油的创汇能力增长很快,成为重工业出口额增加部分的主要来源。根据这一有利条件,1974年,出口原油由原计划规定的400万吨增加到600万吨,出口成品油由原计划的150万吨增加到160万吨,以后原油和成品油出口逐年增加,原油出口由1972年的63.6万吨增加到1976年的850万吨,成品油由89万吨增加到195万吨。为了实现这一计划,国内采取了各种措施节约国内的燃料用油,增加出口。

采取上述措施后,这一时期的出口额稳步增长。但是,外汇一直存在着出不抵入的倾向。例如,1974年前9个月,外汇收支出现了约14亿美元的逆差,国家计委为此采取了一系列措施,如增加国内需要的商品的出口,推迟部分商品进口的到货,从国外筹措外汇,出售一部分黄金以及压缩各种非贸易外汇开支等,才保证了这一年外汇收支的平衡。总之,在国际形势允许中国较大规模地从西方国家引进技术和成套设备后,中国出口创汇能力不足的问题就变得十分突出。

(二)20世纪70年代大型成套设备进口的第一次高峰

20世纪70年代初期,中国开始部署从西方工业化国家引进先进的成

套技术设备的工作,要把"四三"方案中1977年以前对外签约的项目全部建起来,共需投资260亿元,相当于"四五"时期中国工业建设投资总额(978亿元)的1/4,这一数字还不包括大量间接配套建设的费用。1975年和1976年进口项目的投资分别占到当年国家预算投资的14%和21%。这一时期,引进项目在中国同期的工业建设中占有较大比重,使得中国工业建设中的大型项目再一次以引进项目为中心铺开。这些项目中的一部分要在1976年以前建成,到1979年年底,绝大部分要建成投产,在中国钢铁、石化、机械和能源等基础工业中新增了一大批关键骨干企业,使一些国内急需产品的产量成倍增加。

从1973年起,由于大规模集中引进成套设备,中国的进口贸易总额随之出现了较大幅度的增长。这一时期是中国签约项目中机器设备的集中到货期,导致进口数量骤增,同时,国内相应的基建工程也需要进口一定的基建材料以补充国内原料供应能力的不足,因此进口总额增加较多。

1. 进口贸易恢复增长,生产资料进口比重有所提高

从表4-2可以看出,进口生产资料和工业生产资料的比重都呈上升趋势,特别是1975年和1976年,进口生产资料所占比重在85%以上,是1960年以后未曾有过的高比例;进口生产资料占国内重工业产值的比重也由1966—1972年的平均4.9%上升到1973—1976年的平均6.6%。机器设备在各类进口商品中的增长幅度最大,占进口总额的比重由1966—1972年的平均18.2%上升到1973—1976年的平均24.8%,其中1975年和1976年分别高达32.1%和30.9%,也是1960年以来的最高比例。工业原料的进口数额也增长较快,与进口总额保持同一速度因而所占比重基本未变。农用物资的进口额有所上升,但由于速度慢于其他生产资料类商品和进口总额的增长,所占比重由1966—1972年的平均10.4%下降至1973—1976年的平均6.2%。生产资料进口量的增加,弥补了国内市场物资的短缺,有效缓解了国内技术设备不足的矛盾,支持了国民经济的发展。

机器设备比重明显上升的原因主要是"四三"方案的实施,增加的比重主要挤占的是农用生产资料和生活资料的比重,工业原料平均仍占50%

表4-2　1973—1976年中国进口商品结构

年份	进口总额(亿元)	生产资料								农用物资		生活资料		进口生产资料占重工业产值比重(%)
		总额(亿元)	占进口总额比重(%)	工业生产资料										
				金额(亿元)	比重(%)	机器设备		工业原料		金额(亿元)	比重(%)	金额(亿元)	占进口总额比重(%)	
						金额(亿元)	比重(%)	金额(亿元)	比重(%)					
1966—1972(平均)			79.4		68.8		18.2		50.6		10.4		20.8	4.9
1973	103.6	79.2	76.4	72.7	70.1	15.9	15.3	56.8	54.8	6.5	6.3	24.4	23.6	5.1
1974	152.8	115.7	75.7	107.9	70.6	31.8	20.8	76.1	49.8	7.8	5.1	37.1	24.3	7.6
1975	147.4	125.9	85.4	114.7	77.8	47.3	32.1	67.4	45.7	11.2	7.6	21.5	14.6	7.2
1976	129.3	112.2	86.8	104.9	81.0	40.0	30.9	64.9	50.2	7.4	5.7	17.1	13.2	6.4
1973—1976(平均)			81.1		74.9		24.8		50.1		6.2		18.9	6.6

注:表中的金额数据是由美元对人民币的当期汇率转换而来的,故表中数据之间的对应关系存在误差。

资料来源:《中国对外经济贸易年鉴》,中国展望出版社,1986年,第955页(按当年汇率折算成人民币)。《中国统计年鉴》,中国统计出版社,1984年,第23页。

的比重,高于机器设备一倍。工业原料进口保持较大比重的主要原因是国内基础工业生产能力增长远远低于需求增长。例如,这一时期内钢材产量未有明显增长,1976年的钢产量甚至低于1972年的水平,但钢材需求量却增长很快,弥补供需缺口只能靠增加进口。1972年,中国进口钢材235.8万吨,1976年增至493.1万吨,进口占国内产量的比重由15.1%上升为33.6%。[1]化纤需求量这一时期也增长很快,不仅国内纺织品中化纤类产品很受欢迎,出口纺织品中棉涤类产品也增长很快。1966年中国出口棉涤纶布644万米,1972年增至4 344万米,国内化纤生产因基数太小,虽产量成倍增长,但远不能满足需要。化学化纤的进口量由1972年的4.73万吨,增加到1976年的16.92万吨,占国内产量的比重由34.0%增加到115.8%。[2] 其他如乙

---

① 《中国对外经济贸易年鉴》,中国展望出版社,1984年,第Ⅳ卷第108—120页;《中国工业经济统计资料》(1949—1984),中国统计出版社,第43页。

② 同上。

烯、有色金属等原材料的进口量都大幅度增长。

2. 服务于进口的外汇贷款

1973 年 5 月,国务院颁布《短期外汇贷款试行办法》,决定为了促进出口商品生产,利用中国银行吸收的外币存款,发放短期外汇贷款。贷款主要用于进口国内短缺原材料和某些关键技术设备,以增加出口产品的生产。这些贷款都是短期用于进口原材料的贷款,还贷期一般不超过一年;用于进口设备的贷款,还贷期一般不超过一年半。

3. 大型成套设备进口的增加

中国这一时期从西方国家引进的项目占同期工业建设投资的比例很高。1973—1977 年对外签约的项目共需投资约 260 亿元人民币,占"四五"时期工业总投资的 1/4,如果加上间接配套资金,所占比例则会更高。而且引进项目投资除了体现在扩大生产能力外,设备更新、技术改造与升级方面的功能尤为显著。

可以说,这一时期中国工业大型项目建设是以引进项目为中心展开的。这些引进项目的建成投产,使中国钢铁、石化、能源、机械等基础工业中新增了一大批骨干型企业,对改善工业内部的比例关系,调节原材料工业与加工工业的产业连锁关系,提高技术水平起到了十分重要的作用。

三、洋跃进时期技术引进高潮中的对外贸易(1977—1979)

1976 年 10 月,中国结束了历时十年的"文化大革命",开始拨乱反正。"文化大革命"使国民经济又一次面临十分困难的局面,工业与农业以及工业内部等各种比例关系严重失调,人民生活亟待改善。在 1975 年备战战略基本完成和 1976 年"文化大革命"结束的背景下,中央政府积极酝酿、制定和推行与国内外形势相适应的、新的经济发展战略,但冒进、急于求成的指导思想仍然在左右着经济建设的方针和政策,急切地试图以国民经济新跃进的方式实现经济快速发展。1977 年 4 月,华国锋在出席"全国工业学大庆"的各地区、各部门负责人的会议上提出:"石油光有一个大庆不行,要有十来个大庆。"随后,在 1977 年 11 月召开的全国计划工作会议上,中国工业发展提出了较高的发展目标:"到本世纪末,工业主要产品产量分别接近、达到或超过世界先进国家,工业生产的主要部分实现自动化,主要产品的各项经济技术指标接近或达到世界先进水平。"①接着,一些经济部门相继提出了脱离实际的庞大的发展计划,如冶金部提出1985年的钢产量要达到7 000万吨,并规划要在20世纪末建成二十几个鞍钢,钢产量达到1.6亿吨以上。国家计委在上报给中央政治局的《关于经济计划的汇报要点》中提出,到1985年,钢产量要达到6 000万吨,原油产量要达到2.5亿吨。为此,当时提出在工业方面要续建和新建120个大项目,主要包括30个大电站、10个大油气田、10个大钢铁基地、10个大石油化工厂、9个大有色金属基地、8个大型煤炭基地、10个大化纤厂和十几个化肥厂等。② 以石油为例,"对石油产量增长的要求,是在没有地质勘探资料的条件下空想出来的,实际上直到八十年代末,石油的产量也还不足1.4亿吨。"③

　　虽然洋跃进战略的实施时间不长,但仍对这两年及以后的国民经济造成了多方面的重大影响。据苏少之和任志江的研究,在此期间,"在战略重点上,突出强调钢铁、能源、化工等少数重工业部门,如在国家重点建设的120个重大项目中,这些项目就占了绝大部分;在战略路径上,在中央专注于以120个重点项目为代表的大型基本建设的同时,由地方负责农业跃进和一部分电力、燃料、原材料的生产,即'两条腿跃进';在资源特色上,这一战略以大量引进技术和举借外债为其显著特征。需要指出的是,为了实现战略的规划和目标,洋跃进战略把经济建设推向了极端,进行跃进的主观意愿和重工业优先的内在逻辑,与将要深入的调整、整顿产生了根本的矛盾。由此进行的跃进不仅将因为先天不足而困难重重、步履维艰,也会因造成更为严重的产业结构失衡和经济效益低下,而给国民经济带来更加严重的问题。"④

　　显然,这又是一个以重化工业为主的经济发展计划,为了实现上述目标,

　　①　胡绳:《中国共产党的七十年》,中共党史出版社,1991年,第468—469页。
　　②　李德彬:《中华人民共和国经济史简编(1949—1985)》,湖南人民出版社,1987年,第525—527页。
　　③　胡绳:《中国共产党的七十年》,中共党史出版社,1991年,第468—469页。
　　④　苏少之、任志江:《1949—1978年中国经济发展战略研究》,《中南财经政法大学学报》,2006年第1期。

新一轮的大规模投资不可避免。而且,本次制定的工业发展目标是要赶超世界先进水平,显然单靠国内自身的力量,不具备将如此规模庞大的经济建设规划付诸实践的条件,况且到 20 世纪 70 年代后期,经济状况没有多大起色,实现这样高的经济跃进目标,更需要利用国外资金和技术设备。

（一）工业品出口比重增加

这一时期工业品出口的增长速度虽然慢于工业品进口,但仍然明显高于全部出口商品的平均增长速度,占出口商品总额的比重由 1977 年的 72.4％上升为 1979 年的 76.9％。1979 年,工业品出口的绝对数额比 1977 年增加了 61.8 亿元,增长了 59.8％。表 4-3 是这一时期出口商品的结构变化概况。

表 4-3　1977—1979 年中国出口商品结构

年份	农副产品		工业品			轻工业产品			重工业产品		
	金额(亿元)	占出口总额比重(%)	金额(亿元)	占出口总额比重(%)	占工业总产值比重(%)	金额(亿元)	占出口总额比重(%)	占工业总产值比重(%)	金额(亿元)	占出口总额比重(%)	占工业总产值比重(%)
1973—1976(平均)		32.5		67.5	3.1		43.8	4.5		23.7	1.9
1977	38.7	27.6	101.0	72.4	2.8	64.3	46.0	4.1	36.9	26.4	1.8
1978	46.3	27.6	121.4	72.4	3.0	42.8	46.9	4.5	42.8	25.5	1.9
1979	48.9	23.1	162.8	76.9	3.6	95.3	45.0	4.9	67.5	31.9	2.7
1977—1979(平均)		26.1		73.9	3.1		46.0	4.5		27.9	2.1

注:表中的金额数据是由美元对人民币的当期汇率转换而来的,故表中数据之间的对应关系存在误差。

资料来源:《中国对外经济贸易年鉴》,中国展望出版社,1986 年,第 958 页(按当年汇率折算成人民币);《中国统计年鉴》,中国统计出版社,1984 年,第 23 页。

1. 轻工业产品出口比重有所上升

从工业品出口的内部结构看,轻工业产品占出口总额的比重在这三年中略有上升。1979 年出口数额比 1977 年增加了 31 亿元,其原因为:一是 1978 年和 1979 年两年轻工业发展较快,特别是适合出口的产品得到了优先照顾;二是进口了较多的轻纺工业原料,扩大了以进口原料生产的出口产品产量,如棉涤纶布的出口数量,1977 年为 8 320 万米,其后两年分别增至13 344万米和 22 242 万米。

2. 重工业产品出口速度增长较快

1979 年国内开始控制工业生产增长和建设规模,重工业产品出口的增长速度快于工业品平均值,1979 年比 1977 年增长了 83%,占出口总额的比重由 1973—1976 年年均 23.7% 上升至 1977—1979 年年均 27.9%。重工业出口产品增加的重要原因是煤和石油(包括原油和成品油)出口量的大幅度增加,分别由 1977 年的 263 万吨和 1 107 万吨增加为 1979 年的463 万吨和 1 646 万吨。属于"长线"的重工业产品,如机床、工具等产品的出口也有较大增长。从整个时期来看,工业品出口占国内工业总产值的比重较小,出口仍然主要是为了换汇,对国内的工业生产状况影响不大。

面对急剧扩张的进口规模,这一时期出口能力的增长明显不足。前一时期"四三"方案的实施,已经从国内市场上过度挤出口货源,这一时期再继续以与进口匹配的速度增加出口十分困难。1978—1980 年,中国对外贸易连续三年出现赤字,累计入超 44.4 亿美元,除一部分进口货物采取延期付款的形式外,其他靠国家外汇储备弥补。因此,即使不考虑国内生产建设规模过度扩张的作用,仅以出口能力看,这一时期的进口规模已经偏大。

由于连年出现贸易逆差,如何扩大出口的问题得到进一步重视。这一时期,中央政府已采取了若干措施,如重点发展某些主要换汇行业,向出口生产企业发放短期贷款,建立出口商品生产基地,压缩国内消费增加出口等,但是增加的换汇能力仍然不能满足进口需要。1978 年,中央提出要建设一批工矿产品和农副产品出口基地,随后,各省、市、自治区共建立了 2 个供应港澳鲜活商品生产基地、16 个出口农副产品综合基地、94 个工业品专厂(矿)和110 个品种的单项农副产品生产基地。1979 年 8 月,国务院颁布《关于大力发展对外贸易增加外汇收入若干问题的规定》,要求采取若干重要的体制改革措施,调动各方面的积极性。主要措施有:大力组织商品外销,完成国家出口收汇计划;实行出口商品分级管理,扩大地方的经营范围;加强技术、设备的引进工作;成立专业对外贸易公司;增加外贸口岸,广开出口门路;对"以进养出"的进口物资实行优惠税率;实行贸易和非贸易外汇留成;扩大生产企业从事外贸经营的权限,简化审批手续;改变出口贸易收汇结算办法和兑换牌价;试办出口特区等。上述措施的意义是重要的,说明传统的中央高度集权的对外贸易体制已不能适应经济发展对增加出口的要求。

(二)20世纪70年代大型成套设备进口的第二次高峰

这一时期,受大规模引进技术设备支持工业高速发展思想的指导,以及"文化大革命"结束后人民生活水平急需较快提高的压力,进口生产资料和生活资料增长迅速,进出口贸易总额的增长速度达到除1950—1952年恢复时期以外的历史最高水平,尤其是进口总额的增长速度在1978年和1979年分别达到41.1%和29.6%,进出口总额占工农业总产值的比重明显上升。表4-4是这一时期的进口商品结构。

表4-4　1977—1979年中国进口商品结构

年份	进口总额(亿元)	总额(亿元)	占进口总额比重(%)	工业生产资料						农用物资		生活资料		进口生产资料占重工业产值比重(%)
				机器设备		工业原料		金额(亿元)	比重(%)	金额(亿元)	比重(%)	金额(亿元)	占进口总额比重(%)	
				金额(亿元)	比重(%)	金额(亿元)	比重(%)							
1973—1976(平均)			81.1		74.9		24.8		50.1		6.2		18.9	6.6
1977	132.8	101.1	76.1	92.0	69.3	23.5	17.7	68.5	51.6	9.0	6.8	31.7	23.9	5.0
1978	187.4	152.5	81.4	140.7	75.1	32.8	17.5	107.9	57.6	11.8	6.3	34.9	18.6	6.6
1979	242.8	197.5	81.3	183.1	75.4	61.2	25.2	121.9	50.2	14.3	5.9	45.4	18.7	7.8
1977—1979(平均)			79.6		73.2		20.1		53.1		6.3		20.4	6.3

注:表中的金额数据是由美元对人民币的当期汇率转换而来的,故表中数据之间的对应关系存在误差。

资料来源:《中国对外经济贸易年鉴》,中国展望出版社,1986年,第958页(按当年汇率折算成人民币);《中国统计年鉴》,中国统计出版社,1984年,第23页。

1. 生产资料的进口总额和比重急剧上升

这一时期尽管只有短暂的三年,但是,进口贸易的指导方针和重点却出现了多次变化。1977年,前一时期确定的"四三"方案中引进的进口设备已经基本到货,又没有续签新的大型项目,因而进出口贸易总额只增长了3.2％,其中进口商品总额只增长了2.7％。这一年工业生产资料的进口数量比1976年减少13亿元,占进口总额的比重由74.9％降为1977年的69.3％,其中机器设备的减幅更大,由1976年的40亿元减为1977年的23.5亿元,比重由30.9％降为17.7％。这一年是"文化大革命"结束后第一年,人民生活水平急需提高,然而农业和轻工业的供应长期紧张,因而进口生活资料的数额和占进口商品总额的比重都有较大幅度的上升。1978年,随着国内大规模工业生产建设的再度兴起,生产资料的进口总额和所占比重都急剧上升,生活资料的进口数量略有上升,比重则大幅度回落。1979年,虽然国家着力控制工业建设规模,包括引进项目的规模,但已签约成交的设备材料等已陆续到货,无法削减,因而工业生产资料的进口数额仍有较大幅度的增加。无论从工业品的进口总额,还是从工业内部结构看,生产资料进口对于国内大规模生产建设起了重要的支持作用,进口生产资料占重工业产值的比重,也由1977年的5％上升为1979年的7.8％。

2. 向重工业倾斜的大型成套设备进口

1978年前后,结合中国发展经济的客观需要,通过对一些先进国家的考察,认为"中国加快引进先进技术和设备成为当前非常迫切的问题。因此,一股大胆引进、加快发展速度的热潮在全国兴起。"[1]1978年是20世纪70年代末大规模技术引进比较集中的时期,也是中华人民共和国成立以来引进规模最大、进展最快的时期,成交额相当于1973—1977年的两倍,涉及十几个国家、几百个厂商。1978年一年之内,在没有经过充分论证和综合平衡的情况下,中国同西方国家仓促签订了1 320多个项目,协议金额78亿美元,合同数量和金额比中华人民共和国成立以来的总和还要多。在78亿美元的协议金额中,有64亿美元用于引进成套设备,其中冶金、化工项目占62％,能源占18％,轻纺占11％。中国签订了宝钢等22个引进先进技术和成套设备的项目,由于这一时期引进了20世纪70年代具有世界先进水平的技术设备,在生产中产生了明显的效果。[2]

---

① 《大胆引进,加快速度》,《人民日报》,1978年9月17日,第一版。《人民日报》发表新华社述评,文中指出:"过去世界上技术进步以世纪计,现在科技的发展以年代计,甚至一年一代",时不我待。

② 陈慧琴:《技术引进与技术进步研究》,经济管理出版社,1997年。

3. 粮食净进口急剧扩大,"以出养进"的策略难以维持

20 世纪 70 年代初,全国粮食需求缺口较大,国家制定并实施了大量进口粮食的政策,为了实现地区间的粮食平衡,外贸部门充分利用国际市场上粮食品种的价格差价,实行"以出养进"的策略,以国际市场价格较高的品种换回数量较多的价格较低的品种。但是,70 年代后期,国际市场上小麦价格成倍上升,从 100 多元上升到 230 多元,加上运费,进口小麦的成本就很高了,原来"以出养进"的策略无法实行。在原有国内粮食需求缺口的情况下,粮食净进口在 70 年代后期急剧扩大。1976—1978 年的三年中,全国净进口粮食 1390 万吨,动用了 500 多万吨库存。1978 年,国家花费 21 亿美元进口粮油棉糖,占进口商品总金额的 1/5。[①] 1979 年,粮食进口量超过了 1000 万吨,占 20 世纪 70 年代中国进口粮食总量的近 20%。

四、小结

中国长期实行优先发展重工业的产业政策,存在不少重大失误。比如,"以钢为纲"、发展"五小工业";20 世纪 50 年代末大炼钢铁的"大跃进"、70 年代末建设"十大钢铁基地"等 120 个大项目的洋跃进;对当时国际政治军事形势估计错误导致的"三线"建设等。"以钢为纲"不但忽视了现代经济中产业发展需要相互协调,而且,由于钢铁一般来说只是中间品,其片面发展将导致重工业生产出现严重的自我循环。大量发展"五小工业",显然是未考虑规模经济效益。而"三线"的大量投资,在我看来,则是从盲目的政治军事目的出发,不考虑外部经济效益的决策了。

1. 内向型进口替代战略仍未改变

20 世纪 70 年代后期,虽然,以引进发达国家技术设备为重点的大规模工业建设存在诸多问题,但从总体上考察,引进的项目建成投产后对中国主要行业的生产能力及技术水平还是有着显著的促进作用,使石化、钢铁、化肥、化纤等行业的技术水平与世界先进水平的差距迅速缩小,并对中国进入 20 世纪 80 年代以后产业结构的高度化和合理化产生了深远的影

---

①　商业部当代中国粮食工作编辑部:《当代中国粮食工作史料》(内部发行),1989 年,第 618 页。

响。从 20 世纪 70 年代两次引进高潮的项目行业分布以及进出口贸易的表现看,这时期中国贸易仍然明确服务于进口替代、重工业优先发展的工业化模式,引进项目与进口贸易都是立足于建立、扩展国内生产能力,以及为国内生产能力提供原材料,而出口受到鼓励的原因直接来自进口用汇的压力,汇率仍保持严重高估、严密的进口保护尤其是对进口消费制成品的限制,表明整个贸易制度在本质上仍未改变内向型的倾向。

2. 对"软技术"引进重视不够

1979 年,党中央对经济工作中的失误与教训进行了实事求是的总结,停建、缓建了一些项目,其中也包括一些引进项目,并及时调整了工业生产的增长速度。但由于项目建设已经展开,引进项目也已签约,1978—1979年,中国经济建设业仍以大规模引进为中心,展开了大规模的工业生产和建设。这一轮引进高潮的主要问题如下:第一,引进项目向重工业倾斜,使原已失调的国民经济以及工业内部比例进一步恶化,导致重工业比例大大超过中国相应的国民收入水平应有的比例。第二,引进费用主要靠现汇支付,使中国外汇收支平衡状况急剧恶化,出现连年贸易逆差,对出口造成了很大压力,也使出口难以改变其仅仅作为创汇手段的功能。第三,重复引进设备,但对"软技术"引进重视不够,如对制造技术的购买,对技术引进的消化、吸收、仿制等工作均未给予应有的重视。第四,缺乏细致的可行性研究,使得某些引进项目的外围配套不能得到落实,致使建设周期延长,项目建成后长期达不到设计能力,投入产出比不理想,潜在效益未能充分发挥。

3. 出口生产独立于国内生产

从进出口贸易的关系以及出口结构、促进出口的措施来分析,20 世纪 70年代上半期,中国出口主要是在进口用汇的压力下被动发展的,出口作为创汇手段的功能十分明确。同时由于采取建立出口生产基地等措施,使出口生产相对独立于国内生产,从而使出口对国内生产的牵引与辐射作用无法充分传递。简而言之,这一时期的出口主要是提供进口用汇,使工业技术的升级换代、短缺原材料的供应得以满足,从而作用于工业化进程。而出口本身对工业发展的直接影响主要体现在扩展了工业生产的规模,因为工业品在出口中所占比例逐步提高,伴随着出口规模的扩大工业的总规模也在扩大。

第五章 产业结构轻型化时期的
贸易结构(1980—1993)

十一届三中全会以后,国民经济开始贯彻实行"调整、改革、整顿、提高"的方针,工业结构得到改善,重工业自我循环、自我服务的倾向得到一定程度的纠正,轻工业以及其他配套产业相对薄弱的状况得到改变。轻工业中先是传统消费品工业,然后是新兴消费品工业的发展极为迅猛。由于引入市场机制,生产与社会需求开始发生联系,社会需求对生产发展的牵引力逐渐加大。人民收入水平提高后,长期被抑制的消费需求得到释放,刺激了消费品工业的发展。首先是传统消费品工业如自行车、手表等行业的大发展,市场趋于饱和后,家用电器等消费品工业在利用外资、引进先进技术的有利环境中异军突起,以不寻常的速度发展起来,从而使产业结构发生了变化,轻工业的比重上升,重工业比例下降,在此期间我国经济发展也由封闭型转向开放型。这一转变的意义在于拓展国内经济活动的供给空间(原料、能源与机器设备的进口)和需求空间(各类产品的出口),使我国经济发展获得国内外两种资源和国内外两个市场,这就有可能根据我国经济发展的情况和资源、技术优势逐步形成一个能够发挥比较优势,并有选择地参与国际分工的产业结构。

一、以塑造和培育市场主体为主的外贸体制改革

改革开放前,我国是在几近封闭的条件下,有限地开展对外贸易,国民经济发展和产业结构升级需要的物资和技术无法在国际市场上得到,只有靠自己来生产制造。因此,当时采取进口替代政策,既符合"独立自主、自力更生"基本方针的要求,也是客观环境所决定的。改革开放后,我国市场

化改革进入起步探索阶段,进口替代政策和贸易体制在一定程度上仍在惯性延续。1979 年政府工作报告指出,为了发展民族工业,"要采取行政和经济的办法,促进我国机械工业的发展,努力增加出口,减少进口。"①但是这一时期进口替代政策与改革开放前相比已发生较大变化。

(一)政企分开,下放经营权

早在 1975 年,邓小平提出:"外国都很重视引进国外的新技术、新设备,把他们的产品拆开一看,好多零部件也是别的国家制造的……这是一个大政策……总之,要争取多出口一点东西,换点高、精、尖的技术设备回来,加速工业技术改造,提高劳动生产率。"②1978 年,邓小平在会见联邦德国新闻代表团时再次指出:"要实现四个现代化,就要善于学习,大量取得国际上的帮助。要引进国际上的先进技术、先进设备,作为我们发展的起点……实行开放,引进先进技术,是为发展生产,提高人民生活水平,是有利于我们的社会主义国家和社会主义制度。"③因此,以 1978 年 12 月中共十一届三中全会为标志,在中共中央改革开放方针的指引下,对外贸易领域逐步摆脱和摒弃了传统计划体制下片面强调的"自力更生"原则,明确提出了要调整经济发展战略,实行对外开放,提高出口产业在国民经济发展中的地位,扩大出口贸易,把出口创汇视为我国经济发展新战略的一个核心环节,同时,在进口贸易中要高度重视技术、设备的引进工作。在国际经济合作方面,国家开始认识到 FDI 对中国技术和管理进步的促进作用。

1978 年 12 月,邓小平在中央工作会议上指出:"现在我国的经济管理体制权力过于集中,应该有计划地大胆下放,否则不利于充分发挥国家、地方、企业和劳动者个人四个方面的积极性……我国有这么多省、市、自治区,一个中等的省相当于欧洲的一个大国,有必要在统一认识、统一政策、统一计划、统一指挥、统一行动之下,在经济计划和财政、外贸等方面给予更多的自主权。"④从会议精神可以看出,当时下放外贸经营权的改革目的是为了实现对外贸易数量的扩张。根据当时的改革方针,

---

① 1979 年政府工作报告。
② 邓小平:《邓小平文选》(第二卷),人民出版社,1994 年,第 29 页。
③ 同上。
④ 邓小平:《邓小平文选(1975—1982)》,人民出版社,1983 年,第 135 页。

国家批准由中央政府各部门及地方省、市成立外贸公司,迅速扩大对外贸易渠道。

(二) 实行对外贸易承包经营责任制

实行对外贸易承包经营责任制,与其他行业如农业、工业、商业等行业比起来是较晚的。1987 年 9 月 26 日,经国务院同意并批转对外经济贸易部的文件《1988 年外贸体制改革方案》,标志着新一轮外贸体制改革进入实施阶段。

1987 年,对外贸易承包经营责任制开始在部分外贸部门进行试点工作,试点结果是当年的出口额增长了 28.5%,出口成本降低了 1.5%,出口单位美元占用资金下降了 12.6%。1988 年起,对外贸易承包经营责任制在全国全面实行。其具体措施是:各省、自治区、直辖市、计划单列市和直接承担出口任务的国家外贸公司,分别向国家承包出口收汇基数、上缴外汇额度基数、出口基数内人民币补贴基数和外汇额度挂账数额。各地方管理部门把各项承包指标分解落实到地方的外贸企业。完成承包指标以内的外汇收入,大部分要上缴国家,少数留给地方与企业。对于不同地区、不同行业和不同商品,按照规定实行差别外汇留成比例;超过承包指标的外汇收入,大部分留给地方和企业,少部分上缴国家。除部分商品实行全额留成以外,外汇留成比例按中央、地方实行二八分成。地方部门、企业分得的留成外汇,可以按照国家规定自主支配使用。1988 年,国家在各省市、经济特区和沿海重要城市建立了一批外汇调剂中心,地方、部门、国营和集体事业单位、外商投资企业都可以在外汇调剂中心买卖外汇。调剂价格按照外汇供求状况实行有管理的浮动。与此同时,按照国际惯例,全面实行出口退税。已实行增值税的产品,退还增值税;未实行增值税的产品,退还产品税和营业税。实行收购制的出口产品,退税给外贸经营企业;实行代理制的出口产品,退税给生产供货企业。

在全面推行外贸承包经营责任制的同时,在轻工业、工艺品、服装三个行业搞外贸自负盈亏的试点改革。这三个行业的外贸企业实行完全自负盈亏,外贸出口收汇的少部分上缴国家,大部分留给外贸企业、生产企业和地方。这三个行业的试点改革,由各地方在承包的前提下自行组织实施。

外贸承包经营责任制的实施在打破对外贸易统包盈亏的"大锅饭"体制方面迈出了重要而坚实的一步,开始形成"分灶吃饭",同时,调动了地方政府、企业经营的积极性,促进了对外贸易的快速增长。

(三) 改革统包盈亏的对外贸易财务体制

1988 年全面推行外贸承包经营责任制的改革,虽然取得了一些成效,但这次改革主要是为了适应先形成的中央和地方"分灶吃饭"的财政体制和方便沿海地区大进大出而实行的,在体制上仍然存在一些问题:一是吃"大锅饭"的现象仍然存在,中央财政负担仍然较重。因为承包制只是实行补贴包干"封顶",并未取消补贴。既然存在补贴,就难以避免外贸经营中的依赖思想和"负盈不负亏"现象。二是按地区对外贸企业实行不同的出口补贴和外汇留成比例,但各地外贸企业的财务条件和竞争条件并不平等,这仍然是诱发各地相互对内抬价抢购、对外削价竞销的一个重要因素。这些问题的解决,有待更深入的改革。在经济秩序基本好转的条件下,通过总结三年承包和轻工、工艺、服装三个行业实行完全自负盈亏试点改革的经验,1990 年 12 月 9 日国务院颁布了《关于进一步改革和完善对外贸易体制若干问题的决定》,我国新一轮的外贸体制改革自此全面展开。这一轮改革的主要内容是对对外贸易财务隶属关系和对外贸易盈利、亏损的分配与消化方式的改革。

我国外贸体制改革经过下放经营权、全面实行承包制的探索而进入自负盈亏,三轮改革之后发现,仅仅依靠外贸企业自身的努力,无法实现自负盈亏的目标。由于新旧体制摩擦的存在,外贸企业要摆脱在国内和国际两种不同运行机制的竞赛规则中周旋的困境,需要向国际规范靠拢、按国际惯例经营。

二、建立与 GATT 规范相适应的贸易政策

(一) 边际开放与高度保护的贸易政策

1979 年之后,随着改革开放的推进和不断深入,我国在一定程度上放弃了传统的内向型进口替代战略,在国际分工中开始注重发挥我国的比较优势,打破了国内市场与国际市场的长期隔绝状态,从而使出口企业看到以世界价格衡量的大致正确的相对价格。但这种鼓励措施还是"边际"意义上的[①],从全国范围来看,贸易计划和汇率高估的反出口偏向仍然十分强烈。这一时期,对外开放的主要措施是:在福建、广东两省设立经济特区,以吸引外国资本在特区内进行劳动密集型产品的出口加工;允许一些地方外贸公司留存一定比例的出口创汇;开办外汇调剂市场与额度借贷业务,形成高于官方汇率的调剂汇率等。

1. 关税措施

为了使关税政策更好地促进对外贸易的发展,我国一直十分重视税则税率的制定。从 1980 年 1 月 1 日起,我国恢复了国营外贸专业公司进出口货物全面征收关税的制度。随着我国经济发展情况的不断变化,对税率进行了一定的调整。1985 年我国对关税体制进行了改革,重新修订了原税则,出台了 1985 年进出口关税条例和进出口税则,制定了 1949 年以后的第二部关税税则。它大幅调整了进口税率,平均关税水平从以前的52.9%下调到 38.0%,工业品的平均关税水平也从 47.7%下调到 36.9%。1980 年之后,为了扭转重工业与轻工业的结构比例失衡,开始促进轻工业加工工业的发展,而且由于这些产业在当时属于幼稚产业,必须以较高的关税和非关税壁垒来限制进口竞争。

2. 非关税措施

(1)进出口许可证

作为对外贸易改革的一部分,我国在 1980 年开始实行进出口许可证制度和进口配额管理制度。实行这一制度的初始动机是要在国家计划体制下强化对进出口的行政管理,保护国内经济,稳定中国产品的国内外市场以及提高经济效益。同时,也是为了限制包括机电产品在内的加工工业制成品和关系国计民生的大宗资源性产品的进口,根本目标是保护和扶持这些行业的发展。到 1983 年,共有 38 种出口商品需要申领

---

① 盛斌:《中国对外贸易政策的政治经济学分析》,上海三联书店、上海人民出版社,2002年,第 174 页。

出口许可证。1986 年,需申领出口许可证的出口商品增加到 152 种。[1]
到 1989 年,受出口许可证管理的出口商品进一步增至 173 种。从这些
数据看,在 20 世纪 80 年代一个很明显的趋势是:随着出口计划管理范
围的缩小,以出口许可证控制的商品范围逐渐扩大。

(2)双重汇率

第一,外汇留成制度。1979 年,我国为了刺激出口,建立了外汇留成
制度,允许出口的生产或外贸企业在其出口创汇中提取一定比例留作自
有外汇。外汇留成的比例主要决定于出口企业的经营表现、出口增长的
类型和出口产品的特性等因素。这一制度开始实行时设计的形式比较
复杂,后来根据实际情况不断地进行调整。最初实行的外汇留成比例
为:中央直属企业生产和出口的产品可留成外汇 20%;地方企业生产和
出口的产品可留成外汇允许达到 40%,但是在留成的部分中再分为企业
和中央或地方政府各一半的分成比例;纯粹的来料加工装配,其劳务外
汇收入则可留成 30%;从事补偿贸易和加工贸易的企业的外汇留成比例
是其外汇净收入的 15%。1982 年之后,外汇留成比例分配变得更为复
杂,留成比例根据不同的产品类型和不同的部门以及不同省份设定的范
围从 5%到 25%不等。

第二,官方汇率与内部结算汇率并存。从 1981 年开始,我国开始实行
双重汇率制度,在官方汇率之外另有一种内部结算汇率。内部结算汇率主
要是为了促进某些种类产品的出口,在结汇时采用高于官方汇率的优惠汇
率。当时,官方汇率为 1 美元兑换 1.53 元人民币,而内部结算汇率为 1 美
元兑换 2.8 元人民币。这种内部结算汇率制度于 1985 年被废止,但双重
汇率制度并没有结束,取而代之的是调剂汇率与官方汇率并存。

3. 产业政策

在改革开放之前,我国还没有特定的产业政策,因为几乎所有的产业
事实上都处于被保护的状态。在我国渐进式的改革和开放进程中,作为减
少全面过度保护的一种替代,才开始慢慢实施了一些具有产业政策色彩的

---

[1] 根据一项我国学者做的研究,我国由出口许可证管理的出口商品在 1986—1994 年从
285 种减少到 133 种。

措施。

1978年,我国经济既存在投资增长过猛导致的过热,又存在产业结构的严重失衡,而后者的危害更为严重,突出表现在重工业发展过快,轻工业、农业发展远远落后,这种状况既会导致经济的持续增长难以为继,又会造成消费品严重短缺。鉴于此,我国开始在经济理论上对社会主义生产目的、生产资料优先增长、第三产业等问题重新进行讨论,总结过去近三十年经济发展中的教训,在产业政策上开始强调轻纺产业优先发展,对重工业结构进行调整,并重视第三次产业和农业的发展。1978—1985年,在政府的政策文件和经济计划中仍没有正式使用"产业政策"这一名词。直到1986年,才第一次在关于"七五"计划的文件中正式使用产业政策这一概念,并明确提出了产业发展的重点以及若干具体政策。1979年3月,中共中央政治局开会讨论了1979年计划和国民经济调整问题,提出了"调整、改革、整顿、提高"的八字方针,在两三年内主要对经济结构进行调整,放慢重工业的增长速度,加快轻工业和农业的增长,这在同年6月的第五届全国人民代表大会通过的《政府工作报告》中被确认和正式提出。[①]

20世纪80年代运用产业政策的效果是多样的,而且当时的产业政策尚未与贸易政策密切结合。就产业政策效果而言,80年代上半期对纺织工业的扶持政策是颇见成效的(吕政,1993)。

(二)适应国际贸易规范,有区别保护的贸易政策

以城市为重点的经济体制改革全面展开之后,我国加强了与关税及贸易总协定(GATT)的联系,并于1986年7月11日,正式向GATT提交了要求恢复中国缔约国合法地位的申请。1987年5月14日,GATT理事会专门成立了中国问题工作组,审议中国对外贸易的规章制度,1989年年初在申请程序上进入磋商加入议定书文本的实质性阶段,但该年春夏之交的政治风波,使这一问题被搁置下来。1991年,GATT恢复了审议我国的加入问题。在1986—1991年五年多的时间里,外贸政策改革进一步增强了对出口的鼓励,出口导向的贸易战略比前一时期的边际鼓励有了明显增

---

①　《中华人民共和国国民经济和社会发展计划大事辑要(1949—1985)》,红旗出版社,1987年,第407、409、448页。

强。但是,在这一时期,我国并没有采取取消进口贸易壁垒和汇率贬值的办法来实现对出口的鼓励,相反进口保护和本币定值过高的进口替代政策仍在被广泛地实施着,1987—1990年官方汇率和加权汇率高估了约32%,从而损害了出口的利益,因此将这段期间的贸易发展战略称为"受保护的出口导向"(盛斌,2002)。在1987年最初关于恢复中国在GATT缔约国地位的谈判过程中,我国向GATT提交的《中国对外贸易制度备忘录》中声明:"由于进口规模受到出口能力的限制,中国只能根据有利于国内技术进步、提高出口能力和节约使用外汇的原则;合理确定进口商品结构,进口的重点是先进技术、关键设备以及生产和建设必需的短缺物资。"当时进口贸易的指导原则是:凡是国内生产能满足需要的商品一般情况下不准进口;国内能够生产或配套的生产设备,不进口成套设备但可以进口关键设备;限制进口容易冲击国内进口竞争行业的产品。这一时期的贸易战略是典型的进口替代战略,这一战略的实施分为两个阶段:20世纪80年代主要针对一般劳动密集型消费品实行进口替代,强调引进适用技术;90年代初到90年代中期,主要针对工业制成品、中间零部件的进口替代,强调引进先进技术。在第二阶段,由于产品进入限制(关税与非关税壁垒)较高,使得通过直接投资方式率先进入我国市场的外商投资企业凭借其在国际市场本已过时的技术,垄断我国市场而获取高额利润。

1. 关税措施

从1986年3月一直到1991年上半年,我国先后调低了83个税目的进口税率;1991年年底,又决定降低225个税目的进口税率,并承诺将关税水平降到GATT要求的发展中国家应有的水平,根据我国的经济发展水平和产业政策来确定各个进口商品的税率幅度。

1992年,我国海关将商品分类目录从《海关合作理事会商品分类目录》转换为各国广泛使用的《商品名称及编码协调制度目录》(HS)税则目录,由此形成了我国的第三部税则,税率基本上没有变化,但是从1992年年底,我国开始了大幅度自主降低关税的进程。在这个时期,按照GATT/WTO的规则,我国关税政策进入了规模和范围更大的改革阶段。表5-1反映了1992—1993年大幅度调整关税的情况。

表 5-1　我国 1992—1993 年大幅度调整关税的情况　　　　单位:%

时间	降税前算术平均税率	降税后算术平均税率	平均降幅	所降税目数
1992 年 12 月	42.5	39.3	7.5	3 371
1993 年 12 月	39.3	36.4	7.4	2 898

资料来源:海关总署关税司,《进口关税税率调整的主要内容》,《中国海关》,1997
第 11 期;杨圣明主编:《中国关税制度改革》,中国社会科学出版社,1997 年。

　　1992 年我国开始大幅度降低关税水平,取消了进口调节税,调整了
3 371 个税目的关税税率,占海关税则税目总数的 53.6%,将算术平均税率
降至 39.3%。1993 年 12 月,为了推动乌拉圭回合的谈判,我国向市场准
入谈判组提交了我国的农产品和非农产品出价单,在有关谈判达成协议
后,将其列入我国的关税减让表。最后,我国调整了 2 898 种税目的商品进
口关税税率,使算术平均关税税率降至 36.4%。从关税结构看,1992 年对
一些重点商品进行了减税,其中包括国内长期需要进口的原材料、国内不
能生产的先进技术产品。该年年底,又决定废止政策性减免关税文件 27
件,修改调整政策性减免文件 9 件,使关税政策进一步规范化。

　　我国实施出口税是出于运用市场机制调节某些商品出口量以及改善
贸易条件等方面的考虑,通常,采用出口税来控制的出口商品不是有关国
计民生的重要商品,而往往是在国际市场上占有较大份额、出口弹性较大
的商品,如生丝、铅、生漆等。

　　在 20 世纪 80 年代后期和 90 年代初期,作为出口限额许可制度的补
充,我国扩大了出口税的使用,征收出口税的商品类别从 1987 年的 19 种
增加到 1994 年的 54 种,但到 1996 年又降为 49 种。1996 年 12 月,我国宣
布自 1997 年 1 月 1 日起取消 14 种出口商品的出口税,这样,我国就仅保
持对 15 种出口商品征收出口税,并且,在这 15 种征收出口税的商品中,有
4 种(包括铅、锌、锡等)实行较低的年度暂定税率。[①]

　　2. 非关税措施

　　(1)进出口许可证制度

　　我国在 1959 年以前曾经实行过进出口许可证制度,在此之后一直延
续到 1980 年,由于全国的对外贸易由外贸部所属的各专业性的外贸公司

---

　　① 《人民日报》(海外版),1996 年 12 月 28 日,第三版。

统一经营,为了简化手续、方便管理,国家对所有外贸公司的进出口货物实行目录管理法。1990年以后,由于经营进出口贸易的企业增多,贸易形式多样化,为了加强对外贸易的管理,又恢复了进出口许可证制度,它包括进口许可证制度和出口许可证制度。

第一,进口许可证。我国对进口许可证实行分级管理体制。对外经济贸易部及其特派员办事处为一级,各省对外经济贸易主管部门根据对外经济贸易部授权为另一级,分别对进口商品实行审批、签发和管理进出口商品许可证。"1993年,对外经济贸易部负责审批的商品是:咖啡及其制品、寄售烟等;国务院经济贸易办公室负责审批的商品是:碳酸饮料(包括成品和浓缩液)、组装加工设备;国务院机电设备进口协调办公室负责审批的商品有:电视机显像管、汽车及其相关的产品、电子产品、复印机、空调器及压缩机、照相机、摩托车、洗衣机等产品,在该年年底取消282种商品的进口管理。"[①]

第二,出口许可证。1986年,需申领出口许可证的出口商品增加到152种。[②] 到1989年,出口许可证管理的出口商品进一步增至173种(Lardy,1992)。从这些数据看,20世纪80年代一个很明显的趋势是:随着出口计划管理范围的缩小,以出口许可证控制的商品范围逐渐扩大。进入90年代后,对出口商品的许可证管理范围缩小了,但同时又开始更多地使用出口限额。1992年,出口许可证对按协调税目划分的676组商品实施管理,占全部出口商品组数的15%以上。经过若干次调整以及结合运用出口限额,到1993年,有四大类出口商品根据国家的《出口商品管理暂行规定》实施出口限额和许可证,这四大类商品包括138种具体商品[③],约占出口总额的40.7%(见表5-2)。四大类由出口限额和许可证管理的出口商品是这样区分的:第一类是关系国计民生的大宗资源性出口商品以及大宗的传统出口商品,约占出口总额的23%,这些商品实行计划出口限额;第二类是在国际市场或者某一国外市场占有率较高或外国要求中国主

[①]　黄建忠:《中国对外贸易概论》,高等教育出版社,2007年,第126页。

[②]　根据一项我国学者做的研究,我国由出口许可证管理的出口商品在1986—1994年从285种减少到133种。本文此处数据采自对外经贸部所属的刊物 China's Foreign Trade(《中国对外贸易》)中的有关报道。

[③]　根据世界银行的资料,我国在1993年4月仍有38大类产品需要出口限额或出口许可证。

动限制的出口商品,约占出口总额的 5.9%,这些商品实行主动出口限额;第三类为出口金额较大但经营秩序易于陷于混乱的名、优、特商品以及少数需国家管理的商品,约占出口总额的 1.8%,实行一般出口许可证;第四类是国外对我国设有限额的出口商品,包括 19 种纺织品和 5 种其他产品等,此类商品约占出口总额的 10%,实行被动出口限额。

表 5-2   1993 年出口限额许可证管理商品

大类	商品种数	占总出口的%	部分商品名称	出口控制类型
Ⅰ	38	23.0	大米、大豆、煤炭、原油、棉花等	计划出口限额
Ⅱ	54	5.9	烟花爆竹、芦笋罐头、蜂蜜、糠醛等	主动出口限额
Ⅲ	22	1.8	猪鬃、轴承,以及某些特殊商品如重水、军民通用化学品	一般出口许可证
Ⅳ	24	10.0	纺织品(19 种)、蘑菇罐头、薯干等	被动出口限额

资料来源:1993 年对外经济贸易部《出口许可证管理商品分级发证目录》。

(2)补贴

在我国的统计中,关于补贴的数字较为笼统,实际上在政府补贴项下包括了出口补贴(1991 年以前)、进口补贴(1994 年以前)和国内补贴。

出口补贴是这一时期我国鼓励和支持出口扩张的重要方法。由于我国经济的生产效率较低,而出口成本相对较高,但是,出口商品又在很大程度上依赖于低价格的竞争优势,因此,我国对从事外贸生产经营的企业的出口补贴规模也相当大。虽然缺乏系统的数据来分别精确地显示出口补贴和进口补贴的水平,但从一些不完全信息中,仍可看出在 1985—1996 年出口补贴政策实施期间政府对外贸易补贴的大体情况。表 5-3 反映了我国在 20 世纪 80 年代中期至 90 年代中期政府补贴支出的总体情况。有几点需要解释:第一,在表中列示期间,几乎所有的外贸企业都是国有企业,即对外贸易是国有经济的一部分。第二,我国没有系统发布出口补贴的详细数字,外贸企业的补贴无论是支持出口还是弥补经营亏损,通常都包含在对国有企业的补贴总额当中。第三,至少是在 1991 年以前,由于国家事实上对外贸实行统包盈亏,所有的外贸企业亏损都能够从政府得到补偿,而无论这种亏损归因于经营不善还是外部条件如价格体制和汇率体制的紊乱。所以,政府补贴实际上起到抵消外贸企业亏损的作用。第四,在取消了对出口和进口的补贴之后,外贸企业仍然可以得益于国内补贴。

表 5-3　1985—1996 年政府补贴　　　　　　　　单位:十亿元

	1985 年	1990 年	1991 年	1992 年	1993 年	1994 年	1995 年	1996 年
价格补贴	26.18	38.08	37.38	32.16	29.93	31.45	36.49	45.39
国有企业亏损补贴	50.70	57.89	51.02	44.50	41.13	36.62	32.78	33.74
总计	76.88	95.97	88.40	76.66	71.06	68.07	69.27	79.13

资料来源:1985—1996 年中国海关贸易数据库;1985—1996 年中国工业企业数据库。

(3)双重汇率

汇率高估仍然存在,1985 年和 1988 年的高通货膨胀使人民币明显升值,虽经两次较大的贬值(1986 年和 1990 年),但没有从根本上消除本币定值过高的问题。1987—1990 年官方汇率和加权汇率高估了约 32%(见表 5-4),这一点也反映在从 1986 年后不断拉大的官定汇率和二级市场汇率(可以代表外汇黑市的汇率升水)的差距上。

表 5-4　1980—1994 年人民币汇率的变动(US $ /RMB)

年份	官方汇率	调剂汇率	加权名义汇率	官方实际汇率	加权实际汇率
1980	1.50	—	1.50	1.50	1.50
1981	1.70	—	1.70	1.82	1.82
1982	1.89	—	1.89	2.02	2.02
1983	1.98	—	1.98	2.10	2.10
1984	2.32	—	2.32	2.15	2.15
1985	2.94	—	2.94	2.76	2.76
1986	3.45	—	3.45	2.93	2.93
1987	3.72	5.47	4.46	2.98	3.57
1988	3.72	6.31	4.86	2.57	3.35
1989	3.77	6.24	4.94	2.34	3.06
1990	4.78	5.81	5.23	3.01	3.29
1991	5.32	5.85	5.74	3.25	3.50
1992	5.51	6.58	6.37	3.14	3.63
1993	5.76	8.41	7.87	2.82	3.86
1994	8.62	—	8.62	4.61	4.61

注:加权名义汇率=r×调剂汇率+(1−r)×官方汇率,r 为外汇留成比例;官方实际汇率=官方名义汇率×(美国批发价格指数/中国消费价格指数)(1980=100);加权实际汇率=加权名义汇率×(美国批发价格指数/中国消费价格指数)(1980=100)。[1]

资料来源:官方汇率、调剂汇率、加权名义汇率为世界银行(1993a)数据,价格指数由 IMF,Financial Statistics Yearbook(1980—1994)得到。[2]

---

① 转引自盛斌:《中国对外贸易政策的政治经济学分析》,上海三联书店、上海人民出版社,2002 年,第 176 页。

② 同上。

（4）出口退税

为鼓励扩大出口,我国从 1985 年 4 月开始实行出口退税（具体数字见表 5-5）。出口退税是参照国际经验并结合我国国情而制定的,其目的是通过退还出口货物的国内税以避免出口商品的重复征税,从而使本国货物以不含税的形态进入国际市场,增强国际竞争力,出口退税实际上成了这一时期推动出口增长的主要动力。

表 5-5　1985—1999 中国出口退税额　　　　　　　　　单位:亿元

年份	1985	1986	1987	1988	1989	1990	1991
出口退税额	17.95	42.64	76.51	114.97	153.11	185.59	254.62
年份	1992	1993	1994	1995	1996	1997	1999
出口退税额	265.87	299.65	450.10	549.84	827.68	555.00	626.69

资料来源:《中国财政年鉴(2002)》。

3. 产业政策

经过"六五"期间的大量产业结构和工业结构的调整,我国长期以来形成的不合理工业结构得到初步改善,但是还未得到根本改善。因此,为了实现我国经济发展战略由旧模式向新模式的转变,"七五"计划从当时的工业结构状况出发,并根据我国经济结构的调整需要和发展趋势,第一次明确提出要更广泛、更深刻地进一步合理调整产业结构,"七五"计划因而也就成了我国政府文献中第一次将"产业政策"一词作为一种成体系的政策提出的文件。"七五"计划中进一步指出产业结构的调整必须以消费需求结构及变化为导向,以优先发展轻纺工业、调整重工业结构作为政策的重点。随着政策的倾斜及外商直接投资(FDI)进入了劳动密集型的传统轻纺工业和家电行业,使轻工业得到了快速的发展,工业结构不合理的状况有所改观。

与经济发展需要相比,"七五"时期工业结构的调整力度仍然不够,"八五"期间的产业发展规划与"七五"期间的规划极为相似,但与 20 世纪 80年代的产业政策相比,缩小了重点支持的产业范围,重点支持的产业只包括农业、基础设备、几个支柱产业和出口产业。

总体而言,这一阶段,我国的产业政策实施效果并不理想。主要原因在于:第一,产业政策制定和实施的基础仍是计划经济,政策强调的重点仍然是经济的综合平衡,而不是发挥比较优势。第二,主要的调节工具还是以行政控制为基础,市场机制仍不能作为资源分配的主要力量来发挥作用,并且缺乏可行、有效的措施来支持产业政策的实施。第三,产业政策与贸易政策不协调,未能密切有效地进行配合,这主要是由于区域性开放战略和优惠贸易政策不是以产业为基础,而是针对区域实施的,导致很多效率不高的企业迅速膨胀起来。

三、非耐用消费品产业结构轻型化时期的贸易结构(1980—1985)

国民经济发展的"六五"计划时期,也是我国在开放条件下经济体制改革和结构调整的第一阶段。这一时期,我国出口商品的战略是:"发挥资源丰富的优势,增加出口矿产品和农副土特产品;发挥传统技艺优势,发展工艺品和传统轻纺产品出口;发挥劳动力要素供给优势,发展进料加工;发挥现有工业基础的作用,发展各种机电产品和多种有色金属、稀有金属加工品的出口。这一出口商品发展战略与当时扭转重工业化倾向、大力发展加工工业的结构调整方向是一致的。但是由于加工工业基础较弱,出口商品结构中自然资源密集型矿产品和农副土特产品的比例占绝对优势。"[①]

(一)资源密集型产品出口处于主导地位

1. 出口商品结构完成了从初级产品向工业制成品的转变

1980年之后,随着我国工业生产的快速增长和技术进步,工业制成品出口有了较大发展,我国出口的工业结构呈现不断优化的演进趋势。从改革开放初期出口商品结构来看,1980年,工业制成品在出口总额中的比重为46.5%,其中机械及运输设备等资本密集型商品的出口有了较大的增长,在出口总额中的比重为4.7%;1981年,工业制成品在出口总额中比重为50.4%。工业制成品第一次超过初级产品的出口比重,此后,除1985年之外,其余年份都是工业制成品出口占据主导地位(见表5-6)。

---

① 百度百科中的"出口商品战略"词条,http://baike.baidu.com/link?url=3Tp9sFdusSuG
9jgatsFb_XZpapJdSHxGhriatCW9VMGyaRjz5AjHUDByCEsRNuURwfZCHJHax9KzG7dV_Splr_。

表 5-6　1978—1985 年中国出口贸易结构　　　单位:%

年份	工业制成品				初级产品	
	总比重	1. 重化工业品	其中:机械及运输设备	2. 轻纺产品	总比重	其中:矿物燃料
1978	46.5	10.4	3.4	36.1	53.5	13.8
1979	46.4	10.9	3.4	35.5	53.6	19.5
1980	46.6	12.9	4.7	33.7	53.4	25.1
1981	50.4	18.2	8.5	32.2	49.6	24.2
1982	52.0	22.5	14.4	29.5	48.0	24.5
1983	53.8	22.0	14.9	31.8	46.2	21.2
1984	50.1	19.2	12.7	30.9	49.9	24.8
1985	45.8	13.9	8.5	31.9	54.2	28.3

资料来源:《中国对外经济贸易年鉴(1988)》,第 360 页。

与 1978 年相比,初级产品所占份额在 1981—1984 年有下降,但在 1985 年又上升到 54.2%,比 1978 年还增加了近 1 个百分点。这种状况与一般工业化进程是相悖的,其出现的部分原因是这一期间石油出口大幅度增加。矿物燃料在初级产品出口中所占的比重于 1980—1985 年比 1978 年增加了 10 个百分点。

2. 资源密集型产品出口仍占较大比重

1952—1979 年,我国工业化进程一直是属于重工业主导型的,轻工业发展得并不充分。改革开放以来,发展经济和工业首先要解决的问题就是引进技术和设备。在工业出口创汇能力还比较薄弱的情况下,原材料、经过简单加工的资源密集型产品的出口就成了我国主要的商品出口产品,其在出口总额中所占比例在 50% 左右,以简单加工的纺织品和服装等为主的劳动密集型产品出口比重在 40% 左右,然而,资本密集型产品的出口规模非常小,仅占出口总额的 10% 左右(见表 5-7)。造成这一现象的原因主要是:这一时期的出口商品结构在很大程度上受 1979 年以前产业结构的制约。

表 5-7　1980—1985 中国进出口商品结构(按要素密集型划分)　　单位:%

年份	出口			进口		
	资源密集型	资本密集型	劳动密集型	资源密集型	资本密集型	劳动密集型
1980	50.3	10.9	38.8	34.8	40.1	25.1
1981	46.7	11.0	42.3	36.6	38.5	24.9
1982	45.0	11.1	44.0	39.7	31.8	28.6
1983	43.3	11.1	45.5	27.1	33.3	39.7
1984	45.6	10.9	43.4	18.7	42.4	38.9
1985	50.6	7.8	41.6	12.4	49.5	38.2

资料来源:根据历年《中国对外经济贸易年鉴》计算而得。

3. 从贸易方式看,加工贸易逐渐增加,来料加工快速增长

1978 年 7 月,国务院发布我国第一份有关加工贸易的法规性文件《开展对外加工装配业务试行办法》。同年 8 月,以中国纺织品进出口公司广东省分公司与澳门纺织品有限公司签订的毛纺织品来料加工协议为开端,从此拉开了我国加工贸易发展的序幕。由于受当时国内条件和企业经营能力的限制,加工贸易的主要形式为"三来一补"(即来料加工、来样制作、来件装配和补偿贸易),加工贸易占出口总额的比重由 1981 年的 5.1% 上升到 1985 年的 12.1%(见表 5-8)。其中又以来料加工为主,在我国开始对加工贸易进行正式统计的 1980 年,来料加工进出口额占全部加工贸易进出口额的近 79.6%。

表 5-8　1981—1985 年货物进出口总额按贸易方式分　　单位:亿美元

年份	一般贸易		加工贸易		其他贸易		总额		加工贸易占出口总额的比重(%)
	出口	进口	出口	进口	出口	进口	出口	进口	
1981	208.00	203.66	11.31	15.04	0.79	1.40	220.10	220.10	5.1
1982	222.45	188.85	0.53	2.76	0.22	1.38	223.20	192.99	0.2
1983	201.60	187.68	19.44	22.72	1.26	3.50	222.30	213.90	8.7
1984	231.62	238.49	29.29	31.47	0.49	4.14	261.40	274.10	11.2
1985	237.30	372.72	33.16	42.74	3.04	7.04	273.50	422.50	12.1

资料来源:根据历年《中国统计年鉴》计算而得。

(二)服务于农、轻工业结构调整的进口商品结构

这一时期进口商品的结构符合国内产业结构调整的方针,生产资料所占比重由 1978 年的 81.4% 降至 1983 年 78.7%,随后两年又有所上升。

工业生产资料所占比重下降,农用物资比例上升,反映出国内优先发展农业和轻工业的建设方针。这一时期的进口商品结构见表5-9。

表5-9　1978—1985年中国进口商品结构　　　　单位:%

年份	生产资料			生活资料
	总比重	机械设备	原材料	
1978	81.4	17.5	57.6	18.6
1979	81.3	25.2	50.2	18.7
1980	78.9	27.5	44.1	21.1
1981	72.8	26.2	39.4	27.2
1982	70.8	19.4	43.5	29.2
1983	78.7	17.6	51.5	21.3
1984	81.0	20.5	52.3	19.0
1985	82.8	31.9	46.6	17.2

资料来源:《中国对外经济贸易年鉴(1988)》,第361页。

1. 支农物资和轻纺工业原料的进口增加

在重工业受到压缩的同时,农业和轻工业的发展受到充分重视,增加了支农物资和轻纺工业原料的进口。1980年,尽管钢材、有色金属等重工业原料的进口数量下降,但棉花、粮食、动植物油、化工原料、化纤、木浆等物资和原材料的进口数额却比1979年增长了51%,占进口总额的比重由41.7%上升到52.8%,1981年又进一步上升到62.2%。1982年,除机器设备外,工业原料、农用物资和消费资料的进口数额都在持续增加,但进口商品总额和进口工业品总额反而有所下降,原因是前一时期引进项目的到货高峰期已过,机器设备的进口额较上年骤降23亿元,导致进口总额随之减少。"六五"后期,由于投资规模不断扩大,某些原材料(如钢材)的国内供应与需求相比,存在着较大缺口。国家为了缓和原材料工业的压力,在控制投资膨胀的同时,原材料的进口有所增加。1985年,轻纺及矿冶制品的进口达到28.16亿美元,占全部进口总额的28.16%,占同年工业制成品进口的32.2%。

2. 工业制成品进口增加,以设备进口为主

我国农村经济体制改革的成功,推动了城市工业体制改革的启动,工业呈现出良好的发展势头,工业制成品进口数量上升很快,1985年工业制成品在进口总值中所占比重达到87.5%,其中以机械及运输设备为主,

1985 年机械及运输设备进口额达到 162.39 亿美元,占工业制成品进口总额的 43.9%,在进口总额中所占比重也达到了 38.4%,这与我国"六五"计划时期处于技术引进高峰是相联系的。这种结构变动对改变我国技术设备的落后状况,提高产业的国际竞争力具有积极意义。

据不完全统计,1980—1984 年五年内,我国共引进技术 948 项,用汇 33 亿美元。1980—1984 年,深圳共签订技术引进、设备进口、合营项目 3 200 多个①,但是这些项目绝大部分仍是以进口设备为主,制造技术占很小比重,国内急需的关键技术也很少。这个时期的技术引进和设备进口,对促进企业技术改造和经济发展起了一定作用,但消化吸收不够,国产化进展不快,能够出口创汇的项目少,高水平的技术引进项目更少。

我国技术引进过程中存在的另一问题是:"软"技术或含有"软"技术的引进项目比例较小,单纯的设备进口比例较大。正是由于没有引进设计制造技术,许多生产设备不得不重复引进。据上海市统计,"六五"期间上海共引进 2 043 项技术,用汇 13.77 亿美元,其中"软"技术和含有"软"技术的引进项目共 235 项,约占总项目的 11%,用汇不到 4 亿美元,约占总用汇额的 29%,上海市的这两个比值在全国各省、市、自治区中最高。

3. 粮食进口增加,促进农业生产结构调整

1979 年,国家实行了 1949 年以来第一次大幅度调减粮食征购基数和减免部分税的农业发展政策,减轻了农民负担,对稳定和发展农村与农业经济起到了重要作用。但国民经济建设所需要的粮食并没有减少,1980 年年底,陈云等中央领导人在中央工作会议上指出,进口一定数量的粮食是必要的,这有利于各个方面,有利于改革,可以通过增加粮食进口来调整农业生产结构,但仍然要把国内粮食生产放在第一位。

"六五"前期,为了配合农村产业结构的调整,同时保证城乡人民粮食的供应,国家使用了较多的外汇进口粮食。1982 年食品及主要供食用物资的进口占总额的 21.8%,占初级产品进口的 45.1%。1983 年粮食大量持续的进口不仅给国内港口的装卸带来很大压力,也影响了其他生产物资

---

①　王炳林:《从封闭到开放——中国开放的历程》,安徽人民出版社,1998 年,第 248 页。

的进口,为了加快生产和建设速度,基于粮食立足国内自给的原则,粮食进口减少了 200 万吨。[①] 随着我国粮食生产的稳步发展,1985 年粮食及主要供食用物资的进口在进口总额中的比重降为 3.67%,而且从粮食净进口转变为粮食净出口。

这一阶段,我国粮食进出口贸易的性质也发生了明显变化。早在 1967 年,周恩来就指出我国进口粮食由 20 世纪 60 年代初救济人民生活的性质变为 60 年代中后期(从 1965 年起)服务于经济建设和战备(备战、备荒、为人民)需要的性质。改革开放初期,我国粮食国际贸易的性质又进一步变为调整国民经济的工农业比例关系和农业内部产业结构,安排好城乡人民的生活,让农民休养生息,调动农民生产积极性,促进农业生产更快发展,早日实现粮食自给,以补充国家粮食库存。[②]

四、耐用消费品产业结构轻型化时期的贸易结构(1986—1993)

改革开放初期,工业结构的轻型化和外向型进口替代战略的实施,实现了 1979—1984 年“主要来自国民经济原有体制累积起来的经济潜力的释放”[③]的经济增长,这一时期农业平均每年以 9.4%的超常规速度增长,轻工业也获得了较快发展,轻工纺织等非耐用消费品产业平均每年以 11.7%的速度增长,推动了以满足温饱型消费需求为主导、以中低档工业制成品为最终产品的工业结构的良性循环。然而,潜力释放型经济增长并不能维持太久,产业结构的高级化和农业劳动力的非农化,在积累资金有限的条件下,出现了相互争夺资金的矛盾,另外,初级农产品和以中低档工业制成品为主体的工业增长也不能长久持续。巨大的潜力和人均收入的快速提高使国内中低档主导产品市场相对迅速地趋于饱和,新的消费特征也已出现,以家用电器为代表的高档耐用消费品产业得到了较快的发展,反映出轻型产业正在升级。

---

① 瞿商:《粮食问题与中国经济发展》,中国财政经济出版社,2007 年,第 179 页。
② 商业部当代中国粮食工作编辑部:《当代中国粮食工作史料》(内部发行),1989 年,第 618 页。
③ 中国农村发展问题研究小组:《国民经济新成长阶段与农村发展》,浙江人民出版社,1987 年,第 67 页。

国内经济的这种背景,以及经济运行中贸易功能和动因的变化,进一步把外贸问题及对外贸易与产业结构调整的关系,推到了整个经济运行焦点的位置。同时,在前几年对外开放提供的丰富实践和经验基础上,于1987年下半年,理论界和决策层推出了具有战略性、高层次的理论和决策——国际大循环理论和沿海地区发展战略。这一战略进一步加快了我国外向型经济的发展,要求沿海地区不失时机地加速外向型的发展,积极参与国际交换和竞争,其核心是发展出口贸易,围绕扩大出口创汇能力利用外资、引进技术,改造产业结构和产品结构,提高技术水平。

相应地,上述工业结构的演化使外贸发展模式出现跟踪性变化,出口创汇和技术引进成为20世纪80年代中期以来对外贸易的重点,这一时期我国外贸发展战略采取了有保护的促进出口战略,某些行业、地区已出现出口导向倾向,贸易政策有了较大变化,进出口商品结构及引进技术的行业分布均有较明显变化。

1986—1993年,我国维持了较高的名义关税水平,1992年第一次进行关税大幅度下调之前,平均关税税率为43.2%。这段时期较高的关税和数量限制成功地扶持了加工工业,特别是机电工业的发展。到1990年,工业制成品出口已经占出口总额的74.4%。20世纪80年代末,产业结构呈现轻型化,从一个侧面反映了进口替代和贸易保护政策的成效。但高关税政策开始影响投资增长对进口需求的不断增加,不利于农业、基础产业和高新技术产业的发展。

“七五”时期,国家针对出口商品结构中初级产品的比例较大,工业制成品的比例虽然有所上升,但在精加工产品较少的情况,为进一步增加出口创汇,制定了新的出口商品发展战略,即“我国出口商品结构要逐步由主要出口初级产品向主要出口制成品转变,由主要出口粗加工制成品向主要出口精加工制成品转变”。①其间,石油、棉花、粮食和矿产品的出口相对减

---

① 转引自百度百科中的“出口商品战略”词条,http://baike.baidu.com/link? url = 3Tp9sFdusSuG9jgatsFb_XZpapJdSHxGhriatCW9VMGyaRjz5AjHUDByCEsRNuURwfZCHJHax9 KzG7dV_Splr_。

少,轻纺类产品的出口得到较快发展。1985年,我国仍保持较高的关税水平,但是开始实行出口退税政策,并进一步实施鼓励出口的信贷政策。20世纪80年代末,由于出口增长和国内市场需求扩大,拉动了轻纺工业快速发展,使工业结构出现轻型化倾向,这也是导致1989—1991年进行结构调整的主要原因。因此,"八五"计划中的出口商品战略强调实现由粗加工制品出口为主向精加工制品出口为主转变,努力增加附加值高的机电产品、轻纺产品和高新技术产品出口,鼓励在国际市场上有发展前景、竞争力强的"拳头"产品出口。

在这一阶段,受保护的出口导向战略与我国经济渐进式的改革路径是相一致的。从行业内角度来看,政府并没有拆除我国已获得国际市场竞争力的非耐用消费品(如纺织品、服装和鞋类等)的国内市场保护壁垒,而是继续通过国内的"溢价"保持企业的垄断利润,这种政策会提高对最终产品的实际保护水平,内销的倾向因此而增大,因此,需要一定的出口鼓励来纠正对内销生产的过度刺激以保证出口创汇。在这种情况下,从而实现了进口替代和进口扩张的有机结合。从行业间角度看,我国追求重工业发展的目标仍使政府继续对资本品实行高度保护政策,政府似乎并不愿意彻底对"后向联系"的进口替代战略进行纠正。但这样会削弱对具有比较优势的劳动密集型产品的有效保护,政府只能通过出口补贴政策来加以抵消,因此,这一时期的贸易结构表现为出口导向和进口替代并存的结构特征。

(一)劳动密集型产品出口渐居主导地位

1. 工业制成品出口开始占据主导地位

这一时期我国出口继续高速增长,到1993年出口总值达到971.6亿美元。出口结构发生了根本转变,工业制成品在出口中所占比重不断提高,开始超过初级产品的比重并在出口中占主导地位,到1993年工业制成品在出口总额中所占比例达到81.8%。在此期间,我国还减少了一些大宗原料性产品的出口,轻纺织产品迅速发展(见表5-10)。到"七五"计划末期,我国实现了由以出口初级产品为主到以出口制成品为主的历史转变。

表 5-10　1980—1993 年中国出口商品构成的变化　　　单位:亿美元

年份	出口商品总额	初级产品出口额	工业制成品出口额	轻纺产品、橡胶产品、冶矿产品及其制成品出口额	机械及运输设备出口额
1980	181.2	91.1	90.1	40.0	8.4
1985	273.5	138.2	135.2	44.9	7.7
1990	620.9	158.9	462.1	125.8	55.9
1992	849.4	170.0	679.4	161.4	132.2
1993	917.6	166.7	750.9	164.0	152.9

资料来源:《中国对外经济贸易年鉴(2001)》。

2. 劳动密集型产品首次超过资源密集型产品,并居主导地位

通过实行以资源换技术和以资源换设备的对外贸易战略,我国企业的技术水平和生产设备都有了很大改善,为更好地发挥我国的比较优势奠定了良好的基础。在这一时期,我国的比较优势发展战略取得成效,劳动密集型产品的国际竞争力稳步提高,资本、技术密集型产品的出口也随之不断上升;资源密集型产品出口的比重则迅速下降。在出口商品结构中,我国劳动密集型产品逐步取代资源密集型产品出口并取得了主导地位,成为这一时期我国出口增长的主要支撑点。劳动密集型产品出口所占比重从 1986 年的 54.6% 上升到 1993 年的 60.1%;仅农产品、矿产品这类资源密集型产品的出口比重就从 1986 年的 36.8% 减少的 1993 年的 18.2%(见表 5-11)。

表 5-11　1986—1993 年中国进出口商品结构变化(按要素密集型划分)

单位:%

年份	出口			进口		
	资源密集型	资本密集型	劳动密集型	资源密集型	资本密集型	劳动密集型
1986	36.8	9.2	54.6	13.1	48.0	39.0
1987	33.5	10.1	37.6	16.0	45.4	26.8
1988	30.4	11.9	39.5	18.2	46.7	22.4
1989	28.7	13.5	41.2	19.9	33.5	24.4
1990	25.6	15.0	40.7	18.3	44.1	20.6
1991	22.5	15.3	43.2	17.0	45.2	20.2
1992	20.0	20.7	59.3	16.4	52.6	30.8
1993	18.2	21.7	60.1	13.7	52.6	33.7

资料来源:根据历年《中国对外经济贸易年鉴》计算而得。

3. 资本密集型产品首次超过资源密集型产品

20世纪90年代在对外贸易迅速扩大的同时,我国也开始重视出口商品中技术含量的提升。到1993年,劳动密集型产品占出口总额的比重达到60.1%。同时,资本密集型产品的出口自1985年以来也一直呈上升态势,其占出口总额的比重由1986年的9.2%上升到1993的21.7%,首次超过资源密集型产品,更为重要的是某些产品实现了重点突破,在国际市场上占据重要地位,如电信及声音录制重放设备和电力机械的出口比重大幅上升到6.8%和5.6%,为出口结构进一步升级奠定了基础,但这一阶段仍然是劳动密集型产品出口占主导地位(见表5-11)。

4. 从贸易方式看,加工贸易进入进料加工增长期

随着加工能力的提高和资金短缺状况的缓解,广东、福建的加工贸易迅速实现了从来料加工初级阶段向进料加工阶段的转变。从1985年起,进料加工贸易进出口增长率持续超过来料加工进出口额的增长率。国家于1988年制定了《中华人民共和国海关对进料加工进口货物管理办法》,放宽了对进料加工的限制。1989年,进料加工贸易首次超过来料加工贸易,其占全部加工贸易进出口额的比重达到了53.2%,我国的加工贸易从此进入了以进料加工为主的发展时期。

进入20世纪80年代中期,亚洲新兴经济体的货币出现快速升值,原本在劳动密集型产业上的竞争优势逐步削弱,不得不面临对外转移的局面。1987年年底,我国抓住了这一历史机遇,提出了沿海地区的经济发展战略,为外商投资企业创造了良好的发展环境,加工贸易也因此获得快速、超常发展。1986—1988年,我国每年的加工贸易进出口增长率均超过50%,加工贸易占出口总额比重由1986年的18%增加到1993年的48%(见表5-12)。

表5-12　1986—1993年中国货物进出口总额(按贸易方式分) 单位:亿美元

年份	一般贸易		加工贸易		总额		加工贸易占出口总额的比重(%)
	出口	进口	出口	进口	出口	进口	
1986	250.95	352.07	56.20	67.03	309.40	429.00	18
1987	296.43	287.72	89.94	101.91	394.40	432.10	23

续表

年份	一般贸易		加工贸易		总额		加工贸易占出口总额的比重（%）
	出口	进口	出口	进口	出口	进口	
1988	326.22	352.04	140.60	151.05	475.20	552.70	30
1989	315.52	356.14	197.85	171.64	525.40	591.40	38
1990	354.60	262.00	254.20	187.60	620.90	533.50	41
1991	381.20	295.40	324.30	250.30	719.10	637.90	45
1992	436.80	336.20	396.20	315.40	849.40	805.90	47
1993	432.00	380.50	442.50	363.70	917.50	1 039.60	48

资料来源:根据历年《中国统计年鉴》计算而得。

（二）服务于轻工业和机电行业的进口商品结构

"七五"计划对进口商品结构所做的规划是:"进口重点是引进软件、先进技术和关键设备,以及必要的、国内急需的短缺生产资料。"[①]"八五"计划的规划是:"按照有利于技术进步、增加出口创汇能力和节约使用外汇的原则合理安排进口,把有限的外汇集中用于先进技术和关键设备的进口,用于国家重点生产建设所需物资以及农用物资的进口;防止盲目引进和不必要的引进;发展替代进口产品的生产,促进民族工业的发展;国内能够生产供应的原材料和机电设备争取少进口或不进口;严格控制奢侈品、高档消费品和烟、酒、水果等商品的进口。"[②]

1. 代表资本技术密集型产品的机械设备进口持续增加

与出口一样,进口也保持着快速增长的态势,1993 年我国进口总额达到 1 039.5 亿美元,但是进口结构变化不大,工业制成品仍占主导地位,1993 年工业制成品在进口总额中所占比重仍然达到 86.3%。结合产业结构调整和加强国民经济薄弱环节的需要,机械及运输设备仍然是主要的进口商品,占工业制成品进口总额由 1986 年的 39.2% 上升到 1993 年的43.3%。

2. "市场换技术"初期的技术引进:硬件多,软件少

1992 年邓小平同志发表南方谈话之后,我国对外开放进入了一个新

---

　①　1986 年 3 月 25 日第六届全国人民代表大会第四次会议《关于第七个五年计划的报告》。
　②　1991 年 3 月 25 日第七届全国人大第四次会议《关于国民经济和社会发展十年规划和第八个五年计划纲要的报告》。

阶段,搞活经济、加快市场化进程成为宏观经济改革的主旋律。总结前一阶段利用外资和技术引进的实现,有如下问题暴露出来:许多外商只愿意出售产品,不愿意转让技术,或者只转让一般技术,不转让关键技术和尖端技术。在这个背景下,外资政策在巩固原有的引进先进技术的战略基础上更加强调通过优惠政策吸引高技术产业的外商投资,保证长期稳定的技术引进和转移,强调吸引技术、知识密集型的跨国企业的投资,同时向外商开放本国市场,通过巨大的市场潜力吸引外商进行持续的投资,这一阶段外资战略的主旨思想可以概括为"市场换技术"。

1986—1990 年,我国的技术引进结合产业结构调整和加强国民经济薄弱环节的需要,进口重点是引进软件、先进技术和关键设备,以及必要的、国内急需的短缺生产资料。这段时间经审查批准的引进合同共 2 894 项,合同总金额 186.59 亿美元。[①] 其中,能源、交通、通信、石化、化工、冶金、机电等行业的项目占总金额的 80%。这一阶段,在以吸收外部技术推动技术进步的过程中,技术引进的确发挥了比依靠自身从头摸索更便捷的技术进步路径,填补了产业、技术和技术设备的空白。

从理论上看,通过引进推动产业发展和升级要比自行研究开发更加节省时间。但由于当时整体技术基础差,人力资源匮乏,导致技术设备引入成为主体,引入了大量的"硬件"技术,"软件"形态的技术不多,这是由当时国内与国外巨大的技术差距以及迫切发展生产的客观环境所决定的。在1979—1990 年的 12 年间,以技术为主的合同项目数所占比重为 56%,这显然比改革开放前 30 年成套设备和关键技术合同金额比重在 90%以上的状况有了很大的改进。到 1993 年,我国从国外引进的技术约有 7 000 项,总金额为 480 亿美元,其中"软件"部分约占 20%。为此,从 20 世纪 80 年代后期开始,国家相关部门反复强调要把技术引进的重点和焦点从进口成套设备逐步转向进口关键技术和设备。

3. 高档消费品进口及设备重复引进过多

在 20 世纪 80 年代初中期,由于关税等主要贸易政策只保护了最终产

---

① 沙麟等:《中国外经贸大全》,复旦大学出版社,1994 年,第 706 页。

品,在关税等各种优惠措施的刺激下,我国花大量外汇进口高档消费品的生产制造设备,各地都竞相引进生产装配线,出现了不少重复引进。以1985年为例,我国进口小轿车105 775辆,用汇4.8亿美元;进口彩电509万台,用汇9.9亿美元,仅此两项合计用汇14.0亿美元以上。1986年之后,虽然整机进口量有所减少,但重复引进生产线的现象仍很严重。例如,全国共引进彩电生产线110多条,年生产能力达1 600万台,但由于市场和进口散件用汇等方面的限制,1987年全国彩电产量只有672万台,许多企业的生产能力出现了闲置。由于国内引进的是最终装配线,所以国内生产彩电仍然需要大量外汇进口散件,生产一台彩电需要进口近100美元的散件。除了110多条彩电装配线外,还引进了电冰箱生产线70条,复印机生产线15条,西装生产线40条,集成电路生产线40条,浮法玻璃生产线6条。这只是一小部分事例,重复引进的问题在各个行业都严重存在。一般来说,当国内需要若干套设备或若干条生产线时,只引进少数几套(条)甚至只引进一套(条),并引进消化其生产制造技术,在国内翻版制造乃至进行改造创新,这是理想的技术设备引进模式。若全部引进国内所需的若干套或若干条生产线,却没有引进和掌握其生产制造技术,这就是很严重的重复引进问题,更为严重的是,引进的生产能力远远超出国内市场和可能的出口市场需求,导致花大量外汇引进的生产能力被大量闲置。

这种情况在20世纪80年代末有所改善,1994年国务院发布的《90年代产业发展纲要》及其有关文件中可以看到,为了减少装配线的进口,以提高我国自己的生产能力,政策的重点更加强调我国自己生产中间投入品而不是仅仅进口装配,特别是强调新产品的关键零部件的本土化生产。

4. 从引进技术的行业看,进口替代的重心是轻工业和机电等装备行业

这一时期,我国进口替代的重心发生了转移,从重化工业转移到轻工业和机电等装备行业。通过引进技术,实施进口替代,我国耐用消费品工业的国产化程度大大提高;同时,通过引进技术,轻纺工业的一些行业发展迅速,技术水平大大提高,出口增长量很快,已具备进军国际市场的能力。据统计,1979年以来引进的先进技术中,轻工业和机电行业所占比重较大,

1986 年引进技术共计 2 417 件,其中轻纺和机电行业所占比重达到 78.4%。

五、小结

(一)工业结构重型化初步得到扭转

这一阶段的工业结构调整是要扭转重工业化倾向,加快发展轻工业和加工工业,扩大消费品生产规模,改善消费品生产结构等。"六五"时期实施的开放型战略和产业结构的调整,为我国在吸收国外经验、引进国外资源和实现国内市场延伸的基础上,进一步完善、调整工业结构提供了动力和可能,使我国重工业自我循环、各产业间封闭生产的情况初步得到扭转。到 1985 年,第一产业占 GDP 比重下降到 28.4%(如表 5-13 所示)。

表 5-13　1980—1985 年中国三大产业占 GDP 比重变化情况　　　　单位:%

年份	第一产业	第二产业	第三产业
1980	30.1	48.5	21.4
1981	31.8	46.4	21.8
1982	33.3	45.0	21.7
1983	33.0	44.6	22.4
1984	32.0	43.3	24.7
1985	28.4	43.1	28.5

资料来源:《中国统计年鉴(1995)》。

"六五"时期,由于实行优先发展消费品工业的方针,以及体制改革带来的企业行为变化,我国的工业结构开始适应需求结构而变动,由重型工业向轻型工业转化,这一现象与发展中国家经济起飞过程中的典型发展趋势相反。我国的工业结构出现了某种过轻的倾向,这一问题令人担忧,因为重工业在工业总产值中的比重增长微弱(1981 年占 48.5%,1982 年占49.5%,1983 年占 51.5%,1984 年占 52.6%,1985 年占 53.3%)。[1] 这一现象的出现是因为轻纺工业较快增长带有调整的性质,但如果长期保持这样的增长态势,将不利于工业结构的高级化,在国际分工中将会处于不利地位,最终将延缓我国的工业化进程。

---

　　[1]　孙尚清、马建堂:《中国产业结构研究》,山西人民出版社、中国社会科学出版社,1988 年,第 78 页。

（二）开始进入高附加值产品出口的起步阶段

1980—1985 年，随着人们收入水平的不断提高，具有劳动密集型特征的非耐用消费品轻工业得到快速发展，轻工业在工业总产值中的比重逐渐由 1978 年的 43.1% 上升到 1985 年的 47.4%。在这一时期，劳动密集型产品出口比重也一直保持在 40% 左右，并且以简单加工的纺织品和服装类等劳动密集型产品为主，充分发挥了我国的比较优势。20 世纪 80 年代中期以后，我国的出口商品结构迅速改变，并由此带来了持续不断的出口增长，到 1992 年，劳动密集型产品出口达到最高峰，初级产品出口比重下降到 20% 以下，而纺织品、服装、鞋类三大类产品出口占当年出口总额的 35.4%，至此，我国商品出口实现了从资源型向轻型化、劳动密集化的转型。

在这一时期，机电产品出口增长也很快，1985 年出口额仅为 16 亿美元，1986 年为 24 亿美元，1987 年为 36 亿美元，1989 年为 61 亿美元，至 1991 年机电产品出口额已达 141.2 美元，平均每年增长 42.3%，同期在全国出口总额中的比重由 6.14% 增至 19.6%，高于全国出口平均增长率 11.6% 个百分点。[①] 制成品出口产品内部结构的变化表明，我国出口商品结构在 1985—1991 年这段时间得到了进一步改善，已开始进入高附加值产品出口的起步阶段。这些都说明，经过多年的技术引进和进口替代，轻纺和机电等行业已初步完成进口替代，这些行业已呈现出口导向的倾向。

总之，1979 年以来，对外贸易战略和政策的变化、进口商品结构的变化及引进技术行业分布的变化均表明，我国贸易发展战略仍然以进口替代为主，但某些行业已出现较为明显的出口导向倾向；同时，在地区分布上，沿海地区出口导向型经济发展速度加快。

（三）进口商品结构仍具有进口替代的特点

进口结构偏向生产性物品这种特征在 20 世纪 80 年代和 90 年代仍然在持续。实行改革开放的目标之一就是要通过引进先进技术、设备来提高

[①]　叶凌云：《在改革开放中蓬勃发展的进出口贸易》，《中国对外经济贸易年鉴(1992)》，第 37 页。

我国的工业生产水平和能力,因此,进口商口中生产性物品仍然占据优先地位,大多数机器设备、原材料都可以享受关税减免的优惠待遇。由于我国在1980年开始采取SITC(国际贸易标准)以及在1992年采用HS(协调关税制度)等统计方法,黄静波(2003)根据官方统计资料对我国在20世纪80年代中期到90年代中期的资本品进口做了粗略的估算,结果表明,自20世纪80年代中期以来,机器设备和原材料进口在我国的总进口中所占的比重仍达70%—80%①,非常接近改革开放前的情况。尽管20世纪90年代的贸易政策改革大幅度地削减了进口壁垒以及取消了一些优惠措施,但考虑到消费品进口的限制仍然较多而资本品进口还是处于某种受鼓励的地位,我国的进口结构依然明显具有进口替代战略下进口结构的特点。

在进口商品结构中,工业原材料等中间产品的进口比例仍保持较高比重,表明过去以重化工业等上游产业为中心的进口替代、新兴消费品的进口替代还远未完成,这些行业生产需要的原材料、关键零部件等都尚未实现国产化。这一时期我国的进口贸易中,约有50%—60%的商品是工业原材料等中间产品,如钢材、有色金属加工品、化工原料等。这一方面说明这些行业还需要继续实施进口替代;同时也说明,产业结构调整虽然使重工业在一定程度上克服了自我服务、自我循环的倾向,但却没有使重工业内部在生产结构和服务方向发生根本变化,重工业对新兴消费品工业提出的大量需求反应迟滞。从理论上讲,新兴消费品工业的迅猛发展通过产业关联效应,应对原材料及装备行业有较强的牵引作用。然而,新兴消费品工业实际上是在进口贸易的支撑下建立发展起来的,原材料、机器设备、零部件、电子元器件等中间投入品对进口的依存度很高,这也是我国新兴消费品工业的进口替代只是加工装配性质的进口替代,主要零部件、原材料、技术装备还有待继续实行进口替代。

---

① 机器设备和原材料进口包括SITC分类的第2、3、4、5、6和7类减去其中的消费品进口,减去的项目为:第5类的医疗和医药产品、香料、化妆品、皮革制品和旅行用品等;第6类中的编织服装及服装配件、鞋、帽、羽绒、人造花、天然和人造珍珠、宝石和贵金属及珠宝等;第7类中的录音机及配件等。黄静波的估计结果如下:1985年、1990年、1991年、1992年、1993年、1994年机器设备和原材料进口在总进口中的比重分别为76.8%、66.9%、68.3%、71.7%、80.0%、89.1%。

第六章 产业结构向高加工度化转变时期的贸易结构(1994—2013)

从改革开放到 20 世纪 90 年代中期,轻工业经过十几年的纠偏和补偿性的快速发展之后,随着市场经济的建立和人民收入水平的提高,资金和技术门槛比较低的轻工业的扩张空间自然会受到市场需求的制约。而重工业则由于产业和消费结构升级、城市化、交通和基础设施建设发展的需要,表现出较大的发展空间,重化工业化①必然要走向资本和技术密集型的高加工度化。② 对于我国现阶段实行高加工度化的工业化来说,对外贸易战略和产业政策的调整应协调一致,在开放经济条件下,对外贸易应是出口为进口服务、进口为实现工业结构升级服务、外资为提高国内生产要素质量服务。面对新的国际分工格局和经济全球化带来的工业结构变动

---

① 赵国鸿:《"重化工业化"之辨与我国当前的产业政策导向》,《宏观经济研究》,2005 年第 10 期。"重化工业化"是产业经济学中对工业化其中一个阶段的称谓,它并不是像很多人简单理解的那样,是以重化工业为支柱产业和发展重点的阶段。一般来说,工业内部结构变动一般分为三个阶段、四个时期。其中,第一阶段就是重化工业化阶段,包括以原材料、基础工业为重心和以加工装配工业为重心两个时期。第二阶段为高加工度化阶段,包括以一般加工工业为重心和以技术密集型加工工业为重心两个时期。第三阶段为技术集约化阶段,包括以一般技术密集型工业为重心和以高新技术密集型工业为重心两个时期。三个工业内部结构变动阶段之间是相互衔接和部分重叠的,前一阶段的第二时期同时也是后一阶段的第一时期。根据各国的具体情况不同,三个阶段和四个时期的发展顺序可能存在交错混杂。通常当工业内部结构处于重化工业化阶段的第一时期时,工业化处于初期阶段。当进入高加工度化阶段,工业化转入中期。当向技术集约化阶段转变时,工业化进入后期。对目前中国的工业化阶段,学者之间存在分歧,主要有重化工业化新型工业化的说法。武力和温锐(2006 年)、赵国鸿(2005 年)用高加工度化工业化替代重化工业化来概括我国当前的工业化趋势。而"新型工业化"和"创新型国家"战略的提出,加快转变经济增长方式,则是顺应了这个客观趋势。本文采用"工业高加工度化"的观点。

② 工业高加工度化是指在工业内部发生由以原材料工业为重心的结构向以加工、组装工业为重心的结构变化的过程。该阶段的一个显著特点是工业加工程度的迅速深化,组装工业的发展大大快于原材料工业的发展速度。

的趋势,我国的产业政策和贸易战略应在继续依靠国内生产要素进行工业结构调整的同时,也要注重通过国际分工和国际经济技术合作寻求工业结构升级的策略。

一、建立和完善与国际接轨的对外贸易体制

(一)外贸经营体制改革步伐加快

从1997年开始,我国加快了对外经贸领域体制改革的步伐,主要进行了以下几方面的改革:

(1)放开外贸经营权的步伐加快。1997年,我国对5个经济特区内的生产企业自营进出口经营权已实行登记制;1998年,我国又对国家确定的1000家重点企业实行进出口经营权登记备案制,有效地调动了企业参与对外贸易的积极性,为进一步实施"大经贸"战略进行了有益的尝试。1998年,对外经济贸易部颁布《关于赋予私营生产企业和科研院所自营进出口权的暂行规定》,从1999年1月1日起实施。外贸领域经营权放开步伐的加快,允许非公有制经济成分进入外贸领域,是外贸体制改革的重要步骤,标志着外贸企业真正市场化主体地位的确定,逐步形成多元化外贸经营主体结构。

(2)加强外贸宏观管理。1998年,我国对纺织品被动配额招标体制进行改革,增加了纺织品被动配额的招标类别;1999年,实行出口商品配额有偿招标的商品共13种(纺织品被动配额除外),纺织品被动配额由1998年的7个类别增加到1999年的21个类别。

(3)完善加工贸易企业分类管理政策。为了鼓励和扶持加工贸易的开展,我国先后颁布了《以进养出试行办法》《开展对外加工装配和中小型补偿贸易办法》及相关配套文件等一系列政策措施,包括每年国家拨出一定额度的以进养出转向外汇,对以进养出商品优先安排生产,对"三来一补""两头在外"的贸易方式免征进口环节税和生产环节税,对加工装配所得外汇实行按比例留成,对补偿贸易在补偿期间免缴税收等。1999年4月,国务院办公厅转发国家经贸委等部门《关于进一步完善加工贸易银行保证金台账制度的意见》的通知,为引导加工贸易向高技术贸易、高附加值方向发

展,根据企业的资信程度和商品的敏感度,对加工贸易实行分类管理,包括企业分类管理和商品分类管理。

(4)进一步完善出口退税制度。一是扩大出口退税预算安排额,保证在 1998 年之前把以前积欠的退税全部补齐;二是对生产企业和代理出口企业实行"免抵退"政策,简化退税手续,加快外贸企业的资金周转速度,减轻企业利息负担;三是面对 1997 年亚洲金融危机的严峻出口形势,国家多次上调出口退税率,保证了外贸出口的平稳快速发展。

(5)拓宽对外经营渠道。一是下放进出口经营权,使符合条件的各类企业均能开展进出口业务。重点放在:①赋予基层(市、县)外贸进出口经营权,使其由货源收购型向产品出口型的经营模式转换;②继续赋予大、中型出口生产企业自营权,加速工贸一体化;③鼓励商业、物资企业开展对外贸易,促进内外贸结合;④促进科技成果的商品化、国际化。二是进出口商品最大限度地放开经营,拓宽经营渠道,促进商品贸易、技术贸易、服务贸易同步协调发展。大力发展金融、保险、运输、通信、广告、信息、展览等服务贸易,大幅度提高这类贸易的比重,这对加快第三产业发展具有重要意义。

(6)积极推行代理制。下放经营权、拓宽经营领域为企业开展国际化经营创造了条件,但外贸经营的过度分散不利于国家整体优势的发挥,也不利于提高企业的综合经济效益,尤其是多头对外导致削价竞销,自相残杀,严重损害国家的整体贸易利益。从世界经济贸易区域的集团化趋势看,单个企业在国际市场上势单力薄,根本无法与国际跨国公司抗衡,而应当像日本综合商社那样组成"联合舰队",才能壮大竞争实力,这也为推行外贸代理制经营模式创造了条件。为此,一是要组建跨地区、跨行业的大型外贸企业集团,受国内购货和供货单位委托,联合与外商开展贸易,收取一定比例的代理费,变买断性进出口为代理性进出口,从而使外贸企业真正成为开拓国际市场的主体。二是要加强报关行、代理行、公证行、信息中心、运输仓储公司、经贸财务公司等社会服务机构的建设,为广泛推行代理制创造配套的外部环境。

(7)加速转换各类企业的对外经营机制。按照现代企业制度改组外贸企业,实行股份制。外贸企业实行股份制的具体形式主要有三种:一是垂直型,即在同类商品、同一行业中,以外贸专业公司为基础,组建包括其分支机构和自属生产企业为母体的控制公司;二是水平型,即以外贸专业公司为核心层,开展以资产联结为纽带的横向经济合作,组建产供销一条龙的股份制企业集团;三是混合型,即上述两种形式的结合。

(二)外贸管理体制进一步市场化

从国家对外贸进行调控和管理的职能来看,外贸管理体制的改革核心有二:一是由直接管理转向间接管理;二是由计划调控为主转向运用汇率、关税、信贷等经常性调控手段。

1993年,我国外汇体制改革和财税体制改革所创造的对外贸企业有利的宏观环境,形成了有效的出口激励。1993年12月25日,国务院颁布了《关于进一步改革外汇管理体制的通知》,要求"实现汇率并轨,实行以市场供求为基础的、单一的、有管理的浮动汇率制;建立银行间外汇交易市场,改进汇率形成机制"。据此,1994年1月1日实现人民币官方汇率和市场汇率并轨,以1993年12月31日外汇调剂市场的加权平均汇率(1美元兑换8.72元人民币)为全国统一的人民币汇率。1994年4月1日,全国统一的银行间外汇市场——中国外汇交易中心在上海成立,4月4日正式运行。

为适应外汇体制改革的要求,外贸管理体制也实行了如下改革:

(1)取消外贸企业承担的上缴外汇和额度管理制度。外贸出口一律取消外汇留成,实行统一的银行结售汇制度。外贸企业的全部外汇收入按照当日汇率卖给外汇指定银行。允许人民币在经常项目下有条件地可兑换,凡有出口创汇的企业,进口所需的外汇,按照创汇的50%自由购买外汇,其余50%和没有出口创汇的企业用汇,仍旧需要外汇审批。

(2)完善外贸宏观管理体制。1994年7月1日实施的《中华人民共和国对外贸易法》,将对外贸易管理体制纳入法制化轨道。该法赋予具备条件的国有生产企业、科研单位、商业物资企业外贸经营权,同时最大限度地放开进出口商品经营;废除对外贸企业的指令计划,对少数实行数量限制的进出口商品按照效益、公正、公开和公平竞争的原则,实行配额招标、拍卖和规则化分配。1994 年成立国家进出口银行,为资本货物出口提供信贷支持。设立出口商品发展基金和风险基金,用于少数国际市场价格波动较大的商品以丰补歉,开发新产品。

(3)改革和完善进口管理。从 1995 年 12 月 31 日起,取消 176 个税目商品的进口控制措施,包括进口许可证和进口配额管理的商品。自 1996 年 4 月 1 日起,我国进口关税总水平由 36% 降至 23%;同时,对进口设备和原材料等一律按法定税率征收关税和进口环节关税(指增值税和消费税)。

(4)按照现代企业制度改组国有外贸企业,积极推行股份制试点,具备条件的外贸企业要逐步转为规范的有限责任公司或股份公司。

(5)加强外贸协调服务机制,改革商会机构,提升商会功能,建立社会中介服务体系,发挥各研究咨询机构和各学会、协会的信息服务功能,形成全国健全的信息服务网络。

1998 年,我国在外贸管理体制改革方面,出台了一些新措施:

(1)建立健全进出口商品管理体系。外经贸部根据国家进出口商品的不同特点,运用经济、法律和行政的手段,实施全面、多层次的管理。同时对国家管理的出口商品进行科学分类,在此基础上制定分行业或产业的出口商品经营指导政策,据此调整出口商品管理机制。

(2)进一步完善出口商品配额分配机制,彻底打破出口商品配额使用上的"终身制",建立优胜劣汰的机制。努力实施大经贸战略,贯彻公平和效益原则,配额分配向出口效益好、产品附加值高、经济实力强的企业倾斜。特别是纺织品被动配额分配制度的改革要有实质性突破,要向生产企业和名牌产品倾斜。我国已决定把中美、中欧等纺织品配额总量的 15%直接分配给纺织总会推荐的自营出口生产企业。

(3)对出口配额和许可证管理的商品将进行调整。按照抓大放小、抓重放轻的原则,减少配额许可证管理商品的品种范围,尽可能为出口企业创造宽松的经营环境。从 1998 年 4 月 1 日起,取消 27 种商品的出口配额和许可证管理,这部分商品金额约占实行配额许可证管理商品出口总额的 20%。

(4)对于配额招标工作,将继续坚持和完善,做到稳中求进。一是要扩大招标商品品种。二是要根据出口商品的属性,决定投资企业的招标资格。例如,凡是自营出口权的纺织生产企业均可参加纺织品出口配额招标,而镁砂的招标企业范围则要小一些。

(5)赋予纺织工业企业自营出口权,纺织企业经营出口"两纱两布"的审批工作试点转为正常审批,不再受审批数量限制,并在出口配额上优先考虑。

(6)进一步增强外贸制度的统一性和透明度。WTO 的贸易政策审议机制对各国贸易政策进行定期监督,这要求我国的贸易政策与以前相比,要大大提高透明度,并且符合国际规范。按照 GATT 和 WTO 关于贸易政策透明度的要求,我国必须统一各地区各类企业的外贸政策,使各地区、各类企业按照国家统一制定的经贸政策法规和国际经济通行规则开展经营,实施统一的贸易政策;在对外贸易方面,开始统一制度、立法、实施、管理、承担国际义务,凡不涉及国家安全、商业秘密的外经贸法规、政策、规定,均应公布。

2001 年在国务院第 319 号令中公布了 2000 年年底前颁布的 756 项行政法规的清理结果,同时,各地政府也在国务院的通知下,按照法制统一、非歧视、公开透明三大基本原则,对与贸易有关的地方性法规、地方政府规章和其他政策措施予以清理。通过把 WTO 规则转化为我国法律法规,不仅切实履行了承诺,大大增加了透明度,也有力地促进了国内体制改革。

二、适度开放与适度保护相结合的贸易政策

1992 年以来,随着我国市场取向改革目标的确立与逐步推进,已从根本上解决了我国经贸体制与 WTO 多边贸易体制的相容性问题。我国逐渐放弃了消极的保护政策,实行以向产业与技术倾斜为中心的适度开放与适度保护相结合的贸易政策,以 WTO 的规则为参照系,进行了一系列改革,包括降低关税、放开物价、取消出口补贴、统一双重汇率、公开贸易政策、放开国内市场等。这一系列的改革开放新举措为我国"复关"和加入WTO 谈判提供了良好的契机。经过 15 年漫长的谈判历程,2001 年 11月,我国终于成为 WTO 的正式成员,使本国经济贸易体制与 WTO 多边

体制相一致。我国加入 WTO 标志着经济改革进入新阶段,意味着我国经济改革的背景发生重大变化。我国既要根据国内的情况,又要根据 WTO 规则和经济全球化的发展趋势来制定和实行正确的改革开放战略。我国承诺"遵守规则,开放市场",意味着经济体制、运行机制和经济法规要逐步符合 WTO 的一般原则。

（一）关税措施

我国自改革开放以来,不断调整关税制度,由过去以防范为主逐渐转变为以促进为主,征收关税主要是为了促进对外贸易发展、经济结构调整和技术进步。为了尽快恢复在 GATT 的地位和加入 WTO,自 1992 年起,我国对进口关税税率进行了多次调整,使进口关税水平大幅降低。1994 年 1 月 1 日,我国大幅度降低了小汽车进口关税,关税总水平达到 35.9%;1996 年 4 月 1 日起,我国又降低了 4 963 个税目,调整税目占总税目的 75%,关税总水平由原先的 35.9% 降到 23.0%;1997 年 10 月 1 日的降税涉及 4 874 个 8 位数税号的商品,占总税目的 73.3%,关税总水平从 23.0% 降到 17.0%;2001 年 1 月 1 日起,关税总水平从 17.0% 降到 15.3%。加入 WTO 后,按照承诺,从 2002 年 1 月起,我国又下调了 5 000 多种商品的进口关税,关税总水平从 15.3% 降到 12.0%;从 2003 年 1 月起,关税总水平进一步降到 11.0%;从 2005 年 1 月起,我国的关税平均水平从 2004 年的 10.4% 降到 9.9%（见表 6-1）。

表 6-1　1993—2005 年中国降低关税的进程　　　　　单位:%

年份	关税税率	降幅
1993	36.4	——
1994	35.9	1.4
1995	35.6	0.8
1996	23.0	36.8
1997	17.0	26.1
1999	16.8	1.2
2001	15.3	9.8
2002	12.0	21.7
2003	11.0	8.3
2004	10.4	5.5
2005	9.9	4.8

资料来源:根据历年《中国对外经济贸易年鉴》汇总而成。

(二)非关税措施

1. 进出口配额与进出口许可证

从 1994 年起,我国除了五个经济特区和上海浦东新区以外,对其他地区逐步取消了不同地区、不同企业的关税和非关税优惠,享受基本相同的政策待遇,创造了更加公平和平等的竞争环境。1994 年以来,我国多次大幅度削减进口配额和许可证目录。1994 年实行进口配额管理的一般商品为 26 种;1995 年减为 16 种。2001 年加入 WTO 后,我国实施进口许可证管理的商品品种进一步减少:2002 年减少为 12 种;2003 年减少为 8 种,取消了摩托车及其关键件、照相机及其机身、手表、汽车起重机及其底盘的进口配额许可证管理,取消部分税号汽车及其关键件的进口配额许可证管理;2004 年,我国实施进口配额许可证和进口许可证管理的商品减为 2 种;2005 年起全部取消,全部取消普通商品进口配额是兑现加入 WTO 的承诺。根据商务部和海关总署共同发布的《2005 年进口许可证管理货物目录》,从 2005 年起,我国仅对监控化学品、易制毒化学品和消耗臭氧层物质等 3 类特殊商品实行进口许可证管理。

1994 年以后,出口配额与出口许可证的使用主要是为了对一些敏感性产品和资源类产品进行有效的出口管理。

2. 出口退税

我国出口退税税率的标准根据出口退税存在的问题以及经济形势的变化,先后几次进行调整。1994 年国家正式实行"征多少退多少"的政策,即实行的是全额退税,多数产品实行的是 17% 的退税率。由于财政的原因,1995 年和 1996 年两次调低出口货物的退税率。出口退税率的降低客观上影响了我国出口的增长,而且这种不完全退税的做法也不符合国际上通行的零关税出口惯例。为了进一步推动出口贸易的发展,我国在 1998 年以后逐步提高了大宗商品的出口退税率,2002 年出口货物的免、抵、退税覆盖面由 2001 年的 62% 增加到 100%(即全部自营出口或委托出口业务的生产企业),比 2001 年增加了 17.1%,出口退税政策的实施对保持我国对外贸易的稳定增长起到了极大的促进作用。

然而随着出口退税率的日渐提高,中央财政的压力日益沉重,出口退税弊端也逐渐暴露(如大规模实行出口退税易造成环境污染、贸易摩擦、企业滥用出口退税等现象),该政策的调整已成为必然。针对以上现象,2003年10月14日,财政部、国家税务总局发布《关于调整出口退税率的通知》,自2004年1月1日起,对出口退税机制进行结构性调整,适当降低出口退税率,调整后的出口退税率分别为5％、8％、11％、13％、17％,出口退税率的平均水平降低3个百分点。其中,机电产品和纺织品降低4个百分点,一些资源性产品则取消了退税。[①]

3. 外汇政策

1994年1月1日,人民币官方汇率与外汇调剂市场汇率并轨,实行以市场供求为基础的、单一的、有管理的浮动汇率制度,从此人民币汇率由市场供求决定。与此同时,国家还取消了各类外汇留成、上缴和额度管理制度,对境内机构经常项目下的外汇收支实行银行结汇和售汇制度,并逐步建立了统一、规范、有效的外汇市场,1996年12月实现了人民币经常项目完全可兑换。[②]

在加入WTO后的初期,我国仍然沿用这种外汇制度,致使国际收支中的经常项目和资本项目长期保持双顺差,人民币的升值压力日渐凸现。为了促进国际收支的基本平衡,进一步培育外汇市场,支持贸易投资的便利化,我国在坚持人民币汇率改革的主动性、可控性和渐进性的原则基础上,于2005年7月21日开始实行以市场供求为基础、参考一揽子货币进行调节、有管理的浮动汇率制度。

4. 出口金融支持

在1994年设立中国进出口银行之前,我国没有专门提供金融支持的机构,但是在需要时出口企业可从国家银行获得出口生产性贷款。除此之外,中国银行和其他的国家银行还为出口活动提供卖方信贷(自1978年开始)和买方信贷(自1992年开始)。1994年中国进出口银行成立,其作为政策性银行要贯彻执行国家的产业政策、外贸政策和金融政策,其主要目标是通过提供融资支持我国的出口。1994年中国进出口银行成立之时,

---

① 黄晓玲:《中国对外贸易概论》,清华大学出版社,2009年,第114—118页。
② 同上,第121—125页。

出口信用保险业务开始由中国人民保险公司和中国进出口银行两家机构共同办理,2001年12月18日中国出口信用保险公司正式成立,成为我国唯一的专业出口信用保险机构。这一系列的金融支持,有力地促进了我国机电产品和成套设备等商品的出口。

（三）外资政策

1992—2001年是在"以市场换技术"和产业政策引导下的外商直接投资高速发展的阶段。外资政策在巩固原有的引进先进技术的战略基础上更加强调通过优惠政策来吸引高技术产业的外商投资,保证长期稳定的技术引进转移,强调吸引技术和知识密集型的跨国企业的投资,同时向外商开放本国市场,通过巨大的市场潜力吸引外商进行持续的投资。在这一时期我国引进外资主要以促进国内产业结构的调整为主,在1998年召开的中央经济工作会议上提出要进一步加强对外资加工贸易的监督,再次体现了国家对外资引进的有效引导和希望其带动国内相关产业发展的政策取向。

为适应我国加入WTO和经济结构战略性调整的新形势,我国颁布了新修订的《指导外商投资方向的规定》和《外商投资产业指导目录》,于2002年4月1日起施行。《外商投资产业指导目录》共分为鼓励、允许、限制、禁止四类,加大了对外商投资的开放程度。鼓励类由186条增加到262条,限制类由112条减少到75条;放宽外商投资的股比限制,如取消港口共用码头的中方控股要求;开放新投资领域,将原禁止外商投资的电信和燃气、热力、供排水等城市管网首次列为对外开放领域;进一步开放银行、保险、商业、外贸、旅游、电信、运输、会计、审计、法律等服务贸易领域;发挥市场竞争机制作用,将一般工业产品划入允许类,通过竞争促进产业结构升级。① 我国通过这一系列措施对外商直接投资的产业与行业进行引导,把利用外资与国家的产业政策、经济结构调整、经济增长方式转变紧密结合起来。

（四）产业政策

尽管我国政府在"八五"期间将产业政策的重点转到对支柱产业的支

---

① 《外商投资产业指导目录》(全文):http://www.cs.com.cn/csnews/20020312/199459.asp。

持上,产业结构调整也取得了很大的成效,但产业结构轻型化的倾向依然没有得到解决,相反,一些重点行业的生产能力过剩。1998年开始对产业结构实行战略性调整,要进一步扭转轻纺工业的过快增长,缩减重点行业的产能过剩,特别是加工工业要实现结构升级。随着我国加入WTO和产业结构调整的不断深入,从2001年起,产业结构调整成为经济工作的主线,开始有重点地大力发展高技术产业,实现局部领域的突破和跨越式发展,逐步形成我国高技术产业的群体优势。

三、与产业结构优化升级相适应的贸易结构

由于"七五"时期的贸易逆差和20世纪90年代初期的经济过热,使"八五"期间的进口数额急剧增加,这一时期,扩大出口的直接动因是贸易逆差存量和经济高速增长伴随的进口急剧增加,最终都归因于产业结构问题。在贸易政策方面,无论是出口退税政策还是出口信贷政策,其目的都是为了扩大出口、增加创汇,强调精加工制成品,特别是机电产品的出口,这主要是因为初级产品的附加值低而换汇成本较高,出口动力不足而使外汇储备增长缓慢,工业结构升级在这时还不是主要目标。

在产业结构调整和深化外贸体制改革的背景下,"九五"期间的出口商品战略强调"以质取胜",努力将商品出口的增长方式从主要依靠数量、速度转向依靠质量、效益,外贸出口要从主要出口粗加工、浅加工、低附加值的产品向主要出口精加工、深加工、高附加值的产品转变。具体措施是:"大力发展机电产品出口,特别是成套设备出口,把该类产品出口作为优化我国出口商品结构的主攻方向;着重提高轻纺产品的质量、档次,加快产品的升级换代,提高产品附加值;积极发展高新技术产品出口,努力使其中一部分产品上升为出口主导产品;发展深加工、高附加值、综合利用农业资源的创汇农产品出口。"①

"十五"期间,政府将经济结构调整作为经济工作主线,特别是把产业

---

① 百度百科中的"出口商品战略"词条,http://baike.baidu.com/link?url=3Tp9sFdusSuG9jgatsFb_XZpapJdSHxGhriatCW9VMGyaRjz5AjHUDByCEsRNuURwfZCHJHax9KzG7dV_Splr_。

结构调整作为关键①,强调用高新技术改造提升传统产业,发展高新技术产业,以信息化带动工业化,加强水利、交通、能源等基础设施建设,高度重视资源战略问题,加快发展服务业。因此,我国对外贸易经过二十多年的快速发展,在新的形势下,出口创汇已经不再是我国对外贸易的主要目标,同时出口商品结构优化、升级也不再仅仅是单纯的贸易问题。以技术为基础的经济结构,特别是产业结构,成为优化贸易结构的关键,而贸易政策也需要更加关注经济结构问题。这一时期的贸易战略表现出高级进口替代与出口导向的特征,出口贸易战略强调依靠技术进步提高出口商品和出口产业的科技含量,并通过出口推动高新技术产业发展和传统产业技术改造升级。

国内经济快速增长和产业结构战略性调整,进一步推动了进出口的快速增长,1994—2013年,我国对外贸易持续较快增长,出口总额由1994年的1210.4亿美元急剧增加到2013年的22 090.0亿美元,进口总额由1156.9亿美元增加到19 499.9亿美元,对扩大就业、促进对外贸易增长、推动产业结构升级起到了重要作用。

(一)资本密集型产品出口渐居主导地位

改革开放以来,我国的工业结构和出口商品结构都有了较大的改进,特别是高科技产业产品的出口快速增长,但是我国出口商品结构尚未实现第二个转变,即由粗加工、低技术含量、低附加值的劳动密集型产品向精加工、高技术含量、高附加值的产品转变。在出口贸易额保持快速增长的同时,我国出口商品结构的构成也发生了相应的变化,主要体现出下面几个特点:

1. 出口增长主要靠工业制成品来拉动

工业制成品在我国出口中的比例逐步上升,出口商品结构逐渐从以初级产品为主转变为以工业制成品为主。出口数量的增加主要是由工业制成品出口的增长拉动的,工业产品的出口支撑了出口的高速增长。2013年,我国工业制成品出口总额达到21 017.3亿美元,占出口总额的91%,

---

① 引自朱镕基在第九届全国人民代表大会第四次会议上所作的《政府工作报告》。

同比增长 7.8%,成为我国出口的主导产品。

1994 年,除了机械及运输设备和轻纺产品、橡胶制品、矿冶产品及其制品占 20% 左右的比重外,其他产品所占比重差距不大,都在 0—10% 之间。随后,机械及运输设备所占比重大幅上升,到 2013 年为 49.4%。而轻纺产品、橡胶制品、矿冶产品及其制品所占比重变化幅度不大,一直在 20% 上下浮动。出口食品及主要供食用的活动物所占比重呈下降趋势,从 1994 年的 8.3% 下降到 2013 年的 3.6%。饮料及烟类所占比重也很小,平均不到 1%。矿物燃料、润滑油及有关原料所占比重在 2.0%—4.0%。化学品及有关产品所占比重变动不大,这段时间一直在 4.0% 和 6.0% 之间浮动。

2. 资本密集型产品出口逐渐居主导地位

从 1994 年以来,资本、技术密集型产品出口所占比重逐渐上升,1995 年代表资本密集型产品的机电产品取代纺织品和服装成为第一大类出口商品,并成为工业制成品持续稳定增长的最主要动力。在此阶段,我国顺利实现了从劳动、资源密集型的低附加值的出口商品结构向资本、技术密集型的高附加值的出口商品结构的转变,2003 年资本密集型产品所占比重首次超过劳动密集型产品,达到 47.4%,到 2013 年所占比重达到52.4%(见表 6-2)。

表 6-2　1994—2013 年中国进出口商品结构　　　　　单位:%

年份	出口			进口		
	资源密集型	资本密集型	劳动密集型	资源密集型	资本密集型	劳动密集型
1994	16.3	23.2	60.5	14.2	55.1	30.2
1995	14.4	27.2	58.3	18.5	53.0	28.0
1996	15.5	31.3	60.2	18.3	52.5	28.7
1997	13.1	29.5	57.4	20.1	50.6	28.6
1998	11.2	33.0	55.8	16.4	54.9	28.2
1999	10.2	35.5	54.3	16.2	56.4	26.6
2000	10.2	38.0	51.7	20.8	54.3	24.2
2001	9.9	40.7	49.2	18.8	57.1	23.4

续表

年份	出口			进口		
	资源密集型	资本密集型	劳动密集型	资源密集型	资本密集型	劳动密集型
2002	8.5	43.7	47.4	16.7	59.6	23.1
2003	7.8	47.4	44.5	17.6	58.6	23.5
2004	6.8	49.7	43.3	20.9	56.7	22.1
2005	6.4	50.9	42.4	22.4	55.8	21.5
2006	5.5	51.7	42.6	23.7	56.1	20.0
2007	5.1	52.3	42.6	25.4	54.4	20.0
2008	5.5	52.6	41.9	32.0	49.5	18.1
2009	5.3	54.3	40.4	28.7	51.7	19.2
2010	5.2	39.8	55.0	31.0	50.1	17.5
2011	5.3	53.6	41.0	34.7	46.5	16.0
2012	4.9	52.6	42.4	34.9	45.8	15.5
2013	4.9	52.4	42.6	33.7	46.2	14.7

资料来源:根据历年《中国对外经济贸易年鉴》计算而得。

3. 从贸易方式看,加工贸易由全面增长期向可持续发展期转变

自 20 世纪 90 年代中期以来,我国加工贸易出口额以年均 20%的增长率[①]一直保持稳步增长,略高于同期出口总额年均 19%的增长率,在出口中所占比重从 1994 年 47%增长到 2005 年的 55%,随后加工贸易在出口贸易中占的比重逐渐降至 2013 年的 39%(见表 6-3)。从 2003 年开始,进料加工出口的增长速度明显快于来料加工,并成为最重要的加工贸易形式。随着加工贸易连年高速增长,加工贸易对环境的负面影响也开始日益显现。因此,从 2004 年开始,有关加工贸易的政策开始加速转型,着力吸引跨国公司把更高技术水平、更大增值含量的加工制造环节和研发机构转移到我国,引导加工贸易转型升级。在加工贸易快速发展的同时,我们应注意到高新技术产品出口与进料加工贸易紧密相连。2005 年,高新技术产品出口额中进料加工贸易的比重为 75%,2013 年更是高达 93.5%,而进

---

① 在这期间,除了 2001 年因受美国和日本经济基础不景气导致加工贸易增长率下降至 4.9%以外,其他几年的加工贸易增长率基本上都超过 20%。

料加工出口产品中有 90% 左右集中在计算机和通信技术领域。

表 6-3　1994—2013 按贸易方式分货物出口总额及占比

年份	一般贸易 (亿美元)	加工贸易 (亿美元)	总额 (亿美元)	加工贸易占出口 总额的比重(%)
1994	615.60	569.80	1 210.10	47
1995	713.70	737.00	1 487.80	50
1996	628.40	843.30	1 510.50	56
1997	779.74	996.02	1 827.90	54
1998	742.35	1 044.54	1 837.11	57
1999	791.35	1 108.82	1 949.31	57
2000	1 051.81	1 376.52	2 492.03	55
2001	1 118.81	1 474.33	2 660.97	55
2002	1 361.87	1 799.28	3 255.97	55
2003	1 820.34	2 418.51	4 382.30	55
2004	2 436.06	3 279.70	5 933.21	55
2005	3 150.63	4 164.67	7 619.53	55
2006	4 163.10	5 103.70	9 689.70	53
2007	5 385.70	6 176.50	12 204.56	51
2008	6 625.80	6 751.80	14 306.93	47
2009	5 298.30	5 869.80	12 016.12	49
2010	7 207.30	7 403.30	15 777.54	47
2011	9 171.24	8 354.10	18 983.81	44
2012	9 880.00	8 627.70	20 487.14	42
2013	10 875.31	8 608.10	22 100.19	39

资料来源:根据历年《中国统计年鉴》计算而得。

(二)服务于高级进口替代的进口商品结构

进入 20 世纪 90 年代中期,进口政策进行了重大调整:在进口是为出口服务的原则下,一是进口更加强调先进技术的引进而不是成套设备的引进;二是为出口而进口的物资更针对有出口潜力的产品;三是对一般商品特别是消费品的进口已不再采取严格控制,但进口的重点仍是围绕引进先进技术和关键设备展开。[①] 随着进口的重点转向服务产业结构升级和出

———————

①　全国人大七届四次会议较好地体现了前两个方面。会议表示要进一步扩大技术和智力引进。要逐步增加技术引进的投入,并提高进口软件在技术引进中的比重;要将技术引进的重点放在现有企业的技术改造上,优先引进有助于扩大出口能力与发展替代进口产品的技术和设备。1995 年 3 月,全国人大八届三次会议通过的《政府工作报告》较好地体现了第三个方面。报告表示要巩固和发展全方位对外开放格局,把工作重点放到提高成效上来,要合理调整进口商品结构,对一般商品尤其是高档消费品,要运用符合国际惯例的方法加以调节。

口商品的竞争力提升,进口战略也随之发生了一系列变化,"九五"时期的进口战略是:积极引进先进技术,适当提高高新技术、设备及原材料产品的进口,努力发展技术贸易和服务贸易。"十五"又进一步调整进口战略,增加国内急需的关键技术设备和重要资源的进口,弥补国内资源的不足,促进产业结构和技术水平升级。

1995—2013 年,我国的初级产品和工业制成品进口也保持持续的增长,但和出口商品结构相比,我国进口商品结构的变化不甚明显,主要呈现以下特点:

1. 机械运输设备在进口中一直保持增长态势

1994 年以来,除了 1997 年亚洲金融危机和 2008 年国际金融危机之外,机械运输设备的进口一直保持增加的态势,进口数量由 1994 年的 514. 67 亿美元增加到 2013 年的 7 101. 41 亿美元,在进口中所占比重大多保持在 45%左右,2010 年后有所下降,2013 年所占比重为 36%(见图 6-1)。

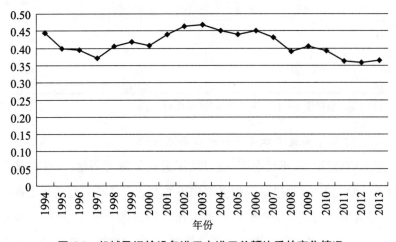

图 6-1　机械及运输设备进口占进口总额比重的变化情况

2. 进口商品中原材料、能源等初级产品的比重上升

随着我国经济不断发展,对矿物燃料的需求不断增长,而我国的矿物燃料储量及产量都不能满足国民经济发展的需求。进口的初级产品中矿物燃油、润滑油以及有关原料占了绝大部分,并保持继续升高的趋势,具体表现为其所占进口总额的比重从 1994 年的 3. 5%大幅攀升到 2013 年的

16.5％,进口总额从40.3亿美元增加到3 151.6亿美元,数据的变化反映了我国进口能源大幅增加的事实。这种增长反映了我国在这方面的资源相对缺乏,我国在工业化进程中,经济结构得到调整,重化工业对矿物燃料等资源的需求也随之大量增加,由此可见,资源相对短缺将成为制约未来我国经济发展的重要因素。

3. 资本密集型产品进口稳步上升

从表6-2可以看出,资本密集型产品的进口稳步上升,1994—2010年始终保持在50％以上,2002年达到这一阶段的最高值为59.6％,近几年有所下降;由于重工业的发展对资源的需求增加,资源密集型产品进口所占比重逐渐上升,从1994年的14.2％上升到2013年的33.7％;劳动密集型产品进口所占比重也从1994年的30.2％下降到2013年的14.7％。

4. "市场换技术"战略下的技术引进

这个阶段的宏观经济背景是我国工业化新一轮的快速发展时期,利用外资也进入了一个高潮,外商直接投资来源结构的变化体现为来自欧美的跨国公司的投资项目逐年扩大,外资的产业结构内高技术行业的比重逐步提高。以世界500强为代表的大跨国公司的对华投资由20世纪90年代初期的试探阶段转变为90年代中后期的扩张阶段,伴随着这个趋势的是跨国公司在我国高技术产业上广泛和大规模的投资,这对填补我国高技术产业内部的技术和产品上的空白、推动产品出口以及本地人力资源的培育起到了积极作用。在这个阶段,外资企业是我国高技术产业增长和出口的主力军,外资企业的产值与出口规模增长迅猛,高技术产业出口的80％是由外资企业实现的,同时外商投资企业也在国内市场处于高新技术和新产品的领头地位。这个阶段我国高技术产业的增加值增长了19.53％,其中三资企业增加值的增长速度明显高于国有企业,可以说,外资企业对产业扩张以及国际化进程发挥了极其重要的作用。

必须承认的是,外商投资企业在华投资和出口是基于跨国公司利用当地低成本优势实现其全球经营收益最大化的原则,这个阶段在华的跨国公司的出口活动是国际市场上"中国制造"现象的客观动力机制,是跨国公司全球要素合作战略在中国市场上的实现。而加工活动内部的技术差距非常大,既包含高技术工序的晶片加工,也包含产品组装阶段的装配和调试,技术进步的效应更多地体现在生产率的提高和出口的增长层面上。整个20世纪90年代,我国几个增长较快的行业的增长速度与外商投资表现出明显的相关性,名列前三位的行业是普通机械制造业、电子及通信设备制造业以及交通运输设备制造业,这几个行业总体上属于技术资本密集的产业。[①]

四、小结

(一)出口产业处于由比较优势向竞争优势转化的临界点

1979年之前的计划经济时代,我国对外贸易的宗旨主要是以农产品为主的初级产品出口换取国内紧缺的机器设备和工业原料,随着改革开放和市场化的深入,具有比较优势的劳动密集型产业迅速崛起,我国的出口产品在国际市场上的竞争力发生了重大转变。20世纪80年代至2013年,我国初级产品和工业制成品贸易竞争力指数的变动轨迹呈明显的反向变动趋势。

劳动密集型产业的国际竞争力仍具有较强大的比较优势。体现劳动密集型的SITC 6类和8类产品的贸易竞争力指数[②]不断提高,1980年我国工业制成品产业中的轻纺产品类和杂项制品的贸易竞争力指数分别为—0.02和0.68,此后一直处于平稳上升态势,1998年这两类贸易竞争力指数分别达到0.02和0.79,近年虽有所变化,但仍保持在强势比较优势区域,如2013年竞争力指数分别为0.58和0.39,仍具有较强的竞争力。由此可以看出,纺织类和杂项制品的出口竞争力一直处于超强态势,劳动密集型产业的崛起和持续发展是我国产业结构和贸易结构初级转换的最初和最大的推动力。

---

① 江小涓:《吸引外资对中国产业技术进步和研发能力提升的影响》,《国际经济评论》,2004年第3—4期。

② 贸易竞争力指数,即TC(trade competitiveness)指数的测算标准,TC指数的取值范围为(—1,1)。TC取值为(—1,—0.6)时有极大的竞争劣势,TC取值为(—0.6,—0.3)时有较大的竞争劣势,TC取值为(—0.3,0)时有微弱的竞争劣势,TC取值为(0,0.3)时有微弱的竞争优势,TC取值为(0.3,0.6)时有较强的竞争优势,TC取值为(0.6,1)时有极强的竞争优势。

　　资本密集型产业正由比较劣势向比较优势转化。SITC 5 类和 7 类产品(化学品及有关产品,机械及运输设备)属于资本密集型产业的产品。1980 年这两类产业的贸易竞争力指数分别为－0.4 和－0.71,1985 年达到－0.53 和－0.91,进入比较劣势的高位区域。这与 80 年代中期该产业大量进口技术先进的设备,实施进口替代密切相关。随着引进技术的消化,国产机械及运输设备替代进口的能力加强,该产业的贸易竞争力指数从比较劣势的高位下滑,1990 年分别下降到－0.28 和－0.50,2004 年起 SITC 7 类则已由负转正达到 0.03,2013 年上升为 0.71,SITC 5 类产品到 2013 年达到 0.77,由较低竞争力转为极强竞争力,表明该产业的国内生产和国际竞争力逐步趋强,显然该产业内部的产品结构和技术开发能力已出现重大变化,产业国际竞争力已开始具备竞争优势。

　　资源密集型产业由比较优势转变为比较劣势。按照联合国国际贸易标准分类,SITC 0－4 类代表的资源密集型产品包括初级产品中的食品和活动物、饮料、非食用原料、矿物燃料、动植物油脂等 5 类产品。1980 年初级产品的产业贸易竞争力指数为 0.13,该产业还具有较强竞争力,处于比较优势区间,1990 年为 0.23,仍处于比较优势区间,但随后其贸易竞争力指数急剧下降,2013 年为－0.72,呈现出比较劣势。由此可见,由于人均资源稀缺,我国资源密集型产业的国际竞争力较差,尚不具备国际竞争的比较优势。资源密集型产业作为国民经济的基础产业部门和工业制成品的上游产业,到目前为止仍是我国经济发展的瓶颈。努力提高基础性原材料产业的竞争性和进口国外资源,是我国产业结构调整和对外贸易战略的重点。

　　(二)引进资源和技术带动的产业结构升级

　　1995 年以来,自主创新和本国要素积累对我国出口产业的演变作用甚微,出口产业结构升级现象很大程度上是由引进资源和引进技术所造成的,本土产业从产业结构升级中受益很少。随着引进外资政策的调整,加工贸易对我国机械电子产品行业的技术引进和技术升级起到了一定的促进作用。

　　但由于国外对我国转让的技术主要是国际上七八十年代水平的技术

和一些现有的成熟技术,导致加工贸易产品的技术含量低、生产链条短、附加值低。当前,我国生产加工能力主要集中于下游产业,关键零部件和原材料大量依赖进口,本地采购比例较低。此外,加工企业与我国的本土企业关联度较低,经济溢出效应不明显,制约了我国一般贸易的发展,带动国内工业升级的效应不明显。

(三)制造业结构升级对出口商品结构优化作用明显

这一阶段出口商品结构变化最为显著的是机电产品所占比重大幅度上升,1995 年机电产品所占比重上升到 29.5%,大幅度超过纺织品和服装所占比重,首次成为我国出口的第一大类产品。1996 年机电产品在出口中所占比重达到了 32%,2000 年达到了 42%,连续六年成为我国出口第一大类商品。工业制成品出口比例由 1980 年的 49.8%上升到 2013 年的95.2%,初级产品出口所占比例则下降到 5%以下。这种出口结构的变化与近年来提出的振兴机械电子、机械制造等行业,使它们成为我国经济支柱产业的政策是分不开的。

第三篇

中国产业结构与贸易结构升级转换的
绩效分析及启示

第七章　中国产业结构与贸易结构升级转换的绩效分析

对外贸易的发展是与一国的工业化进程及工业结构升级紧密联系在一起的。对外贸易发展战略是工业化及工业结构优化升级的重要依据,其实施效果必然导致经济发展与工业结构相应的变化;一国的资源禀赋和经济发展战略决定了该国的产业结构和发展模式,由此产生的产业结构又是贸易结构的基础。对外贸易通过进出口商品结构影响产业结构,贸易结构的变化在某种程度上可以反映出该国产业结构的变动。我们可以从许多国家成功的发展经验中总结出,大多数的国家在实现其经济腾飞的过程中采取了"进口—进口替代—出口"的策略。一国在工业化初期,技术水平比较落后,某些技术含量或技术水平高的产品不得不依赖进口,之后,对本国不能生产的产品进行技术仿制,开始以国产产品代替进口产品的过程,随本国技术水平的不断提高,最终使该产品达到了世界领先水平,则此类产品逐步走出国门,占据国际市场。这种技术水平的提高和国际市场的打开促进了本国产业的发展,产业结构得到了升级。当然贸易结构的变动对产业结构升级的促进作用究竟有多大,这在各国有着不同的表现,并主要取决于各国对先进技术的消化和吸收。

中华人民共和国成立初期,我国选择了背离比较优势的与重工业优先发展相适应的内向型进口替代战略,这一战略对迅速建立起一个相对独立的国民经济体系和工业化体系起了不可忽视的作用,但也导致了工业结构的畸形发展以及产业结构与贸易结构的严重背离,基于比较优势基础上的对贸易利益的追求更是没有可能。这种逆比较优势优先发展重工业的战略,导致了我国产业结构矛盾相当突出,国民经济运行陷入极其困难的阶段,而且这种结构矛盾还在相当长的时间内影响着我国经济的发展。到 20 世纪 70 年代末,我国放弃了以重工业为中心的赶超战略,选择了符合资源比较优势的比较优势发展战略。并借全球性产业结构调整之际,通过对外开放,以加工贸易方式承接了亚洲"四小龙"、日本和其他国家转移出来的劳动密集型产业,利用比较优势发展经济。经过三十多年的发展,我国对外贸易发展迅速,2013 年我国年度进出口总值首次突破 4 万亿美元的关口。这是自 2004 年我国进出口总值突破 1 万亿美元,2007 年和 2011 年分别突破 2 万亿美元和 3 万亿美元之后,再次突破整数万亿美元的关口,这对我国对外贸易的发展可以说是标志性的里程碑。4 万亿美元标志着我国对外贸易的规模上了一个新的台阶,我国也首次超过美国成为全球第一大货物贸易国。然而我国在向更高级的产业结构与贸易结构迈进的时候,却碰到了不少难题。在此背景下,回顾 1949 年以来产业结构演进与贸易结构转换两者之间的关系,并在此基础上确定我国当前的贸易发展战略,推动产业结构和贸易结构升级,促进经济发展方式转变。

一、1979 年之前的进出口贸易与国内产业两者结构变化的相互关系

从中华人民共和国成立到 1979 年的经济开放与产业转型过程中,由于国内外、主客观等多种因素的制约,我国经济整体上走的是相对封闭和高度保护下的全面进口替代道路。从 20 世纪 50 年代初期开始,我国实行的是优先发展重工业的经济发展战略、以重工业为起点的倾斜产业政策和贸易战略,进口替代从劳动密集型产业跨越到资本密集型产业,而不是从资源禀赋出发,首先发展中国具有比较优势的劳动密集型产业。产业发展和产业转型,主要依赖资金和劳动的大量投入与自然资源的粗放利用,所需高额的投资积累来自对农业和轻工业消费的抑制,工业结构变动明显向重化工业倾斜。与这个战略相适应,这一时期我国的贸易政策和进出口商品结构都出现了明显的进口替代特征。在对外经济贸易方面,不是立足于

比较优势,参与国际分工与国际交换,获得比较利益,也不是一般意义上的"进口替代",而是"互通有无""调剂余缺"。而所谓调剂余缺,是有强烈偏好的,就是进口为优先发展重工业的战略服务,是为进而出,或者说是以进口规模强制出口。进出口与国民经济发展的关系,并不是出口拉动型的,而是进口推动型的。传统的计划经济体制和对外贸易的统制,为这种经济和外贸战略提供了体制保障。①

（一）变量的设定及其合理性度量指标的选取

由于 1952—1979 年统计方法与 1980 年以后有所不同,故本部分在实证分析时,将资源密集型产品、劳动密集型产品、资本密集型产品的范围界定如下:资源密集型产品包括工业原料等;劳动密集型产品包括生活资料用品;资本密集型产品包括机器设备、化工产品、农用物资等。产业结构是贸易结构的基础,贸易结构是产业结构的体现,1979 年之前,对外贸易主要是货物贸易,产业结构对贸易结构升级的影响主要体现在工业结构上。因此,本部分通过产业结构与贸易结构的绩效分析,进而研究工业结构与贸易结构的关系。

贸易结构变量 ZEX、LEX、KEX 分别表示资源密集型产品、劳动密集型产品、资本密集型产品的出口;ZIM、LIM、KIM 分别表示资源密集型产品、劳动密集型产品、资本密集型产品的进口。产业结构变量 G1、G2、G3 分别表示第一、二、三产业产值占 GDP 的比重。

（二）产业结构与贸易结构之间的因果关系检验

1. 平稳性检验

运用 EViews 软件首先对贸易结构变量 ZEX、LEX、KEX、ZIM、LIM、KIM 进行平稳性检验。选择 ADF 检验方法,其他参数按照软件默认参数设置。

表 7-1 表明,P 值小于 0.1。贸易结构变量 ZEX 是一阶单整平稳序列变量。经检验,LEX 为二阶平稳变量,KEX 为一阶单整平稳序列变量;产业结构变量 G1、G2、G3 均为一阶单整平稳序列变量。

---

① 苏少之:《中国经济通史·第十卷》(上册),湖南人民出版社,2002 年,第 776 页。

表 7-1 变量 KEX 的单位根检验结果

原假设：D(KEX) 有一个单位根

模型形式：常数项

滞后长度：3（根据 SIC 准则自动判断，最大滞后长度为 6）

		t 统计值	P 值*
单位根检验统计值		−4.210442	0.0036
临界值：	1%水平	−3.752946	
	5%水平	−2.998064	
	10%水平	−2.638752	

注：* MacKinnon (1996) one-sided p-values。

2. 因果关系检验

运用 EViews 软件对贸易结构与产业结构的关系进行格兰杰因果关系检验。滞后阶数为 2。

表 7-2 表明，在 G1 与 KEX 的因果关系中，G1、KEX 的 P 值均大于 0.1，接受原假设，即 G1 与 KEX 不存在格兰杰因果关系。

表 7-2 贸易结构中资本密集型产品出口与产业结构的因果关系检验

样本区间：1952—1979 年

滞后长度：2

原假设	观测值个数	F 统计值	P 值
G1 不是 KEX 的格兰杰原因	26	0.00846	0.9916
KEX 不是 G1 的格兰杰原因		1.63000	0.2198
G2 不是 KEX 的格兰杰原因	26	0.42485	0.6594
KEX 不是 G2 的格兰杰原因		1.16709	0.3307
G3 不是 KEX 的格兰杰原因	26	2.71709	0.0892
KEX 不是 G3 的格兰杰原因		0.11662	0.8905

同样，在 G2 与 KEX 的因果关系中，G2 与 KEX 不存在格兰杰因果关系。

在 G3 与 KEX 的因果关系中，G3 的 P 值小于 0.1，拒绝原假设，即 G3 是 KEX 的格兰杰原因。KEX 的 P 值大于 0.1，接受原假设，即 KEX 不是 G3 的格兰杰原因。这说明，第三产业的发展带动了资本密集型产品出口的变动。

表 7-3 中，LEX 与 G1、G2、G3 均不存在格兰杰因果关系。在滞后 1 阶

的情况下,结论一致。这可能与当时出口规模有限有一定关系。

表 7-3 贸易结构中劳动密集型产品出口与产业结构的因果关系检验

样本区间:1952—1979 年

滞后长度:2

原假设	观测值个数	F 统计值	P 值
G1 不是 LEX 的格兰杰原因	26	0.06670	0.9357
LEX 不是 G1 的格兰杰原因		0.95895	0.3995
G2 不是 LEX 的格兰杰原因	26	0.02884	0.9716
LEX 不是 G2 的格兰杰原因		1.53613	0.2384
G3 不是 LEX 的格兰杰原因	26	0.59465	0.5608
LEX 不是 G3 的格兰杰原因		1.08616	0.3557

表 7-4 表明,在 G1 与 ZEX 的因果关系中,G1 的 P 值小于 0.1,ZEX 的 P 值大于 0.1。这说明,G1 是 ZEX 的格兰杰原因,反之则不是。可见,第一产业的发展带动了资源密集型产品的出口。

表 7-4 贸易结构中资源密集型产品出口与产业结构的因果关系检验

样本区间:1952—1979 年

滞后长度:2

原假设	观测值个数	F 统计值	P 值
G1 不是 ZEX 的格兰杰原因	26	8.05938	0.0025
ZEX 不是 G1 的格兰杰原因		0.77183	0.4748
G2 不是 ZEX 的格兰杰原因	26	2.51123	0.1052
ZEX 不是 G2 的格兰杰原因		0.43897	0.6505
G3 不是 ZEX 的格兰杰原因	26	3.35554	0.0544
ZEX 不是 G3 的格兰杰原因		0.99808	0.3854

在 G2 与 ZEX 的因果关系中,P 值均大于 0.1,故 G2 与 ZEX 不存在格兰杰因果关系。

在 G3 与 ZEX 的因果关系中,G3 是 ZEX 的格兰杰原因,反之则不是。这说明第三产业的发展带动了资源密集型产品的出口。

表 7-5 表明,在 G1 与 KIM 的因果关系中,G1 的 P 值小于 0.1,KIM 的 P 值大于 0.1。这说明 G1 是 KIM 的格兰杰原因,反之则不是。可见,第一产业的发展带动了资本密集型产品的进口。

表 7-5　贸易结构中资本密集型产品进口与产业结构的因果关系检验

样本区间:1952—1979 年

滞后长度:2

原假设	观测值个数	F 统计值	P 值
G1 不是 KIM 的格兰杰原因	26	3.23269	0.0597
KIM 不是 G1 的格兰杰原因		0.55614	0.5816
G2 不是 KIM 的格兰杰原因	26	2.74110	0.0876
KIM 不是 G2 的格兰杰原因		1.07596	0.3590
G3 不是 KIM 的格兰杰原因	26	0.31583	0.7326
KIM 不是 G3 的格兰杰原因		4.45551	0.0244

在 G2 与 KIM 的因果关系中,G2 的 P 值小于 0.1,KIM 的 P 值大于 0.1.这说明 G2 是 KIM 的格兰杰原因,反之则不是。可见,第二产业的发展带动了资本密集型产品的进口。当时重工业发展的需求带动了资本密集型产品的进口。

在 G3 与 KIM 的因果关系中,KIM 的 P 值小于 0.1,G2 的 P 值大于 0.1.这说明 KIM 是 G3 的格兰杰原因,反之则不是。可见,资本密集型产品进口带动了第三产业的发展。

表 7-6 表明,在 G1 与 LIM 的因果关系中,G1 的 P 值小于 0.1,LIM 的 P 值大于 0.1.这说明,G1 是 LIM 的格兰杰原因,反之则不是。可见,第一产业的发展带动了资本密集型产品的进口,这主要是因为当时农业生产资料进口需求较大。

表 7-6　贸易结构中劳动密集型产品进口与产业结构的因果关系检验

样本区间:1952—1979 年

滞后长度:2

原假设	观测值个数	F 统计值	P 值
G1 不是 LIM 的格兰杰原因	26	4.21387	0.0289
LIM 不是 G1 的格兰杰原因		1.67209	0.2119
G2 不是 LIM 的格兰杰原因	26	1.39928	0.2689
LIM 不是 G2 的格兰杰原因		0.34719	0.7106
G3 不是 LIM 的格兰杰原因	26	0.57379	0.5720
LIM 不是 G3 的格兰杰原因		2.24687	0.1305

LIM 与 G2、G3 之间均不存在格兰杰因果关系。

根据表 7-7 的结果,ZIM 与 G1、G2 之间均不存在格兰杰因果关系。

表 7-7 贸易结构中资源密集型产品进口与产业结构的因果关系检验

样本区间：1952—1979 年

滞后长度：2

原假设	观测值个数	F 统计值	P 值
G1 不是 ZIM 的格兰杰原因	26	0.67498	0.5199
ZIM 不是 G1 的格兰杰原因		1.95803	0.1661
G2 不是 ZIM 的格兰杰原因	26	0.05244	0.9490
ZIM 不是 G2 的格兰杰原因		1.85004	0.1820
G3 不是 ZIM 的格兰杰原因	26	2.91197	0.0765
ZIM 不是 G3 的格兰杰原因		1.01964	0.3779

在 G3 与 ZIM 的因果关系中，G3 的 P 值小于 0.1，ZIM 的 P 值大于 0.1。这说明 G3 是 ZIM 的格兰杰原因，反之则不是。可见，第三产业的发展带动了资源密集型产品的进口。

从表 7-8 可以看出，贸易结构与产业结构之间存在较为复杂的因果联系。1952—1979 年，由于我国特殊的贸易战略和经济发展战略的影响，贸易结构与产业结构之间的关系存在一定程度的扭曲。这一时期出口规模较小，以农副产品等资源密集型产品出口为主。这主要依赖于当时农业的发展，现实和实证均证实了这一点。这一时期重工业的畸形发展带动了资本密集型产品的进口，这一点在现实与实证中均得到了验证。

表 7-8 1952—1979 年贸易结构与产业结构格兰杰因果关系检验总结

贸易结构		产业结构		
		第一产业(G1)	第二产业(G2)	第三产业(G3)
出口结构	资本密集型产品出口(KEX)			↲
	劳动密集型产品出口(LEX)			
	资源密集型产品出口(ZEX)	↲		↲
进口结构	资本密集型产品进口(KIM)	↲	↲	↑
	劳动密集型产品进口(LIM)	↲		
	资源密集型产品进口(ZIM)			↲

注：空白表示不存在格兰杰因果关系。"↲""↑"表示单向因果关系。

（三）重化工业倾向的产业结构与贸易结构的关系

1. 贸易结构对工业结构变化的影响

为了进一步分析贸易结构对产业结构变化的影响，下面构建计量模型，进行量化分析。

根据上文的分析结果，以资本密集型产品进口（KIM）为自变量，以第二产业比重（G2）为因变量。考虑到资本密集型产品进口（KIM）的滞后影响，引入滞后变量 KIM(-1)、G2(-1)。

变量 KIM 不显著，去掉后模型最终结果如下：

$$G2 = 0.0364 + 0.7723 \times G2(-1) + 0.0599 \times KIM(-1)$$
$$\quad\quad (1.64) \quad\quad (8.11) \quad\quad\quad\quad (3.09)$$

R-squared$=0.8706$　Adj. R-squared$=0.8598$　F-statistic$=80.74$

括号内的值为 t 统计值。

模型参数和图 7-1 均表明，方程的拟合效果比较好。第二产业比重（G2）的系数为正，这说明资本密集型产品进口（KIM）对第二产业比重（G2）的提升起到了积极作用。

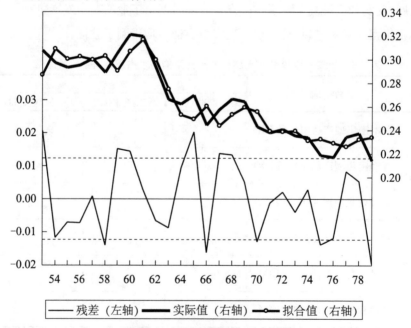

图 7-1　G2-KIM 方程拟合效果

2. 工业结构变化对贸易结构的影响

为了进一步分析工业结构变化对贸易结构的影响，下面构建计量模型，进行量化分析。

根据前文的分析结果，以资本密集型产品进口（KIM）为因变量，以第二产业比重（G2）为自变量。考虑到资本密集型产品进口（KIM）的滞后影响，引入滞后变量 KIM（-1）、G2（-1）。

模型结果如下：

$$KIM=0.141855+0.781081\ KIM(-1)+1.040614G2-1.282314G2(-1)$$
$$(1.428861)(7.485718)\qquad\qquad(2.230029)(-2.854971)$$

R-squared=0.8145　Adj. R-squared=0.7903　F-statistic=33.66

括号内的值为 t 统计值。

从图 7-2 结果可以看到，模型的拟合效果较好。第二产业比重（G2）对资本密集型产品进口（KIM）的影响最大，其次是资本密集型产品进口（KIM）的滞后影响。因此，总的来看，重工业的发展极大地带动了资本密集型产品的进口。结合前面的分析，资本密集型产品的进口依赖于第一产业出口的支持。

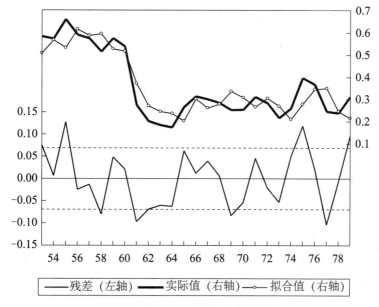

图 7-2　KIM-G2 方程拟合效果

（四）重化工业倾向的产业结构与贸易结构演进的绩效分析

1949—1979年这一时期，内向型进口替代战略背景下的产业结构与贸易结构转换，主要呈现以下特点：

1. 实现了产业结构重型化的转换，基本完成初级进口替代

中华人民共和国成立初期，农业占国民经济的90%，而且在占优势的农业中，机械化程度相当低，农业资本装备率几乎为零，经过30年的发展，我国通过优先发展重工业和进口替代战略，利用计划体制的某些优势集中使用资源、重工业不断加强自我循环等手段，工业结构发生了根本性变化（见表7-9），农业在国民收入中所占的比重由1957年的46.81%下降到1975年的37.79%。第二产业的增长速度高于第一产业和第三产业，第二产业中工业的增长速度高于建筑业的增长速度，工业中重工业的增长速度又高于轻工业的增长速度，工业门类比较齐全，建立起了比较完备的工业体系。传统的工业部门比较齐备，航空、航天、电子等新兴工业部门也有了一定的基础，工业品特别是资源性产品起到了国内替代作用。制造业的水平占国内生产总值的比重在30%左右，虽然制造业的比重高，但提供消费品的能力却较低。主导产业是机械工业、化学工业和纺织品工业。这一阶段服务业在国民生产总值中所占的比重偏低，比一般低收入国家低9个百分点。

表7-9　1957—1975年产业结构演变状况　　　　　单位：%

年份	第一产业在国民收入中所占比重	第二产业在国民收入中所占比重	第三产业在国民收入中所占比重
1957	46.81	33.26	19.94
1962	48.05	36.29	15.69
1965	46.21	40.23	13.55
1970	40.39	45.12	14.48
1975	37.79	50.53	11.67

资料来源：《中国工业经济统计资料(1949—1984)》。

我国采取的服务重工业优先发展的进口替代发展战略，加速建设起了独立完整的工业体系和国民经济体系，进口替代的对象不仅包括发展中国家通常选择的一般消费品工业，而且重点是重化工业。经过30年的进口

替代实践，一般工业消费品的进口替代基本上完成了初级阶段的进口替代（见表 7-10）。而且，航天、航空、核工业等新兴产业部门也有了一定基础，工业品的替代生产能力大幅度提高。但国民经济对进口中间产品、资本品的依赖仍然居高不下，这表明重化工业的进口替代仍需继续进行，即应进行高级阶段的进口替代。

表 7-10　若干工业品自给率变化情况　　　　单位：%

年份	载重汽车	钢材	化肥	乙烯	纸张	手表	化纤
1952	0	69.7	15.6	—	80.5	0	0
1978	81.4	71.9	54.2	76.1	92.3	86.0	53.2

资料来源：国家统计局，《光辉的三十五年统计资料》，中国统计出版社，1984 年。

2. 出口商品结构并不反映我国的比较优势

从表 7-11 中可以看出，1965 年我国最主要的出口产品是资源密集型产品和资本密集型产品，出口份额分别达到 56％和 65％，而具有要素禀赋优势的劳动密集型产品的出口份额仅为 33％。但是，在 20 世纪六七十年代，我国出口较多的资本密集型产品，并不意味着我国在这类产品上具有比较优势，而是由于当时我国的产业政策是优先发展重工业，使得劳动密集型的轻纺产品连国内需求都很难满足，从而没有能力再出口。

表 7-11　1965—1980 年中国制成品出口商品结构变化的趋势　　单位：%

产品类别	1965 年	1975 年	1980 年
总出口	100	100	100
劳动密集型产品	33	36	39
非熟练劳动密集型产品	26	25	29
资本密集型产品	65	50	35
人力资本密集型产品	9	8	7
自然资源为基础的产品	56	58	50
煤、石油和天然气	2	14	22

注：总出口份额各栏加总不等于 100％是因为不同类型产品的划分有一定的重合。
资料来源：世界银行，《1987 年世界发展报告》，中国财政经济出版社，1987 年。

总之，内向型进口替代型战略并没有使我国的工业化取得成功，尽管建立了门类繁多的重工业，这些重工业并没有走向成熟，根本无法同国外竞争对手相抗衡。表 7-12 表明,1980 年同 1955 年相比,我国的比较优势格局依旧,优势产品仍然集中在农产品、纺织品和服装上,而"备受宠爱"的重工业没有取得任何竞争优势。

表 7-12　1955—1980 年我国产品的比较优势格局

时期	农产品	燃料、矿产品和金属	纺织品和服装	其他制成品
1955—1959	—	—	2.1	—
1965—1969	2.1	0.3	3.3	0.44
1970—1974	2.3	0.3	3.4	0.48
1975—1977	2.2	0.3	3.9	0.46
1978—1980	1.9	0.7	4.6	0.48

资料来源:基姆·安德森,《中国经济比较优势的变化》,经济科学出版社,1992 年。

在中华人民共和国成立初期,我国的出口以初级产品为主,或者说以农副产品和农副产品加工为主,这是不发达国家的一般规律。但是,我国是一个人均资源匮乏的国家,土地以及其他矿物是稀缺的资源,长期出口资源品是难以为继的。比如,除了一些特殊的农副产品,我国的农产品出口始终受到国内市场的压力,是靠压缩国内需求强制进行的,到 20 世纪 60 年代之后,粮食等大宗农产品已经由净出口转变为净进口。除了一些有色金属矿物品,矿物燃料的出口也是在压缩国内需求的基础上维持出口的,如传统的煤炭的出口,以及 20 世纪 70 年代开始的石油出口,也都是在国内燃料动力极其紧张的情况下强制出口的。而逐渐成为出口商品重要来源的劳动密集型的轻工业是我国具有比较优势的产业,但在工业建设中处于次要地位,发展不充分,产品在国内市场上也经常处于供不应求的状态。长期作为建设重点的重化工业虽然得到较快的发展,但与发达国家相比,到 20 世纪 70 年代,仍显资金密度不足,技术含量低,在出口产品中始终不占重要地位。而且在重工业优先发展的进程中,重化工产品的国内需求也很旺盛。其结果是我国的出口货源总是处于国际市场和国内市场矛盾的紧张状态之中。

随着国民经济的发展和人口的增加,改善人民生活水平的任务日益紧迫,上述矛盾不断加剧。到 1978 年,出口结构中,初级产品的比重在下降

（石油的大量出口实际上也是难以维持的），进口的消费品和生产原料的比重也在增加，这与其说是对外贸易结构改善的结果，不如说是资源日益紧张的缘故；重化工产品出口要想进一步增加困难很大；轻纺工业产品在出口份额中已超过了 1/3，但也面临着国内改善人民生活的巨大压力。要使对外经济贸易进一步发展，我国的国民经济发展、对外经济贸易战略以及计划经济和外贸体制必须做出重大调整。

3. 出口商品结构与产业结构变动不同步

中华人民共和国成立以来，通过实施重工业优先发展战略，尽管建立起了门类比较齐全的工业体系，但由于我国的工业发展是在完全封闭与高度保护的条件下发展起来的，并未体现出我国的比较优势，大部分工业部门在国际市场上仍缺乏竞争力，导致出口商品结构与工业结构存在明显的错位（见表 7-13）。在 1953 年的工业总产值中，重工业所占比重为 37.3%；在工业制成品出口总值中，重化工业品所占比重为 40.0%，两者基本相当。而到了 1980 年，在工业总产值中，重工业所占比重上升到 52.8%；而在工业制成品出口总值中，重化工业品所占比重却已下降到 28.0%。

表 7-13　改革开放前的中国：出口产业结构相对于产业结构的滞后　单位：%

年份	生产结构			出口结构		
	工业总产值①	轻工业②	重工业	工业制成品③	轻工业品④	重化工业品
1953	46.9	62.7	37.3	20.6	60.0	40.0
1957	56.7	55.0	45.0	36.4	72.0	28.0
1965	62.7	51.6	48.4	48.8	64.0	36.0
1970	67.5	46.1	53.9	46.5	72.0	28.0
1975	71.8	44.1	55.9	43.6	71.0	29.0
1980	72.8	47.1	52.8	46.6	72.0	28.0

注：①以工农业总产值为 100；②以工业总产值为 100；③以出口总额为 100；④以工业制成品出口额为 100。

资料来源：《中国统计年鉴(1992)》；《中国对外经济贸易年鉴(1984)》。

造成这一现象的原因是我国产业政策与贸易政策指向上的不协调。中华人民共和国成立初期，我国的要素禀赋状况是劳动力丰裕而资本匮乏，按照比较优势原则，我国应该从劳动密集型的工业着手，但是，我国的工业化却是从资本、技术密集型的重工业开始的，甚至把发展重工业等同于工业化,政府把尽可能多的资本要素投入到重工业领域,导致重工业的超速扩张,将工业化发展过程演绎为"以钢为纲"的极端发展战略。为了迅速实现工业化,产业政策向资本密集型产业——重化工业倾斜,为此,贸易政策就必须在给予资本密集型产业发展以高度保护的同时,还要赚取适量外汇来支持重工业优先发展的工业化进程。因此,贸易政策的重点主要是通过进口限制对工业化发展进行保护,鼓励出口以赚取外汇来间接支持工业化,而不是直接鼓励较高级产业的出口。

4. 产业畸形发展,服务于重工业的高级进口替代并未实现

改革开放前,我国工业的高速增长,是由我国推行的重工业优先发展战略所导致的。这种不顾各产业以及工业内部各行业的协调,一味发展原料型工业的战略,导致结构性矛盾异常尖锐,国民经济最终陷入 1961 年和 1962 年的低谷时期。随后,被高度重视的重工业的超速发展情况得到了一定纠正,轻工业行业有了一定的发展,导致整个工业增长在 1964 年前后进入高峰期。整个"文化大革命"期间,工业的发展依旧是跌宕起伏。总的看来,1979 年之前我国采取了重工业优先发展战略,然而这与我国资本相对不足、劳动力丰富的现实特点相违背。世界上许多国家的成功发展道路表明,在工业化初期,轻工业往往由于其成本低廉而成为国民经济的主导,随着工业化的推进,资本和技术积累达到一定程度,整个工业就迈向了重工业时代,而技术进步又会将工业推进到信息产业时代。我国曾几次试图直接进入重工业时代,但是由于缺乏轻工业的发展阶段,重工业产业成为自循环、自我服务的体系,难以对轻工业和其他产业起到支持和推进作用,这必然导致尖锐的结构矛盾。

我国的进口商品结构受国内工业部门发展的影响,主要以机械设备等生产性物资为主。20 世纪 50 年代,生产资料的进口额在总进口额中的比重为 92.5%,其中机械设备的进口额占总进口额的 54%,工业原材料占了 34.8%。60 年代,受与苏联关系恶化的影响,机械设备的进口急剧下降,进口商品结构发生重大变化,生产性资料的进口额仅占进口总额的 59%。"文化大革命"期间,机械设备进口呈现下降趋势,1969 年其比重只有 12%,主要以工业原料进口为主。70 年代,我国的进口商品结构没有发生太大的变化,这一时期在进口总额中,工业设备、原材料等中间产品和资本

品的比重一直居高不下,而工业消费品的进口比重较小。据统计,1950—1980年,中间产品、资本品在进口总额中占70%以上,50年代这一比例更是高达90%以上;消费资料进口只占20%左右,其中相当一部分是粮食等初级产品,工业消费品所占比重很小。这说明,进口主要为填补国内资本品和中间产品的短缺,以期建立起我国自己的重化工业体系,逐步以本国产品替代进口品。但中间产品和资本品进口的比例长期居高不下,表明重化工业进口替代虽取得了一定成效,却远未取得预期效果实现进口替代。

我国的制造业是以重化工业为主导的,20世纪50年代以来,我国实行优先发展重工业和以"以钢为纲"的产业政策,到60年代末和70年代,重工业在制造业中的比重已超过轻工业。在重工业内部,机械工业在制造业中所占的比重特别高,1970年为28.1%,1978年达29.3%。虽然我国的机械工业在制造业中所占份额很大,但其产品在出口商品总额中所占比重却非常低,70年代仅为4%,我国以机械工业作为进口替代型产业的主导产业并未产生理想的带动效果。

二、1980年之后的进出口贸易与国内产业两者结构变化的相互关系

前面的章节已经从历史演进的角度分析了对外贸易结构和产业结构转换的关系,两者之间是否像前面分析的那样存在相互作用的因果关系?如果存在,这种作用又有多大呢?下面用实证分析的方法对我国1980年以来的贸易结构和产业结构之间的互动进行分析。

(一)产业结构与贸易结构之间的因果关系检验

贸易结构变量ZEX、LEX、KEX分别表示资源密集型产品、劳动密集型产品、资本密集型产品的出口,ZIM、LIM、KIM分别表示资源密集型产品、劳动密集型产品、资本密集型产品的进口。产业结构变量G1、G2、G3分别表示第一、二、三产业产值占GDP的比重。

1. 平稳性检验

运用EViews软件首先对贸易结构中的ZEX、LEX、KEX,ZIM、LIM、KIM等变量进行平稳性检验。

表7-14表明,贸易结构变量ZEX是一阶单整平稳序列变量。

经过检验,贸易结构中LEX、KEX、ZIM、LIM、KIM均为一阶单整平稳序列变量。

表 7-14 ZEX 的单位根检验结果

原假设：D(KEX)有一个单位根

模型形式：常数项，线性趋势

滞后长度：0(根据 SIC 准则自动判断，最大滞后长度为 8)

		t 统计值	P 值*
单位根检验统计值		−6.122842	0.0001
临界值：	1%水平	−4.284580	
	5%水平	−3.562882	
	10%水平	−3.215267	

运用 EViews 软件对产业结构变量 G1、G2、G3 进行平稳性检验，G1、G2、G3 均为一阶单整平稳序列变量。

2. 因果关系检验

运用 EViews 软件对贸易结构与产业结构的关系进行格兰杰因果关系检验。滞后阶数为 1。

表 7-15 表明，在 G1 与 KEX 的因果关系中，G1 的 P 值小于 0.1，拒绝原假设，即 G1 是 KEX 的格兰杰原因；KEX 的 P 值大于 0.1，接受原假设，即 KEX 不是 G1 的格兰杰原因。这说明第一产业比重的变化对资本密集型产品出口有推动作用，是其变化的格兰杰原因。

表 7-15 贸易结构中资本密集型产品出口与产业结构的因果关系检验

样本区间：1952—1979 年

滞后长度：1

原假设	观测值个数	F 统计值	P 值
G1 不是 KEX 的格兰杰原因	32	14.2144	0.0007
KEX 不是 G1 的格兰杰原因		0.00743	0.9319
G2 不是 KEX 的格兰杰原因	32	0.30452	0.5853
KEX 不是 G2 的格兰杰原因		7.07360	0.0126
G3 不是 KEX 的格兰杰原因	32	7.32609	0.0113
KEX 不是 G3 的格兰杰原因		0.04897	0.8264

同样，KEX 是 G2 的格兰杰原因，反过来则不是。这说明资本密集型产品出口带动了第二产业比重的变动。

G3 是 KEX 的格兰杰原因，反过来则不是。

表 7-16 表明,在 G2 与 LEX 的因果关系中,LEX 的 P 值小于 0.1,拒绝原假设,即 LEX 是 G2 的格兰杰原因;G2 的 P 值大于 0.1,接受原假设,即 G2 不是 LEX 的格兰杰原因。这说明劳动密集型产品的出口带动了第二产业比重的变化。

表 7-16　贸易结构中劳动密集型产品出口与产业结构的因果关系检验

样本区间:1980—2012 年

滞后长度:1

原假设	观测值个数	F 统计值	P 值
G1 不是 LEX 的格兰杰原因	32	0.48760	0.4906
LEX 不是 G1 的格兰杰原因		0.90803	0.3485
G2 不是 LEX 的格兰杰原因	32	4.16158	0.0506
LEX 不是 G2 的格兰杰原因		0.77816	0.3850
G3 不是 LEX 的格兰杰原因	32	1.06311	0.3110
LEX 不是 G3 的格兰杰原因		0.67718	0.4173

在 G1 与 LEX 的因果关系中,G1、LEX 的 P 值均大于 0.1,接受原假设,即 G1 与 LEX 不存在格兰杰因果关系。

同样,G3 与 LEX 不存在格兰杰因果关系。

表 7-17 表明,在 G1 与 ZEX 的因果关系中,G1、ZEX 的 P 值均小于 0.1,拒绝原假设,即 ZEX 与 G1 互为格兰杰因果关系。这说明资源密集型产品的出口带动了第一产业比重的变化,第一产业比重的变化带动了资源密集型产品的出口。

表 7-17　贸易结构中资源密集型产品出口与产业结构的因果关系检验

样本区间:1980—2012 年

滞后长度:1

原假设	观测值个数	F 统计值	P 值
G1 不是 ZEX 的格兰杰原因	32	3.82536	0.0602
ZEX 不是 G1 的格兰杰原因		4.72331	0.0381
G2 不是 ZEX 的格兰杰原因	32	0.50905	0.4813
ZEX 不是 G2 的格兰杰原因		7.91543	0.0087
G3 不是 ZEX 的格兰杰原因	32	7.22255	0.0118
ZEX 不是 G3 的格兰杰原因		0.15881	0.6932

在 G2 与 ZEX 的因果关系中,ZEX 是 G2 的格兰杰原因,反过来则不是。这说明资源密集型产品的出口带动了第二产业比重的变化,反过来则

不存在格兰杰因果关系。

在 G3 与 ZEX 的因果关系中,G3 是 ZEX 的格兰杰原因,反过来则不是。这说明第三产业结构比重的变化带动了资源密集型产品的出口,反过来则不存在格兰杰因果关系。

表 7-18 表明,在 G1 与 KIM 的因果关系中,KIM 是 G1 的格兰杰原因,反过来则不是。这说明资本密集型产品的进口带动了第一产业比重的变化,反过来则不存在格兰杰因果关系。

表 7-18   贸易结构中资本密集型产品进口与产业结构的因果关系检验

样本区间:1980—2012 年

滞后长度:1

原假设	观测值个数	F 统计值	P 值
G1 不是 KIM 的格兰杰原因	32	0.32795	0.5713
KIM 不是 G1 的格兰杰原因		4.75516	0.0375
G2 不是 KIM 的格兰杰原因	32	1.20312	0.2817
KIM 不是 G2 的格兰杰原因		24.2320	0.0000
G3 不是 KIM 的格兰杰原因	32	1.21058	0.2803
KIM 不是 G3 的格兰杰原因		0.61741	0.4384

在 G2 与 KIM 的因果关系中,KIM 是 G2 的格兰杰原因,反过来则不是。这说明资本密集型产品的进口带动了第二产业比重的变化,反过来则不存在格兰杰因果关系。

在 G3 与 KIM 的因果关系中,G3 与 KIM 不存在格兰杰因果关系。

表 7-19 表明,在 G1 与 LIM 的因果关系中,G1 是 LIM 的格兰杰原因,反过来则不是。这说明第一产业比重的变化带动了劳动密集型产品的进口,反过来则不存在格兰杰因果关系。

表 7-19   贸易结构中劳动密集型产品进口与产业结构的因果关系检验

样本区间:1980—2012 年

滞后长度:1

原假设	观测值个数	F 统计值	P 值
G1 不是 LIM 的格兰杰原因	32	8.52336	0.0067
LIM 不是 G1 的格兰杰原因		1.38179	0.2494
G2 不是 LIM 的格兰杰原因	32	1.50264	0.2301
LIM 不是 G2 的格兰杰原因		0.09015	0.7661
G3 不是 LIM 的格兰杰原因	32	7.76877	0.0093
LIM 不是 G3 的格兰杰原因		0.07206	0.7903

在 G2 与 LIM 的因果关系中,G2 与 LIM 不存在格兰杰因果关系。

在 G3 与 LIM 的因果关系中,G3 是 LIM 的格兰杰原因,反过来则不是。

有 7-20 表明,在 G1 与 ZIM 的因果关系中,G1 与 ZIM 互为格兰杰因果关系。这说明第一产业比重的变化与资源密集型产品的进口相互促进。

表 7-20　贸易结构中资源密集型产品进口与产业结构的因果关系检验

样本区间:1980—2012 年

滞后长度:1

原假设	观测值个数	F 统计值	P 值
G1 不是 ZIM 的格兰杰原因	32	7.82706	0.0090
ZIM 不是 G1 的格兰杰原因		6.44395	0.0168
G2 不是 ZIM 的格兰杰原因	32	8.00838	0.0084
ZIM 不是 G2 的格兰杰原因		6.62360	0.0154
G3 不是 ZIM 的格兰杰原因	32	5.55345	0.0254
ZIM 不是 G3 的格兰杰原因		0.00497	0.9443

在 G2 与 ZIM 的因果关系中,G2 与 ZIM 互为格兰杰因果关系。这说明资源密集型产品进口与第二产业比重的变化相互促进。

在 G3 与 ZIM 的因果关系中,G3 是 ZIM 的格兰杰原因,反过来则不是。

从表 7-21 可以看出,贸易结构与产业结构之间存在复杂的因果联系和作用机制。资本密集型产品的进出口对一、二第二产业的比重有明显的因果关系。资源密集型产品的进出口与第一、二、三产业的比重之间有明显的因果关系。劳动密集型产品的进出口与第一、二、三产业结构之间的关系不稳定。劳动密集型产品的出口对第二产业的比重有影响;第一、三产业的比重影响劳动密集型产品的进口,反过来则不存在格兰杰因果关系。

表 7-21　1980—2012 年贸易结构与产业结构格兰杰因果关系检验总结

贸易结构		产业结构		
		第一产业(G1)	第二产业(G2)	第三产业(G3)
出口结构	资本密集型产品出口(KEX)	←⌐	⌐↑	←⌐
	劳动密集型产品出口(LEX)		↑	
	资源密集型产品出口(ZEX)	⌐↑	⌐↑	←⌐
进口结构	资本密集型产品进口(KIM)	⌐↑	⌐↑	
	劳动密集型产品进口(LIM)	←		←
	资源密集型产品进口(ZIM)	↔	↔	⌐↑

注:空白表示不存在格兰杰因果关系。

3. 模型

1980—2013年,我国外贸发展战略以出口导向型为主。通过出口带动产业结构的调整。改革开放以来,资本密集型产品的出口带动了我国第二产业的发展,比较优势得到了进一步的发挥。

依据前文分析,以第二产业的比重(G2)为因变量,资本密集型产品的出口(KEX)为自变量,构建计量模型。第二产业的比重(G2)的滞后影响亦被引入模型。

$$G2 = 13.93393 + 0.672530G2(-1) + 0.029742KEX$$

$$(2.889883) \quad (6.073106) \quad (2.215652)$$

$R\text{-squared} = 0.751839 \quad Adj. R\text{-squared} = 0.734724$

$F\text{-statistic} = 43.92980$

以上方程的拟合效果较好(见图7-3)。

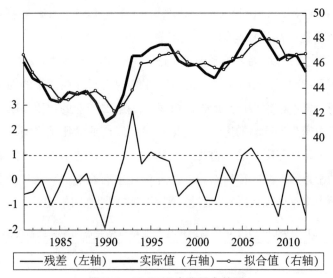

图 7-3　G2-KEX 方程拟合效果

为了进一步考查贸易结构与产业结构的互动关系,这里以第二产业的比重(G2)与 ZEX、LEX、KEX 之间的互动关系为例,进行脉冲响应函数分析。

首先以 G2、ZEX、LEX、KEX 为变量建立 VAR 模型。在此基础上进行脉冲响应函数分析。

以 ZEX、LEX、KEX 为自变量,以 G2 为因变量。运用 EViews 软件得到 G2 对 ZEX、LEX、KEX 的脉冲响应函数图(见图7-4)。

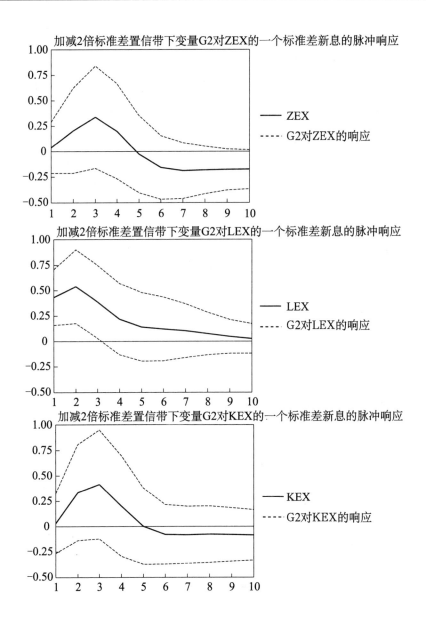

图 7-4　G2 对 ZEX、LEX、KEX 的脉冲响应函数图

注:实线为变量的脉冲响应值,虚线为该值的 2 倍标准差区间。

　　给定 KEX 一个冲击,G2 在前 5 期有较大的响应。到第 6 期以后,影响为负向的。

　　给定 LEX 一个冲击,G2 在前 4 期有较大的响应,此后响应逐渐减小。

给定 ZEX 一个冲击,G2 在前 5 期有较大的响应,在第 3 期达到峰值,第 5 期以后影响为负向。

以 G2 为自变量,以 ZEX、LEX、KEX 为因变量。运用 EViews 软件得到 ZEX、LEX、KEX 对 G2 的脉冲响应函数图(见图 7-5)。

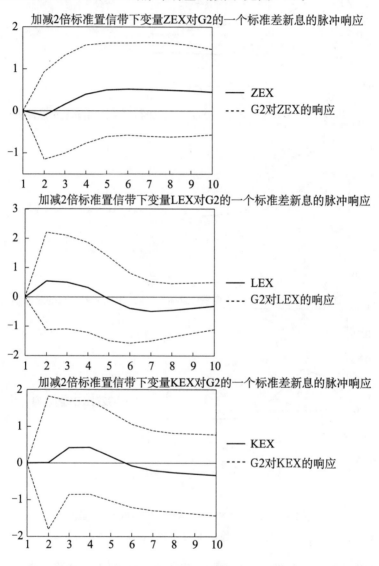

图 7-5　ZEX、LEX、KEX 对 G2 的脉冲响应函数图

注:实线为变量的脉冲响应值,虚线为该值的 2 倍标准差区间。

给定 G2 一个冲击,KEX 在第 2—6 期有较大的响应。到第 6 期以后,影响为负向的。

给定 G2 一个冲击,LEX 在前 5 期有较大的响应,此后响应逐渐减小,影响为负向的。

给定 G2 一个冲击,ZEX 在前 5 期有较大的响应,前 2 期有波动,第 5 期后影响较为稳定。

(二) 产业结构与贸易结构演进中的互动发展分析

1. 变量的设定及度量指标的选取

1980 年以后,我国已按国际通行的进出口商品分类标准即《国际贸易标准分类》进行统计,因此,1980 年之后产业结构与贸易结构的统计样本均取自 1980—2014 年的《中国统计年鉴》历年数据。

现有文献在研究产业结构与贸易结构的关系方面,蓝庆新和田海峰(2002)与陈建华和马晓逵(2009)等,用经济总量中各组成部分的增长率与结构变化的乘积的算术平均来反映经济结构的变化。这种指标的计算方法仅能反映经济结构的数量变化,不能反映经济结构变化的趋势和方向。因此,本书在其他学者研究的基础上,对计量方法和指标加以调整,对各组成部分占比经过系数调整相加来反映经济结构的变化趋势。

根据资源密集型、劳动密集型和资本密集型三类进出口产品的附加值不同,设定不同的调整系数。资源密集性产品的附加值较低,对应调整系数为 1;劳动密集型产品的附加值较高,对应调整系数为 2;资本密集型产品的附加值最高,对应调整系数为 3。出口贸易商品结构的度量公式如下:

$$X_1 = \sum (m_t^i / m_t) \times A_i, \tag{7-1}$$

其中,m_t^i / m_t 表示第 t 年各类产品的出口额占总出口额的比例,A_i 为各类产品对应的调整系数。

类似地,进口商品结构的度量指标为:

$$X_2 = \sum (x_t^i / x_t) \times A_i, \tag{7-2}$$

其中,x_t^i / x_t 表示第 t 年各类产品的进口额占总出口额的比例,A_i 为各类产品对应的调整系数。

产业结构按产业的高度可依次设定第一产业对应的调整系数为 1,第二产业对应的调整系数为 2,第三产业对应的调整系数为 3。产业结构的度量公式如下:

$$Y = \sum (y_t^i/y_t) \times B_i, \quad\quad (7\text{-}3)$$

其中,y_t^i/y_t 表示第 t 年三次产业增加值占 GDP 的比例,B_i 为三次产业对应的调整系数。

进出口商品结构的指标值越大,说明从资源密集型产品向劳动密集型产品和资本密集型产品转变的幅度越大,进出口产品的附加值越高;产业结构的指标值越大,说明产业结构的高度化程度越大。经计算得出各年份进出口商品结构指标和产业结构指标按时间顺序排列,见表 7-22。

表 7-22   1980—2013 年我国产业结构和进出口商品结构指标

年份	产业结构指标(Y)	出口结构指标(X_1)	进口结构指标(X_2)
1980	1.920 0	1.606 0	2.053 0
1981	1.907 0	1.643 0	2.019 0
1982	1.890 0	1.663 0	1.923 0
1983	1.898 0	1.676 0	2.064 0
1984	1.933 0	1.651 0	2.237 0
1985	2.007 0	1.572 0	2.373 0
1986	2.025 0	1.736 0	2.351 0
1987	2.033 0	1.390 0	2.058 0
1988	2.052 0	1.451 0	2.031 0
1989	2.073 0	1.516 0	1.692 0
1990	2.049 0	1.520 0	1.918 0
1991	2.096 0	1.548 0	1.930 0
1992	2.135 0	2.007 0	2.358 0
1993	2.144 0	2.035 0	2.389 0
1994	2.142 0	2.069 0	2.399 0
1995	2.132 0	2.126 0	2.335 0
1996	2.135 0	2.298 0	2.332 0
1997	2.163 0	2.164 0	2.291 0
1998	2.192 0	2.218 0	2.375 0
1999	2.218 0	2.253 0	2.386 0
2000	2.245 0	2.276 0	2.321 0
2001	2.266 0	2.304 0	2.369 0
2002	2.282 0	2.344 0	2.417 0

续表

年份	产业结构指标(Y)	出口结构指标(X_1)	进口结构指标(X_2)
2003	2.288 0	2.390 0	2.404 0
2004	2.276 0	2.425 0	2.352 0
2005	2.273 0	2.439 0	2.328 0
2006	2.287 0	2.458 0	2.320 0
2007	2.288 0	1.958 1	2.284 1
2008	2.310 9	2.113 3	2.167 5
2009	2.330 9	2.927 6	2.222 2
2010	2.331 4	1.906 3	2.163 6
2011	2.333 4	2.084 7	2.062 2
2012	2.345 0	2.298 1	2.032 9
2013	2.346 4	2.376 5	2.021 6

2.实证结果及分析

（1）单位根检验

采用 ADF 方法进行单位根检验，通过 AIC 和 SC 准则确定滞后阶数。表 7-23 为 EViews 6.0 软件得到的平稳性检验结果。从结果上看，在 1% 的显著性水平下，我国产业结构指标和进出口商品结构指标的时间序列都不能拒绝原假设，即它们具有单位根，是非平稳序列。而在 1% 的显著性水平下，它们的一阶差分序列都拒绝了原假设，是平稳序列。因此，我国产业结构指标和进出口商品结构指标都属于一阶单整，是可以进行序列间的协整分析的。

表 7-23　进出口商品结构变化和产业结构变化的平稳性 ADF 检验结果

变量	ADF 统计量	1%临界值	10%临界值	检验形式(c,t,n)	滞后阶数	结论
Y	−1.67	−4.27	−3.21	t	8	不平稳
X_1	−3.81	−4.27	−3.21	t	8	不平稳
X_2	−3.62	−4.29	−3.22	t	8	不平稳
DY	−3.09	−2.64	−1.61	n	8	平稳
DX_1	−7.64	−2.64	−1.61	n	8	平稳
DX_2	−4.54	−2.65	−1.61	n	8	平稳

（2）协整分析

采用 Engle 和 Grange 提出的两步检验法，对 Y 和 X_1、X_2 之间的协整关系进行检验。首先，建立回归方程：

$$X_1 = -3.11 + 1.64Y + 0.72X_2 \qquad (7\text{-}4)$$

$$(-5.22) \quad (5.91) \quad (3.35)$$

$$R^2 = 0.7110, F = 36.9083, DW = 1.7655$$

$$X_2 = 1.60 + 0.30X_1 \qquad (7\text{-}5)$$

$$(11.10) \quad (4.30)$$

$R^2 = 0.3741, F = 18.5278, DW = 0.8595$（$Y$ 未能通过 5% 显著性水平的 t 检验）。

然后进行 AEG 检验，即对残差序列 u_1 和 u_2 进行平稳性检验，ADF 检验结果见表 7-24。

表 7-24　残差的平稳性 ADF 检验结果

变量	ADF 统计量	1% 临界值	10% 临界值	检验形式(c,t,n)	滞后阶数	结论
u_1	−4.98	−2.64	−1.61	n	8	平稳
u_2	−3.05	−2.64	−1.61	n	8	平稳

从表 7-24 可以看出，残差序列是平稳的。因此，我们可知 X_1 和 Y 之间存在协整关系。

(3)格兰杰因果关系检验

协整分析表明，我国进出口商品结构与产业结构之间，进口商品结构与出口商品结构之间存在着长期的稳定关系，但它们是否能构成因果关系，以及因果关系的方向如何，还需通过格兰杰因果检验的验证，检验结果见表 7-25。

表 7-25　格兰杰因果关系检验

原假设	F 值	P 值	检验结果
X_1 不是 Y 的原因	0.35	0.74	接受原假设
Y 不是 X_1 的原因	9.04	0.00	拒绝原假设
X_1 不是 X_2 的原因	0.68	0.41	接受原假设
X_2 不是 X_1 的原因	0.54	0.46	接受原假设

由表 7-25 可以看出，我国的产业结构变化不是出口商品结构变化原因的原假设被拒绝，而出口结构变化不是产业结构变化原因的原假设则没被拒绝。因此，两者之间存在单向的因果关系，即产业结构变化是出口结构变化的格兰杰原因，而出口结构变化没有构成产业结构变化的原因。进口结构变化不是出口结构变化原因的原假设被接受，同时出口结构变化不是进口结构变化原因的原假设被接受；因此，两者之间没有构成格兰杰因

果关系。

（三）用我国的现状分析模型所解释的现象

从格兰杰因果检验可以看出,产业结构升级是出口商品结构优化的原因,但出口结构变化并没有构成产业结构升级的原因;进口商品结构变化不是出口商品结构变化的原因,而出口商品结构变化也不是进口商品结构变化的原因。这说明产业结构决定贸易结构,是对外贸易的主要基础,产业结构升级带动了出口产品附加值的提高;而代表资本技术密集型产品的机械运输产品的进口增加对出口商品结构升级的影响并不显著。为了进一步揭示造成此现象的原因,有必要对我国现阶段产业结构与贸易结构背后的深层次原因进行分析。

1. 产业结构的升级促进了贸易结构优化

产业结构的调整包括三次产业结构之间的合理化与同一产业结构内部的高度化。纵观我国历次产业结构的调整过程,产业结构的调整目标主要放在产业间的协调上。20 世纪 80 年代初结构调整的目标是解决产业结构的重工业化倾向;20 世纪 80 年代末和 90 年代初转而要调整产业结构轻型化;20 世纪 90 年代中期以后结构调整的主要任务是解决农业发展后劲不足,基础工业、服务业、高新技术产业发展滞后的问题。

随着我国产业政策与对外贸易战略的变化,贸易结构与产业结构发生了很大变化。1980—2013 年,我国贸易结构与产业结构的演进大致可以分为三个阶段:第一阶段是 1980—1985 年。这一阶段我国在制造业领域几乎不具有出口的比较优势,初级产品的比重一直很大。我国在改革开放之初,由于传统计划体制下产业和企业组织形式的束缚,加之技术落后,几乎所有产业都不具有参与国际竞争的能力。因此,国家以出口资源密集型产品换取产业发展所急需的技术、关键设备、重要原材料和中间投入品,通过开办经济特区的方式吸引周边国家或地区的华人资本,在保护贸易政策下实现了轻工业的较快发展,并使该产业在较短的时期内具备了较强的国际竞争力。这一策略之所以取得成功,关键原因是它在客观上契合并发挥了当时的比较优势。第二阶段是 1985—

1993年。20世纪80年代中期以后,我国的出口商品结构得到改变,到1993年,初级产品出口比重由1985年的50.6%下降到1993年的18.2%,而工业制成品出口比重由1985年的49.5%上升到1993的81.8%。其中,代表劳动密集型产品的SITC6和SITC8类的出口占据了主要地位,1993年分别占到总比重的17.8%和42.3%,这表明我国出口商品结构基本实现了资源密集型向轻型化和劳动密集型的转变。这一时期,产业结构调整的内容主要是大力发展消费品工业,重视基础工业,加快发展能源工业、原材料工业、交通通信业,振兴机械、电子工业等。第一产业的比重逐步下降,第二产业的比重逐渐上升,其中的纺织、轻工等消费品工业取得了很大发展,产业结构逐渐向轻型化和劳动密集型转变。第三阶段是1994—2013年。1994年以来,资本密集型产品出口所占比重逐渐上升,出口商品结构变化最为显著的是机电产品出口比重大幅度上升,1995年机电产品的比重上升到29.5%,开始大幅度超过纺织品和服装的比重,首次成为我国出口的第一大类产品,实现了出口商品结构由劳动密集型向资本密集型的转变。到2013年,工业制成品出口比重占95%以上,其中机械及运输设备出口在2007年之后占47%以上。出口商品结构的变化与"九五"时期我国振兴机械电子、机械制造等行业的产业策略是分不开的(见表7-26)。

表7-26　我国1995—2013年产业结构和贸易结构的比例　　单位:%

年份	生产结构			出口结构		进口结构	
	第一产业	第二产业	第三产业	初级产品	工业制成品	初级产品	工业制成品
1995	19.8	47.2	33.0	14.4	85.6	18.5	81.5
2000	14.8	45.9	39.3	10.2	89.8	20.8	79.2
2001	14.1	45.2	40.7	9.9	90.1	18.8	82.2
2002	13.5	44.8	41.7	8.7	91.3	16.7	83.3
2003	12.6	46.0	41.4	7.9	92.1	17.6	82.4
2004	13.1	46.2	40.7	6.8	93.2	20.9	79.1
2005	12.6	47.5	39.9	6.4	93.6	22.4	77.6
2006	11.3	48.7	40.0	5.5	94.5	23.6	76.4
2007	11.3	48.6	40.1	5.0	95.0	23.6	74.4
2008	10.7	47.4	41.8	5.5	94.5	32.0	68.0
2009	10.3	46.2	43.4	5.3	94.7	28.8	71.2

续表

年份	生产结构			出口结构		进口结构	
	第一产业	第二产业	第三产业	初级产品	工业制成品	初级产品	工业制成品
2010	10.1	46.7	43.2	5.2	94.8	31.1	68.9
2011	10.0	46.6	43.4	5.3	94.7	34.7	65.3
2012	10.1	45.3	44.6	4.9	95.1	34.9	65.1
2013	10.0	43.9	46.1	4.9	95.1	33.7	66.3

资料来源：历年《中国统计年鉴》和《中国对外经济贸易年鉴》。

2.制造业和高技术产业发展所需装备对进口形成刚性依赖

从实证结果分析可以看出，商品的进出口结构之间并没有形成相互依赖的关系，我国进口结构变化对出口结构的升级影响并不显著，而出口商品结构变化不是进口商品结构变化的格兰杰原因。通过前面的分析我们知道（如图 7-6 所示），机械设备一直是我国的主要进口商品，工业制成品进口中机械及运输设备的比重持续增加，从 1980 年的 39％上升到 2013 年的 55％。改革开放初期，我国对这类商品需求比较大可以归因于长期受封闭的计划经济影响，但是经过二十多年的发展，经济建设在多方面都取得重大成就时，机械设备对进口的依赖性仍然居高不下，这反映了我国自主研发能力的不足，多数时候都是引进成套设备，这对我国技术创新和技术进步的影响并没有达到预期效果。

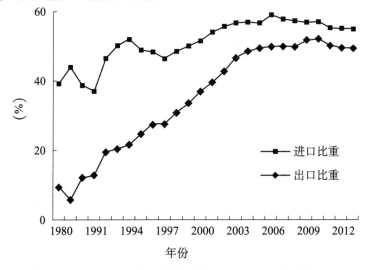

图 7-6　1980—2013 年机械设备进出口占工业制成品比重走势

3. 出口商品结构转换与产业结构变化的背离

在我国的商品出口结构中,2013 年在总出口中工业制成品占 95% 以上,因此出口结构变化对产业结构变化的作用主要体现为工业制成品出口对产业发展的影响。出口促进经济增长是被大多数经济学家所接受的,但出口能否促进国内产业结构的调整、升级,是关系到国内经济能否持久发展的关键问题。从实证分析看,出口结构变化并没有构成产业结构变化的原因。造成这一现象的原因有:一是国内产业链残缺的外资型加工贸易。我国的进口中工业制成品所占份额大,而且这些进口制成品的很大一部分被用于加工贸易(尤其是外资企业的加工贸易),说明我国加工贸易很大一部分过程并不在国内完成。虽然 2013 年我国出口中工业制成品占 95% 以上,但其中能够体现产业链中高科技含量的关键零部件并不多。从产业链的角度来看,这种加工贸易在国内形成的产业链较短,尤其缺乏研发和高精度加工的环节,即使生产的资本密集型产品也大多处于劳动密集型环节。而且,这种加工贸易属于国内产业链残缺的外资型加工贸易,基本上割断了与国内产业的联系,也就是说,外资企业在某产业制成品生产的整个链条中,利用中国劳动力成本比较低的优势,只负责完成其中某些简单的加工或组装生产环节。由此看来,加工贸易的高速发展,虽然大大促进了整个贸易量的迅速增长,表面看起来属于资本密集型产业的产品,实际上却仍处在劳动密集型的组装环节上,所以出口并没有带动产业结构的升级。二是产业政策与贸易政策不配套。关于两种政策不配套所造成的影响,尹翔硕做了精辟的分析。[①]他认为,我国的贸易政策主要改变了可贸易品和非贸易品的相对价格,使一部分资源转向可贸易品的生产,而产业政策则在贸易保护下改变了可进口品和可出口品的相对价格,从而使生产和出口发生了较大的差异。因此,产业政策鼓励资本密集型的产业发展,而贸易政策则刺激了劳动密集型的加工出口的增长。

(四) 产业结构对贸易结构演进转换影响的实证分析

对外贸易与产业结构变动的绩效可以通过贸易规模、贸易增长速度、

---

① 孙中叶:《改革开放以来中国产业结构演进与贸易结构转换的绩效分析》,《生产力研究》,2011 年第 6 期,第 150 页。

国际市场占有率以及市场结构分布等一系列指标来进行识别,本文采用的研究指标主要有:产业间贸易(贸易竞争力)指数[①]、产业内贸易指数[②]和产品内贸易指数[③]。本研究以《中国统计年鉴》和《中国对外经济贸易年鉴》的统计数据为样本。

1. 从产业间贸易看:出口商品结构逐渐优化

从表 7-27 可以看出,1980 年以来,我国对外贸易与产业结构变动之间存在显著的相关性。通过对我国产业间贸易指数的分析可以得出以下结论:20 世纪 80 年代以来,我国贸易结构和其竞争力的变化趋势是符合比较优势原则的。1980—2013 年的数据说明,资本、技术密集型产业虽然不具有静态比较优势,但从动态变化趋势看其竞争力呈现出逐年递增的特点,已经逐步取代劳动密集型产业成为我国最大的出口产业。这表明,我国工业化水平正在不断提高,贸易增长方式已经面临着由比较优势向竞争优势转换的趋势,并最终形成竞争优势的现实需求。

表 7-27　1980—2013 年我国产业间贸易(TC_i)指数的变化

年份	初级产品	SITC0	SITC1	SITC2	SITC3	SITC4	工业制品	SITC5	SITC6	SITC7	SITC8
1980	0.13	0.01	0.37	−0.35	0.91	−0.60	−0.18	−0.44	−0.02	−0.72	0.68
1985	0.45	0.42	−0.32	−0.10	0.95	0.05	−0.46	−0.53	−0.45	−0.91	0.29
1989	0.12	0.19	0.22	−0.07	0.45	−0.82	−0.16	−0.40	−0.06	−0.65	0.68
1990	0.23	0.33	0.37	−0.07	0.61	−0.72	0.03	−0.26	0.17	−0.50	0.72
1991	0.20	0.44	0.45	−0.18	0.38	−0.65	0.03	−0.42	0.16	−0.47	0.74

---

① 该指数可以通过以下公式计算:$TC_i=(X_i-M_i)/(X_i+M_i)$。其中 TC_i 表示第 i 类产品的产业间贸易指数,X_i 与 M_i 则分别表示第 i 类产品的出口值与进口值。如果 $TC_i>0$,表明该类商品为净出口,具有较强的国际竞争力;如果 $TC_i<0$,表明该类商品为净进口,不具备国际竞争力;$TC_i=0$,表明此类商品为产业内贸易,竞争力与国际水平相当。

② 衡量产业内贸易水平最具权威的指标是劳埃德—格鲁贝尔指数(GL),公式如下:$B_i=1-\mid X_i-M_i\mid/(X_i+M_i)$。其中 B_i 表示一国 i 产业的产业内贸易指数,X_i 为产业的出口值,M_i 为产业的进口值。它测量了一国(j 国)某一产业(i 产业)的产业内贸易份额。显然 B_i 表示 i 产业或产品类的产业内贸易指数为 0—1,B_i 的值越接近 1,则 i 产业或产品类的产业内贸易越发达,对贸易对象国一方来说,表示在该产业的国际贸易中既出口又进口的等量重合部分所占比重越大,在贸易对象国之间看来,则表示双方竞争处于势均力敌的态势,又具有十分紧密的协作关系;反之,B_i 的值越接近 0,表明 i 产业或产品类的产业内贸易水平低,而产业间贸易程度越高,两国产业间呈现更多的互补关系。产业内贸易正在取代产业间贸易成为国际贸易发展的大趋势。

③ 该指数可以表示为:$\gamma_i=(x_i-m_i)/m_i$。其中,γ_i 为加工贸易净出口额(加工贸易出口额减去加工贸易进口额)占加工贸易进口额的比重,x_i 与 m_i 分别为加工贸易出口额和加工贸易进口额。

续表

年份	初级产品	SITC0	SITC1	SITC2	SITC3	SITC4	工业制品	SITC5	SITC6	SITC7	SITC8
1992	0.12	0.45	0.50	−0.30	0.14	−0.58	0.00	−0.44	−0.09	−0.41	0.72
1993	0.08	0.58	0.57	−0.28	−0.17	−0.42	−0.09	−0.36	−0.27	−0.49	0.71
1994	0.09	0.52	0.87	−0.29	0.00	−0.57	0.01	−0.32	−0.09	−0.40	0.76
1995	−0.06	0.24	0.55	−0.40	0.02	−0.70	0.03	−0.31	0.06	−0.25	0.74
1996	−0.07	0.29	0.46	−0.45	−0.07	−0.64	0.06	−0.34	−0.05	−0.22	0.74
1997	−0.09	0.44	0.53	−0.48	−0.19	−0.44	0.17	−0.31	0.03	−0.09	0.78
1998	−0.06	0.47	0.69	−0.51	−0.13	−0.66	0.16	−0.32	0.02	−0.06	0.78
1999	−0.15	0.49	0.58	−0.53	−0.31	−0.82	0.12	−0.40	−0.02	−0.08	0.76
2000	−0.29	0.44	0.34	−0.64	−0.45	−0.79	0.11	−0.43	0.01	−0.05	0.74
2001	−0.27	0.44	0.36	−0.68	−0.35	−0.75	0.10	−0.41	0.02	−0.06	0.70
2002	−0.27	0.17	0.44	−0.68	−0.39	−0.89	0.09	−0.41	0.04	−0.04	0.67
2003	−0.35	0.49	0.35	−0.74	−0.45	−0.98	0.09	−0.43	0.04	−0.01	0.59
2004	−0.49	0.35	0.33	−0.81	−0.54	−0.93	0.11	−0.43	0.15	0.03	0.51
2005	−0.50	0.41	0.20	−0.61	−0.57	−0.85	0.16	−0.36	0.23	0.10	0.52
2006	−0.50	0.41	0.00	−0.81	−0.57	−0.85	0.16	−0.37	0.23	0.10	0.52
2007	−0.56	0.44	0.07	−0.83	−0.67	−0.83	0.21	−0.32	0.34	0.12	0.54
2008	−0.60	0.46	0.00	−0.86	−0.68	−0.92	0.24	−0.28	0.36	0.17	0.54
2009	−0.65	0.40	−0.11	−0.87	−0.68	−0.90	0.27	−0.20	0.42	0.21	0.55
2010	−0.64	0.38	−0.09	−0.89	−0.72	−0.92	0.23	−0.29	0.26	0.18	0.56
2011	−0.68	0.31	−0.12	−0.90	−0.75	−0.92	0.22	−0.26	0.31	0.17	0.54
2012	−0.71	0.27	−0.24	−0.90	−0.79	−0.91	0.22	−0.22	0.36	0.18	0.56
2013	−0.72	0.14	−0.23	−0.90	−0.81	−0.89	0.38	−0.23	0.42	0.29	0.61

资料来源:根据《中国统计年鉴(2014)》计算而得。

2. 从产业内贸易看:以垂直产业内贸易为主要形式

从表7-28可以看出,1980年以来,随着产业结构的调整和贸易结构的不断优化,制成品的产业内贸易远高于初级产品,最高的是SITC7类机械和运输设备,从1997年以来基本保持在0.8以上。技术密集度越高的部门,其产业内贸易的倾向也越大,我国的贸易结构由传统的比较优势产业间贸易转向产业内贸易是产业结构与贸易结构提升的结果。但是,目前,我国产业内贸易的主要形式仍然是以技术差距导致的品质差异为特征的垂直产业内贸易,并且涉及产业内贸易的产品种类不多,产业内贸易的范围相对狭窄,基本上都是依靠价格竞争优势和数量扩张来维持和提升比较优势的产业。

表 7-28　1980—2013 年我国产业内贸易(B_i)指数的变化

年份	初级产品	SITC0	SITC1	SITC2	SITC3	SITC4	工业制品	SITC5	SITC6	SITC7	SITC8
1980	0.87	0.99	0.63	0.65	0.09	0.40	0.82	0.56	0.98	0.28	0.32
1985	0.55	0.58	0.68	0.90	0.05	0.95	0.54	0.47	0.55	0.09	0.71
1989	0.88	0.81	0.78	0.93	0.55	0.18	0.88	0.60	0.94	0.35	0.32
1990	0.77	0.67	0.63	0.93	0.39	0.28	0.97	0.74	0.83	0.50	0.28
1991	0.80	0.56	0.55	0.82	0.62	0.35	0.97	0.58	0.84	0.53	0.26
1992	0.88	0.55	0.50	0.70	0.86	0.42	1.00	0.56	0.91	0.59	0.28
1993	0.08	0.42	0.43	0.72	0.83	0.58	0.91	0.64	0.73	0.51	0.29
1994	0.19	0.48	0.13	0.71	1.00	0.43	0.99	0.68	0.91	0.60	0.24
1995	0.94	0.76	0.45	0.60	0.98	0.30	0.97	0.69	0.06	0.75	0.26
1996	0.93	0.71	0.54	0.55	0.93	0.36	0.94	0.66	0.95	0.78	0.26
1997	0.91	0.56	0.47	0.52	0.81	0.56	0.93	0.69	0.97	0.91	0.22
1998	0.94	0.53	0.31	0.49	0.87	0.34	0.84	0.60	0.98	0.94	0.22
1999	0.85	0.51	0.42	0.47	0.69	0.18	0.88	0.60	0.98	0.92	0.24
2000	0.71	0.56	0.66	0.36	0.55	0.21	0.89	0.57	0.99	0.95	0.26
2001	0.73	0.56	0.64	0.32	0.25	0.25	0.90	0.59	0.98	0.94	0.30
2002	0.73	0.83	0.56	0.32	0.61	0.11	0.91	0.59	0.96	0.96	0.33
2003	0.65	0.51	0.65	0.26	0.55	0.02	0.91	0.57	0.96	0.99	0.41
2004	0.51	0.65	0.67	0.19	0.46	0.07	0.89	0.57	0.85	0.97	0.49
2005	0.50	0.59	0.66	0.39	0.43	0.15	0.84	0.64	0.77	0.90	0.48
2006	0.44	0.56	0.93	0.17	0.33	0.17	0.79	0.68	0.66	0.88	0.46
2007	0.40	0.54	1.00	0.14	0.32	0.08	0.76	0.72	0.64	0.83	0.46
2008	0.35	0.60	0.89	0.13	0.32	0.10	0.73	0.80	0.58	0.79	0.45
2009	0.36	0.62	0.91	0.11	0.28	0.08	0.77	0.71	0.74	0.82	0.44
2010	0.32	0.69	0.88	0.10	0.25	0.08	0.78	0.74	0.69	0.83	0.46
2011	0.29	0.73	0.76	0.10	0.21	0.09	0.78	0.78	0.64	0.82	0.44
2012	0.27	0.81	0.74	0.10	0.18	0.08	0.76	0.78	0.61	0.81	0.41
2013	0.28	0.86	0.77	0.10	0.19	0.11	0.62	0.77	0.58	0.71	0.39

资料来源：根据《中国统计年鉴(2014)》计算而得。

3. 从产品内贸易看：国际分工还处在价值链的低端

当前,在新的国际分工格局下,产业间、产业内分工和贸易越来越被产品内分工和贸易所替代,出口商品结构更多地体现的是各国要素的竞争优势而不是产业间的差异,各经济体之间按照比较优势分居同一产品生产的不同环节。因此,各国或各地区在全球价值链中的位置和产业升级状态要由产品内贸易指数的大小来判断。从图 7-7 可以看出,20 世纪 90 年代中期以来,我国的国际分工地位在全球价值链中得到了提升,产品内贸易改变了过去"大进大出"的格局,正在向"优进优出"转变,产业链条不断延伸,国内采购率在逐步提高。但是,与发达国家相比,我国产品内贸易指数虽然从 1991 年的 0.30 提高到了 2013 年的 0.82(见表 7-29),但高新技术产品出口中的来料加工装配贸易和主进料加工贸易占高新技术产品出口额的比例仍高达 5.2% 和 50.2%,说明加工贸易还处在劳动密集型的环节上,真正体现技术水平和再生性要素含量的设备、中间投入品大多还要依赖国外进口,在国际分工中仍处在价值链的低端,并没有占据"战略性增值环节"。

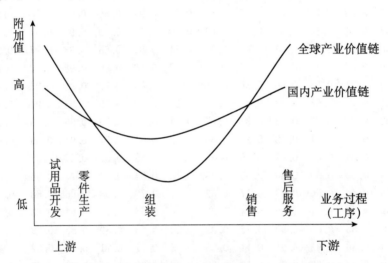

图 7-7　全球产业价值链与国内产业价值链的差异

表 7-29　1991—2013 年我国产品内贸易(γ_i)指数的变化

年份	加工贸易出口值 (亿美元)	加工贸易进口值 (亿美元)	产品内贸易指数 (%)
1991—1995	2 469.8	1 988.8	0.24
1991	324.3	250.3	0.30
1992	396.2	315.4	0.26
1993	442.5	363.7	0.22
1994	569.8	475.7	0.20
1995	737.0	583.7	0.26
1996—2000	5 369.2	3 672.1	0.46

续表

年份	加工贸易出口值 （亿美元）	加工贸易进口值 （亿美元）	产品内贸易指数 （％）
1996	843.3	622.7	0.20
1997	996.0	702.1	0.42
1998	1 044.5	686.0	0.35
1999	1 108.8	735.8	0.51
2000	1 376.5	925.9	0.49
2001—2005	13 136.5	8 747.9	0.50
2001	1 474.3	939.7	0.57
2002	1 799.3	1 222.1	0.47
2003	2 418.5	1 629.0	0.48
2004	3 279.7	2 216.9	0.48
2005	4 164.7	2 740.1	0.52
2006—2013	14 868.5	8 330.1	0.75
2006	5 103.6	3 214.7	0.59
2007	6 175.6	3 684.7	0.68
2008	6 751.1	3 783.8	0.78
2009	5 868.6	3 222.9	0.82
2010	7 402.8	4 174.8	0.77
2011	8 352.8	4 697.6	0.78
2012	8 627.8	4 811.7	0.79
2013	8 608.2	4 713.9	0.82

资料来源：根据历年《中国贸易外经统计年鉴》整理计算。

4. 从技术引进的绩效看："以市场换技术"未达到预期效果

（1）变量选取及数据来源

由于 1978—1984 年的 FDI 数据缺失，本研究采用 1985—2013 年的数据进行实证分析。选取 TFP（全要素生产率）作为技术进步的指标 Y，根据白洁（2009）一文中的计算方法得到 TFP。对技术贸易指标采用的是各年机械及运输设备进口额与当年 GDP 的比值（X_1）；对 FDI 指标采用的是各年度 FDI 与当年 GDP 的比值（X_2）。本研究所使用的原始数据，来源于《中国统计年鉴（2013）》。

表 7-30　1985—2012 年我国 TFP、设备进口与 FDI 数据

年份	GDP (亿元)	机械及运输设备进口额 (亿美元)	设备进口占比(X_1) (%)	实际 FDI (亿美元)	FDI 占比(X_2) (%)	TFP(Y) (%)
1985	9 016.00	162.3	5.29	19.56	0.64	0.2712
1986	9 815.24	167.8	5.90	22.44	0.79	0.2819
1987	10 951.00	146.1	4.97	23.14	0.79	0.3005
1988	12 184.92	167.0	5.10	31.94	0.98	0.3197
1989	12 680.36	182.1	5.41	33.93	1.01	0.3239
1990	13 166.44	168.4	6.12	34.87	1.27	0.3112
1991	14 376.99	196.0	7.26	43.66	1.62	0.3297
1992	16 424.17	313.1	10.51	110.08	3.70	0.3608
1993	18 714.39	449.9	13.85	275.15	8.47	0.3908
1994	21 163.53	515.6	21.00	337.67	13.75	0.4159
1995	23 477.12	526.4	18.72	375.21	13.35	0.4340
1996	25 828.11	547.7	17.63	417.26	13.43	0.4486
1997	28 225.83	527.6	15.50	452.57	13.29	0.462 2
1998	30 436.60	567.7	15.44	454.63	12.37	0.4694
1999	32 759.54	694.7	17.55	403.19	10.19	0.4768
2000	35 517.15	919.3	21.43	407.15	9.49	0.4882
2001	38 466.40	1 070.4	23.03	468.78	10.09	0.4946
2002	41 962.49	1 370.3	27.03	527.43	10.40	0.5055
2003	46 169.02	1 928.3	34.57	535.05	9.59	0.5156
2004	50 824.25	2 528.3	41.17	606.3	9.87	0.5229
2005	56 573.18	2 904.8	42.06	603.25	8.73	0.5319
2006	63 742.98	3 570.2	44.65	630.21	7.88	0.5447
2007	72 773.00	4 124.59	43.10	747.68	7.81	0.5865
2008	79 783.89	4 417.65	38.46	923.95	8.04	0.5987
2009	87 135.97	4 077.97	31.97	900.33	7.06	0.6188
2010	96 236.10	5 494.21	38.65	1 057.35	7.44	0.6290
2011	105 186.67	6 305.70	38.72	1 160.11	7.12	0.6359
2012	113 235.16	6 529.41	36.40	1 117.16	6.23	0.6525
2013	568 845.00	7 103.50	37.23	1 187.21	6.35	0.6529

（2）单位根检验

对于时间序列数据,首先要进行平稳性检验。本研究采用 ADF 方法进行单位根检验,通过 AIC 和 SC 准则确定滞后阶数。表 7-31 是用 EViews 6.0 软件得到的平稳性检验结果。

从结果上看,在10%的显著性水平下,技术进步指标、技术贸易指标和FDI指标都不能拒绝原假设,即它们具有单位根,是非平稳序列。它们的一阶差分序列都拒绝了原假设,是平稳序列。所以,它们的组合可以进行序列间的协整分析。

表7-31　平稳性 ADF 检验结果

变量	ADF 统计量	1%临界值	10%临界值	检验形式(c,t,n)	滞后阶数	结论
Y	-2.49	-4.37	-3.24	t	6	不平稳
X_1	-0.86	-3.70	-2.63	c	6	不平稳
X_2	-1.77	-4.36	-3.23	t	6	不平稳
DY	-3.69	-3.71	-2.63	c	6	平稳
DX_1	-3.37	-2.66	-1.61	n	6	平稳
DX_2	-2.63	-2.66	-1.61	n	6	平稳

(3)协整分析

协整关系可以反映变量线性组合前后平稳程度的变动性质以及变量之间长期均衡稳定的关系。我们采用 Engle 和 Grange 提出的两步检验法对 Y 和 X_1、X_2 之间的协整关系进行检验。首先建立回归方程:

$$Y=0.28+0.0013X_1-0.00018X_2-0.0055X_1(-1)+0.0042X_2(-1)$$

$$(14.28)(0.49)\qquad(0.029)\qquad(-4.80)\qquad(0.68)$$

$$R^2=0.8725, F=37.63, DW=0.40$$

然后进行 AEG 检验,即对残差序列 u 进行平稳性检验,ADF 检验结果见表7-32。

表7-32　残差的 ADF 检验结果

变量	ADF 统计量	1%临界值	5%临界值	10%临界值	检验形式(c,t,n)	滞后阶数	结论
u	-2.41	-2.66	-1.96	-1.61	n	6	平稳

从表7-32可以看出,残差序列是平稳的。因此,我们可知 Y 和 X_1、X_2 之间存在协整关系。

(4)格兰杰因果关系检验

协整分析结果表明我国 TFP、设备进口与 FDI 之间存在长期的稳定关系,但它们是否构成因果关系,因果关系的方向如何,尚需通过格兰杰因果关系检验的验证,检验结果见表7-33。

表 7-33　格兰杰因果关系检验

原假设	F 值	P 值	检验结果
X_1 不是 Y 的原因	2.81	0.106	接受原假设
Y 不是 X_1 的原因	0.57	0.456	接受原假设
$X_1(-1)$ 不是 Y 的原因	3.15	0.089	拒绝原假设
Y 不是 $X_1(-1)$ 的原因	0.96	0.338	接受原假设
X_2 不是 Y 的原因	0.08	0.779	接受原假设
Y 不是 X_2 的原因	1.30	0.266	接受原假设
$X_2(-1)$ 不是 Y 的原因	0.79	0.384	接受原假设
Y 不是 $X_2(-1)$ 的原因	0.40	0.533	接受原假设

由表 7-33 可以看出，Y、X_1、X_2 之间不存在格兰杰因果关系。检验 Y、$X_1(-1)$、$X_2(-1)$ 之间的因果关系时发现，$X_1(-1)$ 是 Y 的格兰杰原因。

设备进口不是技术进步的原因，但设备进口滞后一期后是技术进步的原因。

(5)结论

本研究利用 1985—2013 年的统计数据，通过计量分析研究了我国技术进步与设备进口、FDI 之间的关系，发现设备进口不是技术进步的原因，但设备进口滞后一期后是技术进步的原因。设备进口促进我国的技术进步存在滞后特征，我国技术进步对设备进口的需求增加，而进口设备主要用于加工贸易产品的再出口。因此，我国应该积极创造条件，力争减少出口国对先进技术出口的限制，通过各种优惠政策支持进口替代产业的发展，同时通过引进后吸收再创新实现技术进步，提高经济发展的潜力。

1992 年，我国试图"以市场换技术"的战略促进了我国技术进步与战略性产业的发展，这一战略的实施，使 FDI 中的外资控股、独资企业数量快速上升，进入领域越来越趋向于新兴战略产业和高技术产业。但是在战略实施过程中，外商采取的一系列技术保护措施遏制了我国的技术进步和实现技术超越的潜力，因此，"以市场换技术"的结果所换来的仅是比国内先进的技术，并没有换来国际领先技术和核心技术。另外，由于很多招商引资工作是在政府干预下进行的，政府和企业往往更重视短期效应，在引资中往往表现为"重表面而轻实质"，导致引进外资的目的不是很清晰，甚至以引资数量为目的，对技术引进的消化吸收不够重视。

三、结论

随着产业结构演进和对外贸易战略的不断调整,特别是改革开放以来的出口创汇、以进养出和技术引进战略的实施,使我国的比较优势和对外贸易结构发生了根本性变化。从出口商品结构看,我国在继续保持劳动密集型产品出口竞争力的同时,在资本、技术密集型的机电产品和高新技术产品的竞争力也日渐增强。从资本品进出口的趋势变化看,我国的自主生产和替代能力在不断增强。但从中间品进出口结构看,我国产品的竞争力正在由主要依赖资源和劳动力的比较优势向主要依赖资本技术的竞争优势转变。

1. 贸易战略转变改变了产业结构升级的要素约束

中华人民共和国成立五十多年来,对外贸易发展战略的转变顺应了经济发展的需要,促进了产业结构的升级,消除了经济发展中的要素约束和市场约束。第一,出口创汇积累了资金。从中华人民共和国成立之初,为获得外汇和资本,我国的贸易战略的直接目标就是获取外汇,因此,五十多年里,出口创汇始终是我国对外贸易的主要目标,到 20 世纪 90 年代,我国已经基本上实现了从贸易逆差向贸易顺差的转变。第二,贸易战略转变对资本积累的作用还体现在进出口产品的结构上。中华人民共和国成立之初,鼓励出口初级产品,进口发展重工业所需的机械设备和工业原料。改革开放以后,我国大力鼓励出口的主要是劳动密集型的最终消费品,而限制进口的主要是各种消费品。我国对机器设备和各种投入品的进口限制较少,甚至没有限制。据世界银行的估计,在 20 世纪 80 年代,中国进口中最终消费品没有超过 5%,主要的进口品就是机器设备等资本品(40% 以上)和中间投入品(近 40%),还有一些食品和燃料等(Word Bank,1993)。这样,我国一直以来对进口资本品的鼓励,实际上增加了资本的积累。第三,由于我国进口的机器设备一般来说技术比较先进,因此我国的对外贸易不仅获得了外汇,促进了资本积累,而且推动了技术进步。当然,进口技术先进的机器设备本身并不一定意味着我国技术水平的提高,只有把这些技术消化、吸收,才能真正推动技术进步。但是对外贸易毕竟为我国技术进步提供了一个重要的渠道。国外先进技术设备的引进,以及外资的投入,使得我国出口中高技术产品的比例不断提高,到 2013 年,我国高技术产品的出口已经占总出口的 31.4%。[①] 第三,我国的贸易发展战略与利用外资结合起来,更好地解决了外汇和资本短缺问题。我国鼓励利用外资的主要领域就是出口部门。通过利用外资进行加工贸易等方式,我国实际上利用了国外的各种资源、资本和投入品进行生产,放松了国内经济发展中资源和资本的约束。

从出口创汇和技术引进来看,这一战略是成功的,但是单纯强调出口创汇和技术引进也延缓了我国的产业结构升级,因而我国从 1996 年开始调整贸易战略,注重通过出口来促进国内产业结构升级和生产率的提高。但是随着区域经济一体化与全球经济一体化发展的日趋加快,我国的内外环境发生了很大变化,并且还将继续变化,我国必须依据这些新的形势确立新的贸易战略。

2. 贸易结构发生逆转,产业结构演进缓慢

中华人民共和国成立以来,随着产业结构的演进和贸易战略的调整,我国的对外贸易结构发生了逆转,由过去用出口资源类产品换取设备和制造品进口的贸易结构向出口制造品和进口资源类产品的贸易结构转变。然而外生的静态比较优势具有形成与强化现存对外贸易结构及分工格局的功能,却没有使产业结构转换与优化的功能,只有内生的动态比较优势才可以带来产业演进、技术进步和制度创新等好处,从而使原有的静态比较优势出现逆转,产生新的、更高层次的比较优势结构,使得产业结构和贸易结构都进一步升级。

中华人民共和国成立之后,我国长期实行服务于重工业优先发展的内向型进口替代战略,尽管建立了规模巨大、门类齐全的产业体系,但真正意义上的现代经济和工业的高度化却并未实现。内向型进口替代战略是我国产业结构失衡、技术水平落后、经济效率低下的根本原因之一。20 世纪 70 年代末至 80 年代初,我国逐渐转向进口替代与出口导向并存的混合型贸易战略,但是我国过分强调贸易的静态利益,即为了出口创汇而追求对外贸易数量上的增长,从而忽视了贸易战略在产业演进、技术进步和制度创新等方面的作用。长期以来,我们不是通过对外贸易把国内产业与国际经济融为一体,通过资源

---

① 根据商务部统计数据计算而得,数据来自商务部网站:http://www.mofcpm.gov.cn。

转换来实现产业结构和贸易结构的高级化,而是出于对国内产业的保护,把一部分资本、技术密集型产业同世界经济割裂开来,导致这些产业既得不到国际交换带来的利益,更不会受到国际竞争的压力,在生产效率和竞争力上无法在国际市场上形成竞争优势。如表 7-34 所示,2006 年以来我国高技术产品进口占商品进口的比重一直在 30% 左右,占工业制成品的比重一直保持在 40% 以上,2013 年达到 43.2%。从图7-8可以看出,我国高技术产品的贸易特化系数于 2003 年实现了由负转正,表明我国高技术产品完成了进口专业化并开始向出口专业化转变,2003 年之后贸易特化系数一直稳步上升,近几年一直保持在 0.09左右,远未达到表示具有较强竞争力的 0.5。前面曾分析过,自中华人民共和国成立以来,机械设备的进口在总进口中的比重一直居高不下。五十多年以来,我国的比较优势仍集中在劳动密集型产业上,由此也可以看出我国的贸易战略和产业政策的不协调阻碍了产业结构的升级。

表 7-34　1995—2013 年我国高技术产品的对外贸易情况　　单位:%

年份		1995	2000	2006	2007	2008	2009	2010	2011	2012	2013
占商品比重	出口	6.8	14.9	29.0	28.6	29.1	31.4	31.2	28.9	29.3	29.9
	进口	16.5	23.3	31.2	30.0	30.2	30.8	29.6	26.6	27.9	28.3
占工业制成品比重	出口	7.9	16.5	30.7	30.1	30.8	33.1	32.9	30.5	30.9	31.4
	进口	20.2	29.4	40.9	40.3	44.4	43.3	42.9	40.7	42.8	43.2

注:表中数值表示高技术产品的进出口额在商品和工业制成品总进出口额中的比例。
资料来源:历年《中国统计年鉴》。

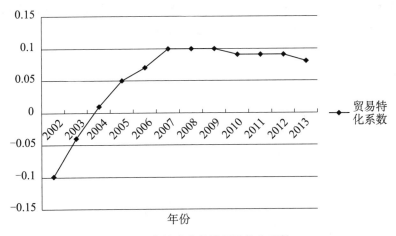

图 7-8　高技术产品的贸易特化系数

3. 出口的技术密集型产品多处于劳动密集型环节

从出口商品结构看,在加工贸易中资本、技术密集型产品所占的比重越来越高。这只是一个表象问题,忽略了我国加工贸易的特点。20 世纪90 年代以来,经济全球化趋势明显加快,而以贸易一体化和生产非一体化为主要特征的全球生产体系的建立则是其中十分重要的内容。2002 年以来,尽管我国高新技术产品的出口在不断增加,但大多属于加工贸易,近年来一般贸易出口不断增加,加工贸易占比有所下降,由 2002 年的 92.4%下降到 2013 年的 79.8%(见表 7-35),但仍占主导地位,说明我国自主创新的产品还比较少,高新技术产品的加工贸易仍处于全球科技产业链的低端,附加值较低,大多处于劳动密集型环节。

表 7-35　2002—2013 年我国高技术产品出口(按贸易方式分布)　单位:%

贸易方式	2002	2003	2004	2005	2006	2007	2008	2009	2010	2011	2012	2013
一般贸易	7.6	7.2	7.4	8.1	9.8	11.2	13.5	13.7	15.2	16.4	15.7	20.2
来料加工装配贸易	15.1	14.0	13.3	14.2	12.9	12.9	10.8	9.1	9.2	7.2	5.6	5.1
进料加工贸易	74.2	75.7	76.0	75.1	74.4	72.5	71.7	72.4	69.7	69.7	66.2	50.2
其他	3.1	3.0	3.3	2.6	2.9	3.4	4.1	4.9	6.0	6.7	12.5	24.5

资料来源:历年《中国统计年鉴》。

在考虑了进口后,我国的贸易结构并没有明显的改变,这说明我国出口结构的改善在很大程度上依赖于进口结构的改变,这在一定程度上也说明我国高新技术产品出口对进口具有依赖性。我国的进口正在越来越集中于高新技术产品,并且还将进一步集中于高新技术产品。

第八章 历史回顾基础上的启示及对策建议

一、历史回顾基础上的启示

从前面的分析可以看到,以产业结构为基础的贸易结构均可分为三个相互关联的有机组成部分。产业结构与贸易结构之间以及同一产业内部结构之间不是简单、笼统的一一对应的线性关系,产业结构中的第一、二、三产业以及工业内部结构与贸易结构之间产生了复杂的因果联系,它们之间的复杂联系是基于资源禀赋和发展模式而形成的客观存在,违背这种客观联系,就会制约经济的发展,适应这种客观联系,就会促进经济的发展。一般情况下看,贸易结构的变动可以带动产业结构的升级优化,产业结构的升级优化又会影响贸易结构的变动。但是,这种良性互动关系在我国改革开放前后,表现出不同的阶段性特点。

(一)产业结构与贸易结构的互动关系蕴涵着丰富的政策含义

产业结构与贸易结构之间复杂的互动关系,蕴涵着丰富的政策含义,为产业政策的制定和调整提供了广阔的空间。

产业结构和工业结构发展必须与贸易结构发展相一致,若产业结构与贸易结构脱节,最终会损害产业结构升级,也会制约对外贸易的发展。应充分利用产业结构与贸易结构良性互动的耦合联系,促进产业结构与贸易结构的协同互动发展,实现产业结构和贸易结构的转型升级,这是处理两者关系的关键。

推动产业结构升级是贸易结构调整的战略目标。产业结构升级和调整仍然是我国今后经济发展的重要任务。贸易战略要服务于产业结构转型升级,改变过去"大进大出"的贸易结构,向"优进优出"的贸易结构转变。

　　产业政策与贸易政策必须有机协调。发达国家的经验表明,产业政策与贸易政策的有机融合与协调,是产业结构和贸易结构协调发展的重要因素。例如,日本的通产省是制定产业政策和贸易政策的主要部门,负责协调国内产业政策与对外贸易政策,把对外贸易管理作为政府实现产业目标的一部分。

　　目前,我国经济发展中出现了两种不利倾向:一是出口导向型贸易政策导致的忽略技术升级等产业发展问题;二是吸引外资的产业政策导致的出口主体结构不均衡问题,即外资企业在高技术产品上的出口比重偏大。产业政策与贸易政策的有机协调是解决这些问题的有效措施。加强我国政府不同部门之间的协调,促进产业政策与贸易之间的协调,是促进产业结构与贸易结构良性发展的基础。

　　(二)改革开放前我国产业结构与贸易结构错位发展

　　中华人民共和国成立以后,我国基于历史、现实的客观条件,选择了重工业优先发展的内向型进口替代战略。这一时期,产业结构的扭曲引起了贸易结构的扭曲。

　　在中苏贸易高峰期的 1949—1957 年,我国经济发展重心显著地向重工业倾斜,导致我国产业结构的工业化度和重工业化度在 1957 年迅速上升到 56.7% 和 45%,1958 年开始的以"以钢为纲"的重工业战略("大跃进"时期)、特殊的重工业优先战略(备战时期)、"洋跃进"战略更使钢铁等重工业在产业发展序列中居于显要地位。在 1949—1979 年三十年的产业结构演进与贸易结构转换的工业化进程中,出口商品结构主要是服务于工业结构的转换,服务的途径是通过出口初级产品换回机器设备和工业原料,发展重工业。在这期间即使我国出口商品结构发生了显著变化,工业制成品出口占出口总额的比重从 1953 年的 20.6% 上升到 1979 年的 46.4%,但工业结构中重工业的迅速扩展在出口结构中的反映并不明显,出口的工业品主要是轻工业产品,重化工业产品从 1953 年的 8.3% 提高到 1977 年的11.2%,而机械及运输设备到 1977 年才仅占出口总额的 3.9%。这一时期,整体上以初级产品为主的出口格局并没有太大改观,初级产品占出口总额的比重基本都在 50% 以上。

因此,1949—1979 年重工业的发展主要面向国内市场,以进口替代为目的,出口商品结构滞后于国内产业结构,导致了重工业的自我循环,与当时我国以重工业为主的产业结构存在明显的错位。

而以初级产品为主的资源密集型产品的出口并不代表我国具有这方面的比较优势,而是迫于出口换汇的压力。由于出口不是受市场需求的牵引,而是受生产能力的制约,出口结构与国内需求结构表现出很强的重叠性,出口的扩大往往是靠"挤"国内消费实现的,从而使扩大出口的潜力取决于国内最低需求的极限。由于出口中,初级产品所占比重大,其产业连锁性差,从而制约了出口带动工业发展功能的发挥,出口的主要功能是为进口重工业发展必需的物资提供资金来源,出口本身对产业结构转换的牵引作用不明显。从进口商品结构看,进口结构与产业结构的调整呈现高度的一致性,粗略表现为生活资料进口的低比重与农、轻工业在产业结构中的低比重相一致,工业原料进口的高比重与重工业在产业结构中的高比重相一致。尽管以生产资料为主的进口商品结构促进了我国产业结构的升级,基本完成了初级进口替代,但经济发展和工业化建设对中间产品、资本品的进口依赖一直居高不下,表明重化工业的进口替代仍需继续向高级阶段的进口替代发展。

从中华人民共和国成立到 1979 年的经济开放与产业转型过程中,由于国内外、主客观等多种因素的制约,我国经济的发展路径、产业顺序是在相对封闭、高度保护的全面进口替代战略下发展的,它并不受制于当时的国际分工条件。如果将我国的工业化发展置于开放的国际分工条件下进行考察,便会发现我国的工业化和产业发展与世界的一般发展有所错位,是在违反国际比较优势原则的情况下进行对外贸易,这一战略虽然也会影响国内产业结构和工业内部结构的变化,但并不能促进产业结构和工业结构的有序发展,反而会给以后的工业化和产业演进带来无法弥补的损失。

(三)1980 年以来我国贸易结构与产业结构之间形成良好的互动发展

到 20 世纪 70 年代末,随着经济对外开放和产业的转型,我国在一定程度上放弃了传统的内向型进口替代战略,但在 20 世纪 80 年代到 90 年代中期的发展阶段,开放经济条件下的对外贸易发展战略仍然具有较强烈的进口替代特征。

在此战略背景下,产业结构演进与贸易结构转换的演进分为两个阶段:一是 1980—1985 年非耐用消费品产业结构轻型化时期的贸易结构演进;二是 1986—1993 年高档耐用消费品产业结构轻型化时期的贸易结构转换。

1980—1985 年的产业结构调整是要扭转经济的重工业化倾向。从 1980 年开始实施的产业结构轻型化和外向型进口替代战略,使重工业自我循环、自我服务的倾向得到一定程度的纠正,产业结构得到改善,轻工业以及其他配套产业相对薄弱的状况得到改变,实现了由非耐用消费品轻工业向高档耐用消费品轻工业的演进。

产业结构的轻型化促进了出口商品结构的比较优势的发挥。1981年,工业制成品第一次超过初级产品的出口比重,达到 50.4%,出口商品结构完成了从初级产品向工业制成品的转变,但工业制成品与初级产品出口的比重份额相差不大。随着轻纺产业的快速发展,出口商品结构发生了根本转变:一是工业制成品在出口中所占比重不断提高,出口商品结构也逐渐呈现出比较优势,2013 年工业制成品在出口总额中所占比例在 95%以上,达到 1949 年以来的最高水平,并开始在出口商品结构中占主导地位。二是我国劳动密集型产品出口逐步取代了资源密集型产品,取得了主导地位,成为这一时期我国出口增长的主要支撑点。1991 年劳动密集型产品占出口总额的比例由 1986 年的 35%上升到 1991 年的 43.2%,首次超过资源密集型产品并逐渐居于主导地位。

从进口商品结构与产业结构看,20 世纪 80 年代中期之后,对外贸易不再仅仅是调节余缺的手段。在经济高速增长和工业化过程中,资本品进口日趋增多,这一时期的进口商品结构中,约有 50%—60%的商品是工业原材料等中间产品,如钢材、有色金属加工品、化工原料等。这也说明新兴消费品工业是在进口贸易的支撑下建立和发展起来的,大量投入品如原材料、机器设备、零部件、电子元器件对进口的依存度都很高,同时说明生产资料的国产化、进口替代仍是我国未来产业政策和贸易战略的重点。

二、对策建议

我国在国际分工中的地位和已经形成的比较优势格局具有使资源配置偏向传统低度产业的倾向,而我国未来发展的战略要求和工业化任务却要求资源配置向能带动产业结构升级的出口部门倾斜,进口向高技术和资源类等产品倾斜,实现贸易结构与产业结构的良性互动和协调发展。因此,我国制定对外贸易战略的最终目的是不断提升产业的国际竞争力。促使产业竞争力提升必须将现阶段的产业竞争力与未来劳动生产率的提高进行有机结合,基于比较优势基础上的产业竞争力提高可以满足目前我国经济发展及对外贸易的需要,但这种模式获得的利益更多地表现为静态利益。基于以上考虑,结合我国出口产品竞争优势的变动趋势,应该说进口替代或出口导向都不能全面表述对外贸易所具有的重要功能和它本身的主要特征,我国对外贸易战略的选择必须以动态比较优势为原则,服务于工业化和产业结构转型的需要,实现产业结构的转型升级,而后产业结构的高级化最终又会使比较优势结构发生逆转,促进对外贸易结构升级,形成两者的良性循环。

1949 年以来,根据不同阶段的产业发展状况,我国贸易战略沿着从进口替代向出口导向战略进而向竞争优势战略的方向演进,这与我国产业结构的演进路径是一致的。过去五十多年无论是内向型还是外向型的经济,在出口导向思路下形成的战略思维,导致了我国外贸发展中出现了长期的政策性扭曲,而且无法更好地发挥进口对产业升级、刺激内需和增加消费者福利等的促进作用。长期以来,我国的"大进大出"发展模式带动了国内的大量就业,也推进了我国的工业化进程和产业结构升级,但大部分利润并没有留在国内。目前,我国的劳动力成本持续攀升、资源约束日益加重,"大进大出"的模式已经难以为继。因此,我们必须在国际分工新体系下规划我国的开放战略,推动我国对外贸易从"大进大出"转向"优进优出",形成开放型经济新格局,培育对外开放新优势,使我国经济和世界经济在更高层次上深度融合。

(一)建立动态比较优势,提升出口商品竞争力

1949 年以来,我国一直把劳动力成本低作为最大的比较优势,在较长

时期内劳动密集型产业或产业区段的生产在我国的对外贸易中占有重要地位。但是,随着科技创新浪潮的来袭,世界各国把创新驱动作为国家发展战略,技术创新不仅能提高劳动生产率,同时也能推动本国产业结构转型升级,提升在国际市场上的产业竞争力。我国如果仍依赖静态的比较优势,势必在国际分工中处于不利的地位,我国的出口商品结构必须从过去以垂直性分工为主转向以水平分工为主的国际分工模式,未来的产业政策和贸易战略要以动态比较优势为基础,淡化短期利益诱导,强化要素积累与技术变革,培育产业竞争优势,实现资源的重新配置与需求结构的变化。国际分工模式的转换不仅影响经济增长方式的转变,而且对国内产业结构的升级和技术进步有明显的带动作用。出口贸易对产业升级的影响不仅仅是出口商品在工业总产值中比重的变化以及出口行业本身技术层次的升级,而且会通过一系列的中间需求,对关联产业产生广泛的连锁影响。从其他国家的经验,特别是一些较发达国家的经验来看,出口商品结构如果与国内产业结构比较一致,经济效益就比较好。以日本为例,日本在20世纪50年代、60年代、70年代和80年代的主要出口产品分别是劳动密集型轻纺产品、重化工业产品、机械工业产品和微电子等高技术产品,完全反映了国内产业结构的变化过程。我国国内的产业结构正处于转换的临界点,加工层次深、资本技术相对密集的行业扩张迅速,如果出口商品结构能发生相应的变化,势必带动国内产业结构的高度化和合理化。因此,在贸易与产业结构调整中,应从我国发展的重大需求和科技、产业基础出发,大力发展知识技术密集、高附加值的高新技术产业,选择高端装备制造、节能环保、互联网、新一代信息技术、生物、新能源、新材料和新能源汽车等技术含量高、在国内外市场上有广阔发展前景的产业作为我国的战略产业,促使产业结构实现跳跃式的升级转型,这也是提高出口产品竞争力、由贸易大国走向贸易强国的必由之路。

(二)实施开放态势下的进口替代,优化进口商品结构

从长期来看,我国未来经济增长主要依靠要素供给的增加和全要素生产率的提高。要素供给的增加包括技术、资本和劳动供给的增加;全要素生产率的提高则包括产业结构优化、规模经济、制度创新和知识进展等。

而这些要素则与进口有密切的关系,这是因为进口中往往包含大量的先进设备、先进技术和战略资源,它虽然不会直接对 GDP 产生作用,但将促进科技进步和生产率的提高,促进经济集约化增长,从而提高增长率和提升产业竞争力。

我国现行的贸易战略过于强调出口对经济的带动作用,而对进口的战略性认识不足,虽然目前我国的进口贸易取得了较快增长,但是这种进口以中间品和能源为主,促进技术进步的进口相对较少。对外贸易战略在促进我国现有产业技术水平的效率不断提高的同时,还应该发挥促进进口替代产业发展的作用。我国不仅在现有的生产技术上与发达国家有较大差距,而且在潜在技术能力方面差距更大,因此,促进进口替代产业的发展将是我国对外贸易战略的一项长期功能。由于科学技术迅速发展,一大批有着广阔发展前景的新技术行业正在崛起,新材料、新能源、宇宙与海洋工程、低碳产业、现代农业等一系列与传统产业有着"质的差别"的全新技术行业将在今后全球经济增长和结构转换中发挥极为重要的作用。由于技术仍被掌握在少数发达国家和跨国公司手中,我国尚不可能在所有这些领域与发达国家保持同步的研发能力,由于这些新行业的巨大增长潜力和对整个工业生产方式转变的广泛影响,建立和发展这些行业对一个国家的经济增长和社会发展至关重要。另外,有些产业中即使我国具有一定的竞争力和生产能力,但与进口产品相比,在性能、质量、效率等方面差距仍较大。因此,从我国的长远利益和根本利益出发,根据国情,有选择地进口紧缺先进技术、关键设备和重要零部件,促进战略新兴产业的替代型发展,仍然是今后我国提高在国际分工中的地位的重要途径。

(三)以价值链攀升为目标,实施全产业链出口

在要素分工、贸易投资一体化成为国际分工主要表现形式的新形势下,产业内分工和产品内分工已替代产业间分工成为国际贸易的基础。新的产品内分工模式使一国的竞争优势体现在该国在全球化产业价值链中所占据的环节上,而不再体现在最终产品和某个特定产业上。产业竞争优势以模块化的形式表现出来,产品被分割成由不同模块组成的相互独立又相互关联的产业链,以链条上低附加值的组装环节为底线向上下游延

伸,形成产业价值链的微笑曲线。1949年以来,尽管我国的对外贸易战略在不同的时期侧重点有所不同,但其实施的世界经济背景是国际贸易有较大发展而国际投资尚未充分发展,随着国际经济贸易格局深刻调整,以及我国资源要素条件的变化,我国必须在提升出口高档次、高附加值产品的同时,从以消费品出口为主,逐步转向更加注重投资品出口,推动产品、技术、服务的全产业链出口。

1949年,在资源禀赋分工的基础上,以出口资源密集型和初级产品为主的产业间贸易,逐渐演进到改革开放以后,在要素分工的基础上,形成以出口劳动密集型产品、资本密集型产品、技术密集型产品并存的产业间贸易、产业内贸易和产品内贸易,但是我国产业内贸易仍以垂直分工的形式为主,产品内贸易仍处于价值链的低端,没有形成与发达国家之间的水平型出口格局。如果长期保持这种出口格局,我国制造业只能沦为靠劳动力、土地等初级资源获得的低成本收入,满足消费者低价格偏好的"世界车间"。出口商品竞争力不强的根本原因在于我国的技术密集型产业发展相对滞后,工业制成品竞争力不强,无法同发达国家在技术含量高的产品上形成水平分工。我国改革开放以来,随着基础设施、工业体系和投资环境的完善以及工人技能的提升,高技术产品的众多跨国公司把处于技术产业链低端的生产环节转移到我国来,由此也形成了我国在低端技术产品上强大的竞争力。但是,20世纪90年代以来,高技术产业和产品的生产、贸易越来越多的是以产品内分工形式进行的,发达国家掌握研发、定价、销售等价值链的高端,发展中国家主要从事低附加值、劳动密集型的生产环节,这种依附式增长的高技术产品只能使我国沦为发达国家高技术产品的装配车间,把我国的高技术产业在国际分工中固化在低端环节。

因此,在我国大力实施驱动创新战略之际,我国高技术产业政策和贸易政策需要与时俱进,对于价值链低端的高技术产业,政府要逐步减少或者取消对这些企业的补贴;产业政策和贸易政策应当由"普惠型"转变为"盯住型",根据我国产业创新驱动发展的要求,对我国重大战略需求技术、共性关键核心技术、产业国际技术前沿、标准制定、关键零部件企业并购等,保持产业政策和贸易政策的一致性,促使企业向价值链高端攀升,推动企业占领高技术产业的"制高点"和产业价值链的"高端"。

（四）保持产业政策与贸易政策的一致性，实现产业与贸易结构协调发展

纵观后起国家的工业化历史，真正把高新技术产业与推进工业化进程完美结合的国家只有日本，其贸易战略全面配合产业政策调整，同经济增长方式的转变一致，实现贸易与资源环境的协调发展。在日本发展高新技术产业的政策体系中，真正巧妙的部分不是贸易保护政策，而是产业政策，即技术引进政策、资金援助政策、财政补贴与优惠税收政策等作用力方向一致的重合政策，以及通产省、大藏省强有力的领导。作为 WTO 成员国，我国用贸易保护手段营造产业发展环境的手段相对有限，可以借鉴日本的经验，发展高新技术产业的政策更多强调扶持而不是保护。中华人民共和国成立以来，随着出口规模的扩大，出口贸易中工业制成品比重的上升，客观上对我国产业结构演进和贸易结构转换起到了积极作用。但从出口商品结构看，无论是"挤"出来的出口商品，还是建立出口生产基地扩大出口以及改革开放以来的发挥比较优势的商品出口，出口的目的与归宿都是为了出口创汇，从而出口的功能主要体现在将一部分国内资源转换成支付能力，用以进口工业化所需资本品和先进技术，出口贸易所具有的带动技术进步、推动产业结构升级的潜在作用未能充分发挥。经过五十多年的对外贸易发展，对外贸易的功能主要体现在资源转换，即以自身拥有的低位资源换取国外的高位资源。

过去我国的静态比较优势结构成为产业结构高级化的反作用力，而产业结构升级的途径是资源升级。20 世纪 80 年代中期以来，在全球范围发生了影响深远的科技革命，国际分工和竞争格局出现了大分化、大重组，知识和技术成为国际分工的决定性因素，对外贸易的功能也必须实现由资源转换向资源升级的转变，也就是说，在资源—劳动—资本—知识（技术）这几类生产要素中，后一个生产要素供给增加、质量提高，可以带动前一个生产要素的质量提高，使体现于前一个生产要素中的比较优势得到增强。首先，要以高新技术促进传统产业升级换代。传统产业在我国产业结构中占主要地位，应当将高新技术注入传统产业中并对其进行改造，降低资源消耗，减轻对环境的污染，促进其从粗放型增长方式向集约型增长方式转变，

逐步改善在低档的劳动密集型、资源密集型产品出口上与其他国家过度竞争的局面。其次,在关键领域积极发展高新技术,利用国际产业结构调整和重组的契机,通过消化、吸收引进技术进行产业技术的自主创新,努力开拓新兴市场。最后,中华人民共和国成立以后,无论是前三十年的重工业优先发展的内向型进口替代战略,还是改革开放以后逐渐走向出口导向战略,产业结构演进与贸易结构转换基本都是围绕工业制成品展开的。到2013年,工业制成品进出口比重占分别达到66.6%和95%,形成了以制成品为主、初级产品为辅的贸易结构。特别是20世纪90年代以来,加工贸易的快速发展,进一步强化了这种贸易结构,这种不平衡的发展战略造成了资源配置扭曲,没有实现农业、工业和商业之间的协调、有序、互动发展。因此,未来的产业政策和贸易战略要致力打造连接三次产业、沟通城乡的贸工农产业链,通过贸工农产业链的"功能镶嵌"和"地理镶嵌"整合城乡经济资源,提高农业资源的要素生产力。

参考文献

[1] 安妮·克鲁格著,李实、刘小云译:《发展中国家的贸易与就业》,上海人民出版社、上海三联书店,1995 年。

[2] 白吉尔著,张富强、许世芬译:《中国资产阶级的黄金时代》,上海人民出版社,1994 年。

[3] 白洁:《我国对外直接投资的技术进步效应研究》,华中科技大学,2009 年。

[4] 保罗·克鲁格曼著,黄胜强译:《克鲁格曼国际贸易新理论》,中国社会科学出版社,2001 年。

[5] 贝蒂尔·奥林著,王继祖译:《地区间贸易和国际贸易》,首都经济贸易大学出版社,2001 年。

[6] 贝拉·巴拉萨著,朱元译:《半工业化经济的发展战略》,中国财政经济出版社,1988 年。

[7] 薄一波:《若干重大决策与事件的历史回顾(上、下)》,人民出版社,1997 年。

[8] 陈东林:《七十年代前期的中国第二次对外引进高潮》,《中共党史研究》,1996 年第 2 期。

[9] 陈家勤:《建国以来我国对外贸易理论讨论的简要回顾》,《财贸经济资料》,1986 年,第 8 期。

[10] 陈 明、韩秀申、周海燕:《中国高科技产品出口竞争力发展趋势及对策研究》,《国际经济合作》2015 年,第 4 期。

[11] 陈绍闻、郭庠林:《中国近代经济简史》,上海人民出版社,1983 年。

[12] 《陈云文选(第二卷)》,人民出版社,1995 年。

[13] 赤松要:《我国产业发展的雁行形态——以机械仪表工业为例》,《一桥论丛》,1956 年,第 36 卷第 5 号。

[14] 崔大沪:《开放经济中的中国产业增长模式转变》,《世界经济研究》,2004 年,第 9 期。

[15] 董华平、王珺:《战后日本对外贸易结构与产业结构互动关系研究》,《辽宁省交通高等专科学校学报》,2006年,第5期。

[16] 董志凯:《1949—1952年中国的经济分析》,中国社会科学出版社,1996年。

[17] 杜进朝:《汇率变动与贸易发展》,上海财经大学出版社,2004年。

[18]《对外贸易统计资料汇编(1950—1989)》,中华人民共和国对外经济贸易部,1990年。

[19] 房维中:《中华人民共和国经济大事记(1949—1980)》,中国社会科学出版社,1984年。

[20] 高越:《我国进出口对GDP及三个产业影响的实证分析》,《国际经贸探索》,2003年,第4期。

[21] 宫占奎等:《国际贸易发展趋势与中国政策选择》,南开大学出版社,1999年。

[22] 关志雄:《中国经济的崛起和日本》,《经济研究》,2003年,第3期。

[23] 郭克莎等:《中国产业结构变动趋势及政策研究》,经济管理出版社,2000年。

[24] 郭克莎:《加入WTO前我国工业发展战略的演变》,《当代中国史研究》,2004年,第3期。

[25] 郭克莎:《中国工业化的进程、问题与出路》,《中国社会科学》,2000年,第3期。

[26]《国家经济和社会统计资料(1950—1982)》,中国财政经济出版社,1985年。

[27] 国家经贸委:《中国工业五十年》,中国经济出版社,2000年。

[28] 国家统计局:《1949—1984光辉的三十五年统计资料》,中国统计出版社,1984年。

[29] 国家统计局:《中国统计年鉴》(1981—2013年),中国统计出版社,1982—2013年。

[30] 洪银兴:《中国经济发展理论纲要》,《南京社会科学》,1990年,第3期

[31] 胡长顺:《对中国工业化阶段的判断》,《经济管理》,2003年,第5期。

[32] 胡东波:《国际分工与国际贸易中获利条件的研究》,《中南工业大学学报》,1997年,第3期。

[33] 胡绳:《中国共产党的七十年》,中共党史出版社,1991年。

[34] 黄方毅:《再论中国对外经济战略的选择》,《经济研究》,1986年,第12期。

[35] 黄建忠等:《国际经贸理论与实践》,厦门大学出版社,2007年。

[36] 黄静波:《国际贸易理论与政策》,清华大学出版社、北京交通大学出版社,2009年。

［37］黄静波:《后 SARS 时期中国对外经济贸易发展的若干问题》,《大经贸》,2003年,第 7 期。

［38］黄静波:《中国对外贸易政策改革》,广东人民出版社,2005 年。

［39］黄凯、唐根年:《我国贸易结构与产业结构的偏差》,《经营与管理》,2012 年,第 11 期。

［40］黄晓玲:《外贸、外资与工业化》,对外经济贸易大学出版社,2002 年。

［41］基思·格里芬著,倪吉祥等译:《可供选择的经济发展战略》,经济科学出版社,1992 年。

［42］江小涓:《理解科技全球化——资源重组、优势集成和自主创新能力的提升》,《管理世界》,2004 年,第 6 期。

［43］江小涓:《世纪之交的工业结构升级》,上海远东出版社,1996 年。

［44］江小涓:《中国对外开放进入新阶段:更均衡合理地融入全球经济》,《中国工商管理研究》,2006 年,第 8 期。

［45］江小涓:《中国工业发展与对外经济贸易关系的研究》,经济管理出版社,1993 年。

［46］江小涓:《中国经济发展进入新阶段:挑战与战略》,《经济研究》,2004 年,第 10 期。

［47］江小娟:《中国工业中长期发展预测及结构变动趋势》,《管理世界》,1995 年,第 3 期。

［48］姜茜、李荣林:《进口贸易对产业结构的影响分析》,《经济与管理研究》,2010年,第 4 期。

［49］金哲松:《中国贸易结构与生产结构偏离的原因分析》,《中央财经大学学报》,2003 年,第 3 期。

［50］瞿商:《粮食问题与中国经济发展》,中国财政经济出版社,2007 年。

［51］蓝庆新、田海峰:《我国贸易结构变化与经济增长转型的实证分析及现状研究》,《株洲工学院学报》,2002 年,第 3 期。

［52］李富春:《关于发展国民经济的第一个五年计划的报告》,《经济研究》,1955年,第 3 期。

［53］李计广、张汉林等:《改革开放三十年中国对外贸易发展战略回顾与展望》,《世界经济研究》,2008 年,第 6 期。

［54］李静芳:《我国出口贸易商品结构与产业结构的相互影响》,东南大学硕士论文,2012 年。

[55] 李磊:《中国出口结构与产业结构的实证分析》,《财贸经济》,2000 年,第 5 期。

[56] 李志宁:《中华人民共和国经济大事典》(1949 年 10 月—1987 年 1 月),吉林人民出版社,1987 年。

[57] 林森木、徐立:《政策和制度因素对引进外资的影响》,《经济研究》,1986 年,第 12 期。

[58] 林毅夫等:《比较优势与发展战略:对"东亚奇迹"的再解释》,《中国社会科学》,1999 年,第 5 期。

[59] 林毅夫等:《中国的奇迹:发展战略与经济改革》,上海三联书店、上海人民出版社,1999 年。

[60] 林毅夫、刘明兴:《经济发展战略与中国的工业化》,《经济研究》,2004 年,第 7 期。

[61] 林云:《新中国工业化的回顾与展望》,《财经研究》,1999 年,第 11 期。

[62] 刘国光:《中国经济发展战略问题研究》,上海人民出版社,1984 年。

[63] 刘力:《内撑外开:发展中大国的贸易战略》,东北财经大学出版社,1999 年。

[64] 刘吕黎:《进口替代是中国赶超世界工业大国的长期战略》,《经济研究》,1987 年,第 8 期。

[65] 刘少奇:《关于新中国的经济建设方针》,摘自中共中央文献研究室、中华全国供销合作总社编《论合作社经济》,中国财政经济出版社,1987 年。

[66] 刘伟:《工业化进程中的产业结构研究》,经济管理出版社,1995 年。

[67] 柳随年、吴群敢:《大跃进和调整时期的国民经济(1958—1965)》,黑龙江人民出版社,1984 年。

[68] 柳随年、吴群敢:《第一个五年计划时期的国民经济》,黑龙江人民出版社,1984 年。

[69] 柳随年、吴群敢:《中华人民共和国经济史简明教程》,高等教育出版社,1988 年。

[70] 卢根鑫:《国际产业转移论》,上海人民出版社,1997 年。

[71] 吕铁、周叔莲,《中国产业结构升级与经济增长模式转变》,《管理世界》,1999 年,第 1 期。

[72] 吕政:《市场经济条件下的产业政策问题》,《中国工业经济研究》,1993 年,第 5 期。

[73] 毛泽东:《毛泽东选集》(第三卷),人民出版社,1991 年。

[74] 毛泽东:《毛泽东选集》(第五卷),人民出版社,1991年。

[75] 纳谷诚二等著,陈家海等译:《发展的难题:亚洲与拉丁美洲的比较》,上海三联书店,1992年。

[76] 裴长洪等:《中国对外开放与流通体制改革30年研究》,经济管理出版社,2008年。

[77] 钱纳里等:《工业化和经济增长的比较研究》,上海人民出版社、上海三联出版社,1995年。

[78] 钱宗起:《中国国际贸易学会召开"社会主义对外贸易与战略问题"学术讨论会情况报道》,《外贸教学与研究》,1983年,第1期。

[79]《求是》杂志社政治理论部编:《中国共产党七十年光辉历程(1921—1991)》,中国青年出版社,1991年。

[80] 曲如晓:《中国成为贸易强国的战略路径》,《经济理论与经济管理》,2005年,第9期。

[81] 任燮康、胡东波:《国际贸易利益新论》,冶金工业出版社,1997年。

[82] 上海财经大学课题组:《中国经济发展史(1949—2005)》(上),上海财经大学出版社,2007年。

[83] 尚琳琳:《出口商品结构调整的实证分析》,《财经问题研究》,2002年,第3期。

[84] 盛斌:《中国对外贸易政策的政治经济分析》,上海三联出版社,2002年。

[85] 施炳展、李坤望:《中国贸易结构在改善吗?——基于产品周期理论的分析》,《财贸经济》,2009年,第2期。

[86]《十四大以来重要文献选编》,人民出版社,1996年。

[87] 世界银行:《1994年世界发展报告》,中国财政经济出版社,1994年。

[88] 世界银行:《1987年世界发展报告》,中国财政经济出版社,1988年。

[89] 世界银行:《1991年世界发展报告》,中国财政经济出版社,1992年。

[90] 松石达彦:《东亚的出口工业化及其问题》,《一桥研究》,2001年,第25卷第4号。

[91] 宋泓:《中国进口:战略与管理》,社会科学文献出版社,2009年。

[92] 苏东水:《产业经济学》,高等教育出版社,2000年。

[93] 苏少之、任志江:《1949—1978年中国经济发展战略研究》,《中南财经政法大学学报》,2006年,第1期。

[94] 苏少之、赵凌云:《中华人民共和国经济史(1949—1992)》,河南人民出版社,

2002 年。

　　[95] 苏少之:《中国经济通史第十卷》(上册),湖南人民出版社,2002 年。

　　[96] 苏星等:《新中国经济史资料选编》,中共中央党校出版社,2000 年。

　　[97] 孙健:《中华人民共和国经济史稿(1949—1957 年)》,吉林人民出版社,1980 年。

　　[98] 孙伟,王艳:《出口商品类型与产业结构变动关联机制探析》,《北方论丛》,2006 年,第 10 期。

　　[99] 孙晓华、王昀:《对外贸易结构带动了产业结构升级吗?——基于半对数模型和结构效应的实证检验》,《世界经济研究》,2013 年,第 1 期。

　　[100] 孙玉琴:《中国对外贸易史》(第二册),对外经济贸易大学出版社,2004 年。

　　[101] 谭祖宜:《中国经济结构演进中的贸易政策选择》,人民出版社,2008 年。

　　[102] 唐海燕:《现代国际贸易的理论与政策》,汕头大学出版社,1990。

　　[103] 唐纳德·基辛著,楼关德等译:《发展中国家的贸易政策》,中国财政经济出版社,1986 年。

　　[104] 陶良虎、韩静:《中国产业结构与技术结构协同的现状分析》,《武汉理工大学学报》,2004 年,第 5 期。

　　[105] 丸山申郎著,高志前译:《中国工业化与产业技术进步》,中国人民大学出版社,1992 年。

　　[106] 汪斌:《中国产业:国际分工地位和结构的战略性调整》,光明日报出版社,2006 年。

　　[107] 汪海波、董志凯等:《新中国工业经济史(1958—1965)》,经济管理出版社,1995 年。

　　[108] 汪海波:《新中国工业经济史(1949.10—1957)》,经济管理出版社,1994 年。

　　[109] 汪海波:《新中国工业经济史》,经济管理出版社,1986 年。

　　[110] 汪敬虞:《十九世纪西方资本主义对中国的经济侵略》,人民出版社,1983 年。

　　[111] 王和英等:《中华人民共和国对外经济贸易关系大事记(1949—1985)》,对外贸易教育出版社,1987 年。

　　[112] 王建:《发展外向型经济加速中国产业结构转换》,《中国轻工业经济》,1998 年,第 4 期。

　　[113] 王建:《选择正确的长期发展战略》,《经济日报》,1988 年 1 月 5 日。

　　[114] 王丽萍:《试析国际贸易对产业结构成长的影响》,《扬州大学学报》,2000

年,第 5 期。

[115] 王平、钱学锋:《经济全球化下中国的贸易摩擦问题及其解决机制》,《亚太经济》,2004 年,第 6 期。

[116] 王慎之等:《生产力发展之国际比较》,黑龙江人民出版社,1990 年。

[117] 王艳、杨忠直:《产业结构与策略性贸易政策研究》,《数量经济技术经济研究》,2005 年,第 1 期。

[118] 王玉茹、燕红忠:《世界市场价格变动与近代中国产业结构模式研究》,人民出版社,2007 年。

[119] 王允贵:《WTO 与中国贸易发展战略》,经济管理出版社,2002 年。

[120] 王子先:《改革开放以来我国外贸结构的优化与产业升级》,《国际贸易问题》,1999 年,第 3 期。

[121]《为动员一切力量把我国建设成为一个伟大的社会主义国家而斗争》,《中共党史学习文献简编》(社会主义革命时期),中共中央党校出版社,1983 年。

[122] 魏锋、沈坤荣:《我国出口商品结构与贸易发展方式的转变》,《国际贸易问题》,2009 年,第 10 期。

[123] 吴承明:《论二元经济》,《历史研究》,1994 年,第 2 期。

[124] 武力、温锐:《1949 年以来中国工业化的"轻、重"之辩》,《经济研究》,2006 年,第 9 期。

[125] 武力:《中华人民共和国经济史》,中国经济出版社,1999。

[126] 小岛清:《东亚经济的再出发——直接投资主导型发展战略的评价》,《世界经济评论》,1998 年,第 1 期。

[127] 小岛清:《雁行型经济发展论——赤松原型》,《世界经济评论》,2000 年,第 3 期。

[128] 筱原三代平:《产业结构与投资分配》,《经济研究》,1957 年,第 8 卷第 4 号。

[129] 徐复:《中国对外贸易》,清华大学出版社,2006 年。

[130] 徐进亮:《探寻提高我国加工贸易水平的有效途径》,《财贸经济》,2000 年,第 2 期。

[131] 许涤新、吴承明:《旧民主主义时期的中国资本主义》,人民出版社,1990 年。

[132] 许心礼:《社会主义初级阶段的对外贸易战略》,《财经研究》,1987 年,第 11 期。

[133] 薛敬孝、陈岩:《论经济周期类型与制度演变》,《南开学报(哲学社会科学版)》,1999 年,第 6 期。

［134］严中平:《中国近代经济史统计资料选辑》,科学出版社,1955年。

［135］阎放鸣:《论我国第二次成套设备的大引进》,《中国经济史研究》,1988年,第1期。

［136］杨全发:《中国对外贸易与经济增长》,中国经济出版社,1999年。

［137］杨汝岱等:《中国对外贸易结构与竞争力研究:1978—2006》,《财贸经济》,2008年,第2期。

［138］杨叔进:《经济发展的策略与战略》,江苏人民出版社,1983年。

［139］杨万东:《中国重化工业问题讨论综述》,《经济理论与经济管理》,2005年,第1期。

［140］杨正位:《中国对外贸易与经济增长》,中国人民大学出版社,2006年。

［141］姚贤镐:《中国近代对外贸易史资料》(第二册),中华书局,1962年。

［142］殷醒民:《论中国制造业内部结构的升级》,《复旦大学学报(社科版)》,1998年,第2期。

［143］尹翔硕:《发展中国家贸易发展战略研究》,复旦大学出版社,1995年。

［144］尹翔硕:《贸易发展战略与资源配置效率》,《世界经济文汇》,1994年,第1期。

［145］尹翔硕:《中国出口制成品结构与生产结构的差异》,《国际贸易问题》,1997年,第4期。

［146］尹翔硕:《中国对外贸易改革的进程和效果》,山西经济出版社,1998年。

［147］袁文祺等:《国际分工与我国对外经济关系》,《中国社会科学》,1980年,第1期。

［148］袁欣:《中国对外经济关系中的贸易条件:一般趋势与影响因素》,《经济研究导刊》,2010年,第1期。

［149］张汉林:《张汉林解读中国入世》,经济日报出版社,2002年。

［150］张建清:《世界贸易组织与中国经济发展》,武汉大学出版社,2002年。

［151］张俊伟:《现阶段的产业升级:趋势、风险与对策》,《经济研究参考》,2009年,第22期。

［152］张寿:《技术进步与产业结构的变化》,中国计划出版社,1988年。

［153］张曙光等:《中国贸易保护代价的实证分析》,《经济研究》,1997年,第2期。

［154］张曙霄:《中国对外贸易结构论》,中国经济出版社,2003年。

［155］张闻天:《关于东北经济构成及经济建设基本方针的提纲》,《张闻天选集》,人民出版社,1985年。

［156］张亚斌：《所有制结构与产业结构的耦合研究》，湖南人民出版社，2000 年。

［157］张幼文等：《探索开放战略的升级》，上海社会科学院出版社，2008 年。

［158］张蕴如：《我国的产业结构升级应由封闭式向开放式转型》，《经济纵横》，2001 年，第 6 期。

［159］赵德馨：《中华人民共和国经济史（1985—1999）》，河南人民出版社，1999 年。

［160］赵德馨：《中华人民共和国经济史（1949—1966）》，河南人民出版社，1988 年。

［161］赵德馨：《中华人民共和国经济专题大事记（1967—1984）》，河南人民出版社，1989 年。

［162］赵国鸿：《"重化工业化"之辨与我国当前的产业政策导向》，《宏观经济研究》，2005 年，第 10 期。

［163］郑友揆：《中国的对外贸易和工业发展 1840—1948》，上海社会科学出版社，1984 年。

［164］《中国共产党中央委员会关于建国以来党的若干历史问题的决议》，人民出版社，1981 年。

［165］《中华人民共和国发展国民经济的第一个五年计划》，人民出版社，1955 年。

［166］《中华人民共和国海关进出口税则》，法律出版社，1978 年。

［167］中华人民共和国商务部、国际贸易经济合作研究院：《中国对外经济贸易白皮书（2003 年）》，中信出版社，2004 年。

［168］中华人民共和国商务部、国际贸易经济合作研究院：《中国对外经济贸易白皮书（2004 年）》，中信出版社，2005 年。

［169］周恩来：《人民政协共同纲领草案的特点》，《周恩来选集》（上卷），人民出版社，1980 年。

［170］周叔莲、裴叔平：《中国工业发展战略问题研究》，天津人民出版社，1985 年。

［171］周小川：《关于沿海发展战略的理论思考》，《改革》，1988 年，第 2 期。

［172］周振华：《中国工业化发展进程及近阶段重点内容》，《江汉论坛》，1999 年，第 3 期。

［173］朱文辉：《中国出口导向战略的迷失——大国的经验与中国的选择》，《战略与管理》，1998 年，第 5 期。

［174］Arndt, S. W. , Globalization and the Open Economy, *North American Journal of Economics and Finance* , 1997, 8(1)。

[175] Balassa,B. ,Exports and Economic Growth:Further Evidence, *Journal of Development Economics* ,1978,5.

[176] Bhagwati, J. , *Anatomy and Consequences of Exchange Control Regimes* , *Cambridge* ,MA:Ballinger Publishing,1978.

[177] Bhagwati, J. , *Political Economy and International Economics* , edited by Douglas Irwin ,MIT Press, 1996。

[178] Chenery, H. B. , S. Robinson, and M. Syrquin, Industrialization and Growth:A Comparative Study, New York: Oxford University Press. 1986。

[179] Crespo-Cuaresma, J. , and J. Wörz, On Export Composition and Growth, Working paper,2002.

[180] Dixit, A. K. , and G. M. Grossman, Trade and Protection with Multistage Production, *Review of Economic Studies* , 1982,49(4)。

[181] Feder,G. ,On Exports and Economic Growth, *Journal of Development Economics* ,1982,2.

[182] Grabowski,R. , Import Substitution, Export Promotion,and the State in Economic Development, *The Journal of Developing Areas* ,1994,28(4).

[183] Helleiner,G. K. , Manufacturing for Export, Multinational Firm and Economic Development,*World Development* ,1973,1(7)。

[184] Hoffmann, W. , *Growth of Industrial Economics* , Manchester University Press,1958.

[185] Jones, R. W. ,and H. Kierzkowski,The Role of Services in Production and International Trade: A Theoretical Framework, in Jones, R. W. ,and A. O. Krueger, (eds.)*The Political Economy of International Trade* : *Essays in Honor of Robert E. Baldwin* ,Basil Blackwell,1990。

[186] Kormendi, R. C. , and P. G. Meguire, Macroeconomic Determinants of Growth:Cross-country Evidence,*Journal of Monetary Economics* ,1985,16。

[187] Krueger,A. ,*Foreign Trade Regimes and Economic Development* :*Liberalization Attempts and Consequences* ,Cambridge,MA:Ballinger Publishing,1978.

[188] Krugman,P. ,Increasing Returns,Monopolistie Competition and International Trade,*Journal of International Economies* ,1978,9.

[189] Liang,N. ,P. Marer,and J. Battat,*Foreign Trade Strategies of Nations* :*A New Interpretation* ,Boulder(Colorado):Westview Press,1991.

［190］Llord,P. J. The Role of Foreign Investment in the Success of Asian Industri-alization,*Journal of Asian Economics*,1996,7(3).

［191］Mah,F. ,*The Foreign Trade of Mainland China* , Aldine-Atherton Press, Inc. ,1971.

［192］Mazumdar,J. ,Do Static Gains from Trade Lead to Medium-Run Growth?, *Journal of Political Economy*, 1996,104(6)。

［193］Michaely,M. ,Exports and Growth:An Empirical Investigation, *Journal of Development Economics*,1977,4.

［194］Rostow,W. W. ,*The Stages of Economic Growth* (3rd edition),Cambridge U-niversity Press,1971.

［195］Sutclife,R. B. ,Industry and Underdevelopment,Re-examined,*Journal of Development Studies*,1984,21(1).

［196］Syrquin, M. , *Industrialization and Growth : A Comparative Study* , New York: Oxford University Press. 1986。

［197］Vernon,R. ,International Investment and International Trade in the Product Cycle,*The Quarterly Journal of Economics* , 1966,80(2).

［198］World Bank,The East Asian Miracle: Economic Growth and Public Policy, OUP USA,1993。

［199］*World Development Report* ,Oxfort University Press,1987.

后　记

改革开放以来,我国"大进大出"的贸易发展模式带动了经济增长和国内的大量就业,也推进了我国的工业化进程和产业结构升级。从产业间贸易看,出口商品结构逐渐优化;从产业内贸易看,以垂直产业内贸易为主要形式;从产品内贸易看,国际分工还处在价值链的低端。目前,我国的劳动力成本持续攀升、资源约束日益加重,"大进大出"的模式已经难以为继。因此,我们必须在国际分工新体系下规划开放战略,推动我国对外贸易从"大进大出"转向"优进优出",形成开放型经济新格局,培育对外开放新优势,使中国经济和世界经济在更高层次上深度融合,使我国由依靠资源、投资等要素投入推动经济增长的粗放型发展方式向依靠技术、创新等要素推动的集约式经济发展方式转变。因此,本研究选取中华人民共和国成立以来的贸易结构与产业结构演进中的耦合及绩效作为主要研究对象,从较大的历史跨度研究产业结构和贸易结构演进及绩效问题,总结演进过程中的经验教训,对确定我国未来的贸易发展战略、推动产业结构和贸易结构升级、促进经济发展方式转变,具有较大的应用价值。

本书包括以下几方面的内容:第一,运用经济学理论和贸易理论对产业结构与贸易结构转换的互动关系进行解析,探讨两者耦合互动发展的机理。第二,对改革开放前重工业优先发展战略形成时期(1949—1957)、畸形的产业结构重型化时期(1958—1972)、极端的重工业优先发展时期(1973—1979)三个阶段的产业结构与贸易结构关系进行探讨。第三,将改革开放后划分的产业结构轻型化时期(1980—1993)、产业结构向高加工度化转变时期(1994—2013)两个阶段,对新的国际分工格局下产业结构与贸易结构的嬗变进行了解析。第四,对1949年以来我国产业结构与贸易结构升级转换的绩效进行了测度。改革开放前,产业结构实现了重型化的转换,但贸易结构滞后于产业结构发展,服务于重工业的高级进口替代并未实现。改革开放以后,产业结构升级带动了出口商品结构的优化,而技术密集型产品的进口对出口商品结构升级的影响并不显著。第五,基于历史回顾基础上的经验教训,针对我国贸易结构存在的问题提出对策建议。

在本书的写作过程中,作者基于前期的研究,参阅了大量的相关文献资料,借鉴了大量学者、专家的研究成果,在此,向这些著作者深表谢意。同时,对参与第一章、第六章撰写的黄向阳,参与资料收集、数据处理、校对的屈波、孙志明、张纲、马松林表示感谢。

孙中叶

2015 年 10 月